Memel
Chwejdany
Szwekszinie
Żwingi
Kroże
Batoki
Schwarzort
Nidden
Pillkoppen
Rossitten
Sarkau
Kurische Nehrung
Kurisches Haff
Windenbg.
Heydekrug
Nowemiasto
Prökuls
Karkeln
Kreis
Secken bg.
Gilge
Niederung
Ragnit
Memel
Signal B.
Nemonien
Pusterort
Lauknen
Jurgaitschen
Budwethen
Lasdehnen
Schaaken
Rudau
Labiau
Mehlauken
Gr. Skaisgirren
Szillen
Kraupischken
Schirwindt
Pillkallen
Popelken
Gr. Schirrau
KÖNIGSBERG
Waldau
Tapiau
Insterburg
Georgenburg
Karalene
Stallupönen
Eydtkuhnen
Kibarty
Gumbinnen
Wehlau
Löwenhagen
Gr. Jägersdorf
Jänischken
Pissa
Trakehnen
Uderwangen
Tharau
Allenburg
Friedland
Kreuzbg.
Domnau
Mulilsen
Kuckling B.
166
Tollmingkehmen
Pr. Eylau
Gerdauen
Nordenbg.
Trempen
Darkehmen
Gr. Rominten
Rominten
Rominter Heide
Schönbruch
Schippenbeil
Goldap
Goldaper B. 272
Seesker 309
Seesker B.
Landsbg.
Bartenstein
Barten
Drengfurt
Angerburg
Kowahlen
Filipow
Heilsbg.
Rosengarten
Rastenbg.
Mauer S.
Lötzen
Kreis Oletzko
Marggrabowa
Bischofstein
Rössel
Heiligelinde
Lautern
Löwentin See
Widminnen
Seeburg
Rhein
Neu Jucha
Kallinowen
Rothfließ
Sensbg.
Schimonken
Gr. Selment S.
Wartenbg.
Bischofsbg.
Nikolaiken
Arys
Lyck
Ostrokollen
Allenstein
Spirding S.
Prostken
Rosch S.
Grajewo
Mensguth
Bialla
Passenheim
Ortelsbg.
Johannisburger Heide
Johannisbg.
Szczuczyn
Gr. Puppen
Nieder See
Lansker S.
Schwentainen
Heide
Turoscheln
Jedwabno
Friedrichshof
Radziłów
Osowiec
Gold-Bge 229
Willenbg.
164
Kolno
Stawiski
Neidenburg
Myszyniec
Roggen
Flammbg.
Janow
Chorzele
Bobr
Narew
Pissa
Skwa

Christian Graf von Krockow

Begegnung mit Ostpreußen

Christian Graf von Krockow

Begegnung mit Ostpreußen

Mitarbeit: Alexander-Pascal
Graf von Bellenhaus

Deutsche Verlags-Anstalt
Stuttgart

Die Deutsche Bibliothek – CIP-Einheitsaufnahme

Krockow, Christian Graf von:
Begegnung mit Ostpreußen / Christian Graf von Krockow.
Mitarb.: Alexander-Pascal Graf von Bellenhaus. –
Stuttgart : Deutsche Verlags-Anstalt, 1994
ISBN 3-421-06671-X

Satz: Lihs, Satz und Repro, Ludwigsburg
Druck- und Bindearbeiten:
Mohndruck Graphische Betriebe GmbH, Gütersloh
Printed in Germany
ISBN 3-421-06671-X

INHALT

Aufklärung aus Königsberg

Ostpreußische Wirtschaft

Von Störchen, Pferden und einer Friedensfrau

Eine Winterreise

Annäherung an Ostpreussen
Zwei Geschichten vorweg

Wenn ich Bücher schreibe, möchte ich Geschichten erzählen. Hier sind es vorweg gleich zwei. Sie berichten von meiner Annäherung an Ostpreußen – und davon, aus welch seltsamen Umständen manchmal ein Buch entsteht, allen Vorstellungen von einem sorgfältig vorbereiteten Autor zum Hohn.

Am Nachmittag des 9. November 1989 schien die Welt noch in Ordnung zu sein. Zwei Maschinen der Bundesluftwaffe landeten in Warschau; zum lange geplanten Staatsbesuch entstiegen ihnen der Bundeskanzler und sein vielköpfiges Gefolge. Alles lief ab wie üblich: Blitzlichtgewitter und eine schneidige Ehrenkompanie, Begrüßung der Gäste, Fahrt ins neueste und höchste Hotel der Stadt, westlichen Zuschnitts; am Abend folgte das große Bankett mit seinen Reden und Trinksprüchen. Doch nach der Rückkehr ins Hotel zeigte das Satellitenfernsehen die dramatischen Bilder vom Fall der Berliner Mauer.

Am anderen Morgen war dann nichts mehr in Ordnung. Der Bundeskanzler, hieß es, würde den Staatsbesuch unterbrechen und nur abgekürzt fortsetzen; alle sorgfältig ausgearbeiteten Pläne für den weiteren Verlauf taugten nichts mehr. Hartgesottene Journalisten und Fotoreporter schienen der Verzweiflung nahe; sie hatten geglaubt, am rechten Ort zu sein, der sich nun als der falsche erwies. Einige warfen sich in Taxis, die sie von Warschau nach Berlin bringen sollten. Und nach vielem Hin und Her, nach Stunden der Ungewißheit flog am Nachmittag, in der schon einsetzenden Dämmerung, eine der beiden Luftwaffenmaschinen nach Bonn zurück.

An Bord befanden sich vor allem die Herren der deutschen Wirtschaft. Ich schlug vor, einen Ersatzkanzler zu wählen, aber im Sessel, der sonst Helmut Kohl gebührte, hatte schon Berthold Beitz Platz genommen. »Herr von Krockow, hätten Sie einen anderen erwartet?« fragte leise und lächelnd der Vorstandssprecher der Deutschen Bank, Alfred Herrhausen. Bald entstand eine ausgelassene Stimmung, wie bei einer Schulklasse, der der Lehrer abhanden kam. Die Jacketts und viele Krawatten verschwanden. Nur einer blieb unerschüttert korrekt: Ernst Breit, der Vorsitzende des Deutschen Gewerkschaftsbundes. Und keiner sprach mit ihm.

Ein Grund der Ausgelassenheit mochte sein, daß niemand zu Mittag gegessen hatte und die Leute der Luftwaffe fleißig Rheinwein ausschenkten. Den zweiten hörte ich aus der Sitzreihe hinter mir: »Zum Teufel mit den Polen, jetzt schlägt unsere Stunde!« Den dritten verriet mir Herrhausen: »Für sechs Tage war der Staatsbesuch geplant, und jetzt haben wir erst den zweiten. Vier Tage voraus mit leerem Terminkalender, welch ein Luxus!«

Wenn eine eingeschmuggelte Bombe explodierte, wäre die deutsche Wirtschaft führerlos, schoß es mir durch den Kopf; nur für Ernst Breit würde Gott vielleicht einen Fallschirm bereithalten, zum Ausgleich seiner Einsamkeit. Wer konnte wissen, daß wenige Tage später die Bombe tatsächlich gezündet wurde und Alfred Herrhausen tötete?

Jemand gesellte sich zu mir und stellte sich vor: Jan Kleinewefers, Maschinenfabrikant aus Krefeld. »Haben Sie in Bonn schon ein Hotel?« fragte er.

»Ja, für den Dienstagabend.«

»Heute ist Freitag. Was halten Sie davon, bei mir zu übernachten? Wir machen uns einen gemütlichen Abend, und morgen bringt Sie mein Fahrer nach Göttingen zurück.« Gesagt und getan; am Flughafen warteten schon die herbeitelefonierten Cheflimousinen. Später, vor dem Kamin, rückte Jan Kleinewefers dann mit dem Hintersinn seiner Einladung heraus: Ich solle ein Buch über Ostpreußen schreiben.

»Aber ich stamme aus Pommern, und in Ostpreußen bin ich niemals gewesen!«

»Das heißt, Sie sind mit dem Osten vertraut, aber nicht ›betriebsblind‹. Nähe und Abstand zugleich, daraus könnte entstehen, was ich mir wünsche: die *Begegnung mit Ostpreußen.*«

Am nächsten Tag zeigte sich Göttingen überflutet; Tausende von »Trabis« waren gekommen, denn nicht nur die Berliner Mauer, sondern auch die bei Göttingen nahe Grenze hatte sich geöffnet. Gottlob wohne ich auf einem Berg. Ich verdrängte Ostpreußen, weil etwas Näheres lockte: Endlich würde es möglich sein, auf den Spuren Fontanes die Mark Brandenburg zu erkunden. Ganz allerdings ließ sich von dem Widerhaken doch nicht loskommen, den Kleinewefers auswarf; nach und nach füllten sich Karteikarten mit Notizen, die vielleicht einmal nützlich sein konnten.

Die zweite Geschichte beginnt in Kietz, vor der Oderbrücke bei Küstrin. Als Grenzübergang ist sie sehr zu empfehlen, denn für Lastwagen taugt sie nicht mehr, die anderswo alles verstopfen, und weil sie erst kürzlich wieder geöffnet wurde, wissen die meisten Reiseführer von ihr noch nichts. Ein Anhalter steht da, wie man ihn sich vorstellt, sehr jung und sehr groß, mit einem beinahe noch größeren Tragegestell für das Gepäck. Ich zögere erst und halte dann doch; die Reisebegleitung könnte eine lange Fahrt unterhaltsamer machen: »Wohin wollen Sie denn?«

Strahlende Augen, ein Lachen unter dem blonden Kraushaar: »Nach Ostpreußen.«

»Dahin fahre ich nicht, bloß nach Zoppot.«

»Aber vielleicht ist das die Richtung, ungefähr?«

»Ja, ungefähr.«

So geraten wir zueinander, und mein Begleiter stellt sich vor: »Ich heiße Alexander. Und du?«

Diese jungen Leute! Warum müssen sie sofort vertraulich werden, statt die Distanz zu wahren? Aber Alexander errät, was ich denke, und stoppt meinen Anflug von Ärger:

»Nichts für ungut, wir kennen es gar nicht mehr anders. Das ›Sie‹, das ist doch so altmodisch!«

Wer möchte das schon sein? »Also gut. Aber was wollen Sie – was willst du denn in Ostpreußen?«

»Alle fahren sie nach Ibiza und Gran Canaria, alle meine Bekannten. Oder, wenn es irgendwie geht, so weit weg wie möglich, nach San Francisco, nach Indien, nach Nepal. Aber Ostpreußen?« Er lacht: »Das ist doch viel weiter, da war noch keiner. Damit steche ich sie alle aus . . . Ja, und dann – dann war da noch die Oma Wendrigkeit. Ein komischer Name, nicht wahr? ›Jungchen‹, hat sie immer gesagt, ›komm doch mal rüber, ich back' für uns Kuchen‹. Dann hat sie Geschichten ›aus der Heimat‹ erzählt, aus Ostpreußen. Und wunderbare Gedichte hat sie gekannt. Eins fing so an:

›Mein Lämpchen brennt so trübe,
das macht, ihm fehlt's am Fett,
das Mädchen, wo ich liebe,
das ist all lang ins Bett.‹

Man muß sich das nur ganz breit vorstellen, wie die Ostpreußen wohl geredet haben: ›Lampchen‹ und ›Fatt‹ statt ›Fett‹ oder ›Batt‹ fürs ›Bett‹.

›Aber was ist mit Hamburg, Oma? Die Alster und das Elbufer, ist das nicht schön?‹ habe ich manchmal gefragt – und sie hat geseufzt: ›Ach, Jungchen, denn komm mal mit nach Masuren . . .‹ Vor einem Monat ist die Oma Wendrigkeit gestorben. Der Pastor und ich, wir waren die einzigen beim Begraben. Plötzlich habe ich gedacht: Sie wird sich freuen, wenn ich sie in ihrem Ostpreußen, in Masuren besuche. Ist das nicht ein Grund, einmal hinzufahren?«

»Ein sehr guter sogar.« Das Jungchen gewinnt mich im Fluge, und im Fluge vergeht überm Erzählen die Zeit. Wir fahren auf der alten Reichsstraße 1 – nun mit der Kennziffer 22 – bis fast an die Weichsel, dann auf der polnischen Straße 1 über Dirschau nach Danzig. Über die Stadtautobahn gelangen wir nach Zoppot und finden ohne Schwierigkeiten das Grand Hotel.

Ein mächtiger Bau ist das, schloßartig beinahe, und er liegt direkt am Strand vor dem Seesteg, der angeblich der längste Europas sein soll. Als ein Treffpunkt der Eleganz verdiente das Grand Hotel einst seinen Namen. Berühmte Leute haben hier gewohnt, der Staatsgründer Polens nach 1918, Piłsudski, zum Beispiel – und der Ruinierer Deutschlands, Adolf Hitler, als er um den Preis des Krieges Danzig heimholte in sein Reich. Blickt man aus dem Fenster nach links, so erkennt man als lang hingestreckte, über dem Wasser der Ostsee schwebende Baumreihe die Halbinsel Hela; wendet man sich nach rechts, so sieht man das Wahrzeichen des Kriegsbeginns, die Westerplatte. Inzwischen ist der Glanz des Grand Hotels freilich verblaßt; Millionen müßte man investieren, um ihn neu erstrahlen zu lassen. Immerhin kann man für drei Nächte hier wohnen, und auch für Alexander findet sich ein Zimmer.

Zum Abendessen treffen wir uns mit meinem Neffen Ulrich Graf von Krockow und kommen damit zum Zweck meiner Reise. Denn Ulrich, eigentlich Oberstleutnant der Bundeswehr, und sein Bruder Matthias, Bankier in Frankfurt am Main, haben mit großem Engagement die »Stiftung europäische Begegnung« ins Leben gerufen. Die wiederum will dem alten Stammsitz der Familie in Krockow, polnisch Krokowa, einen neuen Sinn geben. Hier, zwischen dem Zarnowitzer See und Putzig dicht unter der Ostsee, entsteht das »kaschubische Kulturzentrum«, dem schon im September 1992 ein Fest gewidmet war. Von der Eröffnung einer Ausstellung bis zum abendlichen Tanz enthielt das Programm viele Punkte, und zu ihnen gehörte: »Nadanie honorowego obywatelstwa gminy Krokowa Panu Albrechtowi Grafowi von Krockow«, die Verleihung der Ehrenbürgerschaft der Gemeinde Krockow an Herrn Albrecht Graf von Krockow, den inzwischen fast achtzigjährigen Vater von Ulrich und Matthias.

»Was hat er davon?« fragte einer seiner Enkel ironisch. »Daß er da umsonst mit der Straßenbahn fahren darf?« Aber immer ist mit schönen Worten von der großen Aufgabe der Versöhnung zwischen Deutschen und Polen die Rede; worauf es jedoch ankommt, das sind die Menschen, die sich konkret engagieren. Hier ist einer; für die neue Lebensaufgabe opfert Ulrich seine weitere Offizierskarriere. Er ist dorthin zurückgekehrt, wo er nie war, weil er im Westen aufwuchs, zu einem Ursprung, der in die Zukunft weist. Im Alltag soll es natürlich nicht darum gehen, Feste zu feiern oder Ausstellungen und

Kaschubisches Kulturzentrum, europäische Perspektiven: eine Hoffnung für die Zukunft ohne nationale Schranken.

Dichterlesungen zu veranstalten, sondern um Handfestes, von Deutschkursen und Wirtschaftsseminaren bis zur Ausbildung am Computer. Doch das Kulturelle soll eben auch seinen Platz finden, und wir erörtern die Frage, was ich dazu beitragen kann.

Am nächsten Morgen fahren wir nach Krokowa. Das Schloß ist vorerst eine einzige Baustelle, gewissermaßen in seine Bestandteile zerlegt, und es fällt schwer, sich vorzustellen, daß es bis ans Jahresende zu altem oder neuem Glanz wieder zusammengesetzt sein soll. Doch Ulrich bleibt unbeirrbar optimistisch; Mißverständnisse und Schwierigkeiten mit den polnischen Partnern gehören ohnehin zu seinem Alltag. Er träumt sogar schon von einer Wiederherstellung des Parks, womöglich mit dem Denkmal für den Philosophen Johann Gottlieb Fichte, das es hier einmal gab. Der in jeder Hinsicht arme Mann hat nämlich in Krockow als Hauslehrer amtiert, bevor er den Deutschen predigte, daß sie eine Weltmission hätten.

Alexander und ich fahren dann weiter, durch schöne alte Alleen nach Pommern hinein; wenigstens kurz möchte ich meine Heimat besuchen. Das Schloß meiner Väter gibt es freilich nicht mehr; bald nach ihrem Einmarsch im März 1945 haben die Russen es niedergebrannt. Längst wuchsen über dem Schutt Büsche und Bäume empor; nur eine Treppe ins Nichts kündete von vergangener Pracht. In meiner »Reise nach Pommern« habe ich davon erzählt. Jetzt aber ist unvermutet alles verändert; die Büsche und Bäume sind verschwunden wie die Treppe. Offenbar mit schwerem Baggergerät hat jemand den Schutt kreuz und quer durchwühlt. Warum?

»Da wollte jemand den Familienschatz ausgraben«, meint Alexander. »Gab es den denn?«

Nein, keineswegs. Oder genauer: Was vergraben wurde, haben die Russen schon 1945 gefunden. Doch wie auf Pirateninseln wuchern offenbar Gerüchte und Phantasiegespinste in dem Maße empor, in dem der Ablauf der Zeit die nüchterne Wahrheit zersetzt.

»Bist du jetzt traurig?« Ich weiß es nicht recht. Eher wohl ärgerlich – und verstimmt ganz gewiß. Warum kann man nicht ruhen lassen, was einmal war?

Der folgende Tag, der 26. Mai 1993, ist mein Geburtstag. Vorerst aber gilt es, jemand anders zu feiern. Rektor und Senat der Universität Danzig laden ein; wie der polnische Text sagt, wird dem Günterowi Grassowi die Würde eines Doktors honoris causa verliehen. Viel Prominenz ist erschienen; im traditionsheischenden Gewande und mit seltsamer akademischer Kopfbedeckung hält der Lehrkörper seinen Einzug. »Unter den Talaren – Muff von tausend Jahren«, hieß 1968 in Deutschland der kesse und durchschlagend erfolgreiche Spruch der Studenten. In Polen hatte man andere Sorgen; hier singt jetzt, züchtig schwarz und weiß verkleidet, ein studentischer Chor das »Gaudeamus igitur«. Auch Günter Grass hat man akademisch verfremdet.

»Er sieht so müde aus – und so einsam«, flüstert Alexander mir zu. »Ist er wirklich dein Jahrgang?« Jedenfalls wirkt er seltsam verloren, mit dem gekerbten Gesicht und seinem hängenden Schnauzbart wie ein kaschubischer Bauer, der unter die Professoren geriet. Oder, um näher an der Person zu bleiben: wie ein abgearbeiteter Steinmetz.

Doch etwas anderes kommt mir in den Sinn, während die

akademischen Fest- und Lobreden Langeweile verbreiten, der anspruchsvolle Satz: »Was bleibet aber, stiften die Dichter.« Darf man ihn leichthin abtun, ist er als abwegig zu schelten? Was eigentlich wüßten wir ohne Thomas Manns »Buddenbrooks« noch vom hanseatischen Lübeck? Was von der märkischen Adelswelt ohne Theodor Fontane? Und wird nun nicht das alte Danzig, das 1945 im Feuersturm und in der Flucht oder Vertreibung seiner Bewohner unterging, für künftige Generationen dank Günter Grass bewahrt bleiben? Merkwürdig nur: Die neuen Bewohner der Stadt statten schon heute den Dank ab. Die alten dagegen, so steht zu fürchten, werden für die Versöhnung mit ihrem Dichter noch länger brauchen als die Lübecker Bürger für ihr Einverständnis mit Thomas Mann. Begreiflich ist das immerhin: Die Betroffenen wollen ein Erinnern, das vergoldet und glättet; keine Darstellung von Rang aber darf das Unheil, die Kehrseiten und Brüche des Menschlichen verschweigen.

Am nächsten Morgen frühstücken wir zusammen. Mit Krokowa im Hinterkopf und im Beisein seines Göttinger Verlegers Gerhard Steidl möchte ich Günter Grass dazu überreden, daß er, statt politische Pamphlete zu schreiben, zu seinen Ursprüngen zurückkehrt und kaschubische Geschichten erzählt. Welche gibt es denn bisher, sofern man vom Anfang der »Blechtrommel«, dem berühmten Zeugungsakt des Joseph Koljaiczek unterm Rock der Großmutter, absieht? Grass sträubt sich, doch nur um uns sogleich – unnachahmbar im schweren, »wasserpolakischen« Tonfall – mit dem Onkel Antek bekannt zu machen. Der hielt in seinem Schrank zwei Fahnen verborgen, eine polnische und die mit dem Hakenkreuz. Zur Rede gestellt, hob er die Schultern: »Nu, was weiß ich, wer da kommt anmarschiert und welche ich brauchen werd'?«

Knapper kann man die Überlebensstrategie eines Volksstammes kaum beschreiben, auf den nie jemand Rücksicht nahm – obwohl der Kurfürst von Brandenburg und König von Preußen unter seinen Titeln aufführte, »Herzog der Kassuben« zu sein. Sie siedelten von den Toren Danzigs bis nach Hinterpommern; wenn wir Dorfkinder die aus der Stadt ärgern wollten, sangen wir ihnen den Spottvers vor:

»Wo kommen denn all die Kaschuben her?
Es sind so viele wie Sand am Meer.
Von Stolp, von Stolp, von Stolp.«

Dabei war natürlich auch oder gerade der Landkreis gemeint; in einigen Kirchen ist noch im 19. Jahrhundert kaschubisch gepredigt worden. Doch weil in Pommern die Kaschuben, wie die Deutschen, mit der Reformation gegangen waren, verloren sie sich in ihrer Umgebung. Anders in Westpreußen, wo sie katholisch blieben. Hier verhinderte eine mit Blindheit geschlagene Obrigkeit das Aufgehen im Deutschtum, wie die »Geschichte der Kaschuben« berichtet:

»Stark veränderte sich die Gesinnung der Kaschuben gegen die preußische Regierung durch den 1872 beginnenden Kulturkampf. Der Kaschube ist von tiefer Religiosität, besonders die Person des Pfarrers ist ihm ein Gegenstand der Ehrfurcht und Verehrung. Bis zum Beginn des Kulturkampfes hatte er der Regierung voll vertraut, im Volk war sogar die Ansicht verbreitet, daß der König katholischer Konfession sei. Als nun das Volk den Gendarm gegen seinen Pfarrer einschreiten sah, verlor es mit einem Schlage sein Vertrauen zur Regierung und hat es niemals wieder ganz gewonnen.«* Freilich sind auch die Polen mit den Kaschuben keineswegs rücksichtsvoll umgegangen.

Lieber Günter Grass: Wir Kaschuben sollten zusammenhalten. Vielleicht gelingt es uns sogar, die übliche Ein- oder vielmehr Zweiteilung von »Germanen« und »Slawen«, von Deutschen und Polen ein wenig durcheinander zu bringen. Ist nicht der derzeitige polnische Botschafter in Bonn, Janusz Reiter, in Wahrheit ein Kaschube und ein Schriftsteller wie wir? Vergessen Sie doch einmal Ihre Trauergesänge zur Wiedervereinigung; gegenüber der Großmannssucht, die Sie fürchten, würde uns die schlitzohrige Weisheit des Onkels Antek weitaus besser wappnen.

Wir kehren indessen zum 26. Mai und zu meinem Geburtstag zurück. Der Nachmittag gehört einem Spaziergang durch

---

* Sternchen im Text verweisen auf die Anmerkungen ab Seite 301.

Danzig, und wie alle Besucher bewundern wir den Wiederaufbau. Gibt es Schöneres als den Langen Markt, Anrührenderes als den Blick durch die Frauengasse aufs Gebirge der Marienkirche? Man versteht, daß die Polen sich Hitlers Vernichtung nicht beugen wollten und die Altstadt von Warschau neu erschufen. Warum aber hier – unter wirtschaftlich höchst bedrängten Umständen – den Kern eines Gemeinwesens, das deutscher Bürgergeist prägte? »Jede Stadt braucht eine Seele«, sagt der Professor, der uns begleitet, als sei damit alles erklärt.

In einem Restaurant an der Mottlau folgt am Abend das Festessen im kleinen Kreis. Neben Alexander, Ulrich und seinem Geschäftsführer Jerzy Sandberg gehören zu den Gästen der Historiker Andrzej Groth und der Literaturwissenschaftler Waclaw Maksymowicz, den alle nur Max nennen und der mein Buch »Die Reise nach Pommern« in Polnische übersetzen will. Alexander zaubert einen Strauß mit sechsundsechzig Rosen herbei und sagt:

»Morgen nehmen wir ihn mit nach Masuren, nicht wahr? Und da schenken wir ihn weiter an die Oma Wendrigkeit.«

»Nein, nein, morgen fahre ich zurück, die Termine warten.«

Doch das ist nun die Geburtstagsüberraschung: Dieser Spitzbube hat eine Verschwörung angezettelt. Alle reden plötzlich auf mich ein, alles wurde schon arrangiert. Im masurischen Sensburg/Mrągowo steht die Unterkunft bereit, »das Mrongovia, ein gutes Hotel, 1981 von Schweden erbaut, ruhig und direkt über dem Seeufer«; die Stiftung wird die Kosten vorstrecken und Jerzy Sandberg als Dolmetscher zur Verfügung stehen; Straßenkarten und ein Reiseführer wurden besorgt; zu Hause kann man anrufen und meine Termine absagen. Und alle wären sehr, sehr enttäuscht, wenn ich die Überraschung nicht annehmen wollte. Ich zappele noch ein wenig, wie der Fisch an der Angel. Aber was bleibt mir am Ende übrig, als mich zu fügen?

So also, derart unordentlich, begann meine, unsere Begegnung mit Ostpreußen.

Gott in Masuren

Von der Langsamkeit und vom Fluchen

»Als der Herr noch auf Erden wandelte« – so erzählt uns Arno Surminski –, »kam er am späten Nachmittag, als er schon etwas müde war, ins Masurische und erschuf, bevor er einschlief, mit sanfter Hand und ohne viel nachzudenken, die masurische Wildnis. Seitdem ist Masuren ein Land ohne Eile, das gern die Zeit verschläft und seinen Menschen die Langeweile lehrt. Brachen neue Zeiten an, erreichten sie Masuren mit gehöriger Verspätung, so um die Vesperzeit, nachdem sie sich unterwegs ausgetobt hatten. Das elektrische Licht wurde ein Menschenalter später erfunden, das Telefon blieb lange stumm, die Ozeandampfer erreichten die Masurischen Seen nicht, und von den ersten Automobilen wird berichtet, daß sie ihren Dienst verweigerten, als sie der masurischen Wildnis ansichtig wurden. Die Luftschiffahrt, die überall mit Lärm und Getöse daherkam, zeigte sich in Masuren mit bunten Ballons und dicken Zeppelinen, die lautlos, ohne Mensch und Tier zu erschrecken, ihre Schattenbilder über die Seen zogen. Auch die Eisenbahn näherte sich mit Bedacht. Ihr größter Fehler war es, daß bei ihrem Anblick die Pferde durchgingen. Darum stahlen sich die Züge unauffällig durchs Land, nahmen gern die lieblichere Form der Kleinbahn an und vermieden unterwegs jedes Läuten und Pfeifen. Auch bewahrte sich die masurische Eisenbahn eine gewisse Beschaulichkeit dadurch, daß sie an Steigungen erschöpft stehenblieb und den Fahrgästen Gelegenheit gab, mit Wassereimerchen zum nahen See zu laufen, um Flüssigkeit für den Dampfkessel zu holen. Wintertags war sie oft bockig,

Die Endmoränenlandschaft Masurens,
von der bewegten Weite und vom Wasser geprägt.

wollte bei Stiemwetter nicht fahren oder bot den Reisenden Zeit, sie aus Schneeschanzen freizuschaufeln.

Die masurischen Menschen erfanden die Langsamkeit und das Fluchen. Ihnen sagt man nach, daß sie mehr trinken als andere und sich im Winter gern mit ein paar Flaschen Bärenfang einschneien lassen. Auch liegt es ihnen mehr, Fische zu fangen und Rehböcke zu jagen, als die Felder zu bestellen.«*

Wer will es ihnen verdenken? Als Endmoränenlandschaft bildet Masuren einen Teil des Baltischen Landrückens, der sich von Rußland her weit nach Westen erstreckt, über Westpreußen, Pommern, die nördliche Mark Brandenburg, Mecklenburg und Holstein bis nach Jütland hinauf. Nüchtern betrachtet handelt es sich um ein Geschiebe aus Lehm, Sand, Kies und vielem Gestein. Keine Mühsal kann daran etwas ändern, daß der Boden karg bleibt, »so daß der Kiefernwald die natürliche und das Roggen- und Kartoffelfeld die kulturelle Flora bestimmen«*. Noch heute sieht man den Feldern an, daß sie spärlich Frucht tragen, und das hat wenig mit »polnischer

Wirtschaft«, um so mehr aber mit den Bedingungen des Bodens zu tun, von denen gleich zu reden sein wird; vom Weizen oder gar von der Zuckerrübe und ihren Erträgen in der Magdeburger oder Braunschweiger Börde, im niedersächsischen Leinetal und in Westfalen kann man nur träumen. Das Klima tut ein übriges; man nennt es kontinental.

»Der Winter ist ein rechter Mann,
kernfest und auf die Dauer . . .«

So beginnt Matthias Claudius in Wandsbek, gleich neben dem feucht-warmen Hamburg, sein »Lied, hinterm Ofen zu singen«. Doch wie dann in Masuren? In einem durchschnittlichen Jahr halten 179 Frost- und Eistage den 186 frostfreien Tagen beinahe die Waage. Im Januar sind minus 4 Grad Celsius die Regel und minus 25 Grad keine Seltenheit. Die tiefsten Temperaturen wurden in Marggrabowa oder Treuburg* gemessen, 1893 mit minus 36,5 und 1929 mit minus 32,5 Grad. Die Seen frieren meist von Weihnachten an für reichlich drei Monate zu. Lange trotzt ihr Eis dann den Tauwinden und strahlt Kälte ins umgebende Land hinein; erst im April ist an die Aussaat zu denken. Falls wir wirklich einer »Klimakatastrophe« durch Erwärmung entgegengehen, wird auch sie wohl Masuren mit der gehörigen Verspätung erreichen. Immerhin folgen dem kurzen Frühjahr meist ein großer Sommer und ein goldener Herbst.

Insgesamt aber bleibt die Vegetationsperiode um Wochen kürzer als anderswo: Für die Arbeit auf den Feldern stehen im Durchschnitt nur 140 Tage zur Verfügung – oder bisweilen noch weniger: »Unvergeßlich ist der Winter 1928/29. Er brachte Ostpreußen sehr große Kälte und riesige Schneemassen. Man fuhr im Schlitten in Höhe der Baumkronen. In den Obstgärten erfroren alle edlen Sorten. Trotz Fütterung verendete viel Wild. Noch Mitte April wurde der Schnee vierspännig von den Straßen gepflügt. Die Frühjahrsbestellung konnte erst im Mai beginnen.«*

Lieber fischen und Rehböcke jagen, als die Felder bestellen: Als stamme er aus Masuren, hat Karl Marx seine Utopie, das

Idealbild der guten und gerechten Gesellschaft als Möglichkeit beschrieben, »heute dies, morgen jenes zu tun, morgens zu jagen, nachmittags zu fischen, abends Viehzucht zu treiben, auch das Essen zu kritisieren, ohne je Jäger, Fischer, Hirt oder Kritiker zu werden, wie ich gerade Lust habe«*. Doch die Kehrseite solcher Lust war seit Anbeginn die Armut. Mit dem natürlichen Reichtum des Landes, mit Fisch, Wild und Holz ließ sich wenig anfangen, solange es an Kühlketten und an den Transportmöglichkeiten fehlte, die sich mit Kanalbau und Eisenbahnen erst seit der Mitte des 19. Jahrhunderts durchsetzten. Sogar an Strömen mangelte es, allem Wasserreichtum zum Hohn, auf denen man das Holz zur Küste hin hätte flößen können.

Das Vermächtnis der Armut läßt sich noch heute an alten und sehr kleinen Häusern mit Miniaturfenstern ablesen. Sie sehen zwar idyllisch aus, aber sie scheinen eher für Zwerge denn für Menschen zu passen. Jedenfalls müssen ihre Bewohner sich ducken, statt aufrecht zu gehen. Oder sie müssen tatsächlich kleiner sein als anderswo – wie bis an die Schwelle der Gegenwart sogar ihre Pferde, für die es ein Lebensgebot war, genügsam zu bleiben und mit einer Handvoll Hafer auszukommen. »Übrigens verstehe ich, daß den hiesigen Eingeborenen die Größe unserer Pferde ins Auge sticht«, notierte Marion Gräfin Dönhoff in ihrem »Ritt durch Masuren«, den sie 1941 unternahm und der durch Nikolaiken führte. »Als wir aus der Stadt herausritten, stellte ich fest, daß ich von meinem Aussichtsturm aus ohne weiteres in die Dachluken der allerdings winzigen Häuser hineinsehen konnte.«*

Marion Dönhoffs Bericht liefert auch sonst drastische Belege für eine vielfach herrschende Armut. Die kargen Böden brachten nur geringen Ertrag. »Hier, wo man 4 bis 6 Zentner Roggen vom Morgen erntet und 40 bis 50 Zentner Kartoffeln vom Morgen, hat der kleine Bauer es nicht leicht, sein Auskommen zu finden.«* In der Tat, und es lohnt sich, für einen Moment innezuhalten und zu vergleichen. Die moderne Agrarstatistik rechnet mit Doppelzentnern (100 kg) je Hektar, und da vier preußische Morgen einen Hektar ergeben, handelt es sich um 8 bis 12 Doppelzentner Roggen und 80 bis 100

Reichtum war hier nie, Armut fast immer zu Hause. Davon sprechen bis heute die winzigen Häuser, wie für Zwerge gemacht.

Doppelzentner Kartoffeln je Hektar. Die Durchschnittserträge beim Getreide aber erreichten 1939 in ganz Ostpreußen 19,8, in Pommern 22,6, im Deutschen Reich 21,4 Doppelzentner je Hektar. Bei den Kartoffeln lagen die entsprechenden Zahlen bei 169,9, in Pommern bei 183,7, im Reich bei 182,2 Doppelzentnern. In der Bundesrepublik erntete man schon 1971 beim Getreide 39,9, bei den Kartoffeln 227,0 Doppelzentner.* Wohlgemerkt geht es um Durchschnittswerte, nicht um Spitzenerträge der besonders fruchtbaren Böden, auf denen der Weizen und die Zuckerrübe gedeihen. Im Durchschnittssommer 1993 wurden – inzwischen gesamtdeutsch – 56,8 Doppelzentner Getreide gemeldet.

Mit anderen Worten: Selbst wenn man die gewaltigen Leistungssteigerungen der Nachkriegszeit beiseite läßt, brachte es der masurische Bauer nur auf die Hälfte des sonst Üblichen. Verständlich daher, daß die Masuren zwar die Langsamkeit und das Fluchen, aber nicht die Arbeit erfanden, die so wenig lohnte. Nochmals Marion Dönhoff: »Der Forstmeister und seine Frau sind außerordentlich gastlich. Beide stammen aus dem Westen und sind daher etwas verwundert über die hiesige Bevölkerung, vorwiegend wohl deshalb, weil die Leute so ganz ohne Bedürfnis und ohne Ehrgeiz sind. Es ist offenbar schwierig, sie zur Arbeit zu bringen, weil ihnen der Antrieb des Verdienenwollens fehlt. Sie tun offenbar im allgemeinen nur soviel, wie nötig ist, um gerade den Lebensunterhalt zusammenzubringen ... Merkwürdig: der, dem es gut geht, möchte es immer noch besser haben – genügsam ist nur der, der weiß, wie schwer es ist, sein Auskommen zu finden.«*

Bei alledem muß es uns kaum noch erstaunen, daß Masuren lange als »Wildnis« erschien, in die sogar die Herren des Ordens nur zögernd vordrangen. Wozu auch? Von den etwa 150 000 bis 170 000 Prußen, die es um 1230 zwischen Weichsel und Memel gab, dürften nur wenige in Masuren gelebt haben. Weite Gebiete blieben menschenleer; Bären und Wölfe waren die eigentlichen Waldes- und Landesherren. Es schien vorerst zu genügen, daß man ein Jahrhundert nach Beginn der Kolonisation ein paar als Grenzposten gegen die Litauer vorgeschobene Burgen baute, die den späteren Städtegründungen ihren Namen gaben: 1335 in Angerburg, 1345 in Johannisburg, 1360 in Ortelsburg, und so fort.

Eine stärkere Besiedlung begann erst nach dem Zweiten Frieden von Thorn, 1466, mit dem Zuzug aus Masowien, dem südlich angrenzenden Polen beiderseits der Weichsel. Daher stammt auch der Name; der Masure ist eben der zugewanderte Masowier, nach dem dann seine neue Heimat benannt wurde. Bis 1525 entstanden mehr als sechshundert Dörfer und sieben Städte. Prußen und Deutsche gerieten rasch in die Minderheit, aber niemand erregte sich darüber; das Land bot ja Platz genug. Jeder war willkommen, der mithalf, die Wildnis zu bezwingen. Um 1800 redeten neun von zehn Masuren tatsächlich masurisch, also einen polnischen, mit deutschen und prußischen Versatzstücken gemischten Dialekt. Erst im Laufe des 19. Jahrhunderts wandelte sich das Bild, nun allerdings nachdrücklich; am Jahrhundertausgang war nur noch jeder zwanzigste Bewohner des Masurischen mächtig. Man sprach deutsch oder besser gesagt ostpreußisch, mit ein paar eingewobenen Restbeständen aus dem Polnischen.

Die Entwicklung des preußisch-deutschen, seit 1888 nur noch deutschen Schulunterrichts hat hierbei gewiß eine Rolle gespielt. Als weitaus wichtiger erwies sich die Konfession: Die Masuren waren mit ihrem letzten Ordensmeister und ersten Herzog 1525 evangelisch geworden. Das schied sie von ihren Verwandten jenseits der Grenze. Als dann hüben und drüben der Nationalismus seinen fatalen Siegeszug antrat, triumphierte die lutherische Sprachgewalt, diese Dreifaltigkeit des Wortes in Bibel, Gesangbuch und Predigt, auch im Sinne der politischen Zugehörigkeit. Einzig so ist es zu erklären, daß bei der Volksabstimmung, die unter Aufsicht des Völkerbundes am 11. Juli 1920 abgehalten wurde, 98 Prozent der Bevölkerung deutsch bleiben und ganze zwei Prozent polnisch werden wollten. In Oberschlesien, wo die Konfession kein Unterscheidungsmerkmal lieferte, sah es anders aus; hier entschieden in den drei Abstimmungsbezirken 29, 40 und 56 Prozent für die Zugehörigkeit zu Polen. Auch in Westpreußen und Posen hat es eine vergleichbare Eindeutschung der katholischen Bevölkerung nicht gegeben.

Bittet man Polen um eine Erklärung, so geraten sie in Verlegenheit und nicht selten ins Schimpfen: Vor allem, heißt es, hätten sich die Masuren – wie immer – schlitzohrig, um nicht zu sagen so kraß opportunistisch verhalten, als seien sie Kaschuben. Denn der polnische Staat, kaum neu gegründet, schien schon beinahe wieder verloren, weil gerade in der Zeit der Abstimmung die Rote Armee der Russen siegreich vorrückte; das »Wunder an der Weichsel«, das sie zurückwarf, stand noch aus. Vor dem unheimlichen Ansturm aus dem Osten bot daher das Deutsche Reich den besseren Schutz oder jedenfalls eine Chance, sich wegzuducken. Doch dies dürfte nur am Rande mitgespielt haben. In Wahrheit ging es um weit mehr als um die Gunst oder Ungunst des Augenblicks. Den Kern der Dinge enthüllt die Anekdote, die ich einer Leserzuschrift verdanke:

»Im Polenfeldzug verwundet lag ich im Lazarett in Frauenburg in Ostpreußen, dem Sitz des (katholischen) Bischofs des Ermlandes. Ich lag zusammen mit einem jungen Soldaten aus Masuren von der polnischen Grenze. Gepflegt wurden wir von katholischen Ordensschwestern in ihren Trachten. Der junge Mann fragte mich: ›Was sind das für Schwestern mit ihren großen Tüchern auf dem Kopf?‹ Ich sagte ihm, es seien katholische Nonnen mit ihren großen Hauben. Daraufhin stellte er ganz verwundert fest: ›Die sprechen ja deutsch!‹ Für ihn war katholisch gleich polnisch.«

Doch kehren wir zum Ausgangspunkt zurück, zur Erfindung der Langsamkeit und des Fluchens. Die Verzögerung, mit der die Errungenschaften der Zivilisation wider die Wildnis vordrangen, läßt sich noch an Zeugnissen unseres Jahrhunderts ablesen, zum Beispiel an der Entwicklung des Telefonwesens. 1927 kam man in Nikolaiken (und Umgebung) mit zweistelligen Rufnummern aus, obwohl es sich bei stolzen zwei, später drei Brücken um das »masurische Venedig« und dank der Lage zwischen Spirding- und Mauersee um ein Zentrum des Fremden- und des Dampferverkehrs handelte. Das Hotel Deutsches Haus, Besitzer Fritz Hensel – »dem Touristen bestens empfohlen, Hausdiener zu jedem Zuge und Dampfer, anerkannt gute Küche, solide Preise, angenehmer Aufenthalt, geräumige Lokalitäten« –, dieses erste Haus am Platze verfügte über den Fernsprecher Nr. 10. Zur Konkurrenz, dem Hotel Warda, gehörte die Nr. 11. Die Conditorei von Emil Unwies allerdings brachte es bereits auf Nr. 59. Hingegen etwas weiter in die Wildnis hinein, in der Johannisburger Heide, warb das Kurhaus Wiartel – Inhaber Heinrich Krisch, Fernsprecher Wiartel 1 – angemessen damit, »neuzeitlich« eingerichtet zu sein. Als Beleg wurden »elektrisches Licht« und »Badeeinrichtung« genannt. Ähnlich überall; in Crutinnen erreichte man das Kurhaus und Walderholungsheim Grunwald unter Alt-Ukta 1 und das Kurhaus-Hotel Mecklenburg – Inhaber Wilhelm Kleschies, empfohlen »für Pensionäre, Vereine, Radler und Touristen auf Tage und Wochen« – unter Alt-Ukta 5.

Was das Fluchen angeht, so ist es wohl nicht nur auf die endlose Plackerei für kargen Ertrag zurückzuführen, sondern auch auf Heimsuchungen der verschiedensten Art, nicht zuletzt auf das Unheil aus Menschenhand. Zwar war man von der deutschen Katastrophe des Dreißigjährigen Krieges gnädig verschont worden; mit der ruinierten Mark Brandenburg oder mit

Pommern verglichen erschien Ostpreußen zur Zeit des Westfälischen Friedens als eine blühende Provinz, und Königsberg stellte Berlin bei weitem in den Schatten. Wenig später aber, 1656–57, fielen von Polen her – also zuerst und vor allem in Masuren – Tataren ins Land ein. Sie plünderten und mordeten; sie führten nicht nur Männer, sondern auch Frauen und Kinder, die sie fingen, als Gefangene hinweg, um sie auf fernen Märkten als Sklaven zu verkaufen.

Tataren! Man mag kaum glauben, daß hier keineswegs vom Mittelalter, vielmehr von der neueren Geschichte zu reden ist. Freilich waren die Menschen daran gewöhnt, daß sie fürsorgliche oder bedrückende Herrschaft, Krieg und Frieden wie eine andere Art von Naturereignissen hinzunehmen hatten, wie die gute Ernte oder die Mißernte, wie Sonnenschein oder Hagel. Sonst hätten sie sich womöglich wider den eigenen Landesherrn als den Urheber des Schreckens empört. Friedrich Wilhelm nämlich, der Große Kurfürst, mischte sich in den schwedisch-polnischen Machtkampf ein, um als der lachende Dritte Vorteile zu erlangen, wobei er ohne viel Federlesens zweimal die Front wechselte. Die Tataren jedoch waren Söldner, polnische Hilfstruppen, die vorgeschickt wurden, als der Kurfürst sich mit den Schweden verbündete.

In den Geschichtsbüchern lesen wir, daß mit diesem Hohenzollern der Aufstieg Brandenburg-Preußens zur Größe begann. Tatsächlich gelang es dem Kurfürsten, die Anerkennung seiner Souveränität als des Herzogs von (Ost-)Preußen durchzusetzen, also die polnische Lehnshoheit abzuschütteln. Auch brachte er einige Gebietsgewinne heim, so die Lande Lauenburg und Bütow, die dann an Pommern angegliedert wurden. Ältere mögen sich auch noch an heroische Gemälde erinnern: In einer winterlich wilden Verfolgungsjagd über das zugefrorene Kurische Haff vertreibt der Kurfürst – nach einem seiner Frontwechsel jetzt mit den Polen verbündet – die von Livland her in Ostpreußen eingefallenen Schweden. Welchen Preis allerdings seine Landeskinder und besonders die Masuren für die künftige Größe zu zahlen hatten, davon schweigen die Geschichtsbücher.

Doch was überhaupt wußten die Herren dieser Welt von der

fernen »Wildnis«? »Wir Friedrich Wilhelm, von Gottes Gnaden, Markgraf zu Brandenburg, des heil. Römischen Reiches Erzkämmerer und Churfürst, in Preußen, zu Magdeburg, Jülich, Cleve, Berge, Stettin, Pommern, der Kassuben und Wenden, auch in Schlesien, zu Krossen und Jägerndorf Herzog, Burggraf zu Nürnberg, Fürst zu Halberstadt, Minden, Camin, Graf zu Hohenzollern, der Mark und Ravensberg, Herr zu Ravenstein, und der Lande Lauenburg und Bütow etc. etc.« – so begannen titelreich die Edikte des Kurfürsten. Und manche Ansprüche flossen da ein, deren Durchsetzung noch keineswegs abzusehen war; in Stettin zum Beispiel regierten die Schweden und in Schlesien die Habsburger. Von den Masuren aber war gar nicht erst die Rede. In einer besonderen politischen Einheit haben sie ohnehin nie gelebt, und nicht einmal ein eigener Regierungsbezirk ist ihnen jemals zuteil geworden. Sie waren schlicht die Bewohner Masurens, einer Landschaft im Süden Ostpreußens, die sich von den Goldaper Bergen im Osten bis zum Alletal im Westen erstreckt.

Weit schlimmer noch als die Tataren wütete von 1709 bis 1711 die Pest, besonders im südlichen und im östlichen Ostpreußen. Der »Schwarze Tod« des Mittelalters: schon wieder eine Verspätung! Etwa ein Drittel der gesamten Landesbevölkerung soll der Seuche zum Opfer gefallen sein – oder noch mehr; die Angaben schwanken. Manche Gegenden wurden nahezu entvölkert. Und wie immer kam eines zum anderen. Aus Nikolaiken zum Beispiel wird von verheerenden Heuschreckenschwärmen berichtet, als handle es sich um Plagen des biblischen Ägypten. Woher stammte in diesem Falle das Unheil? Wolfgang Ignée berichtet:

»Die Seuche soll von den Ratten und den auf ihnen schmarotzenden Flöhen eingeschleppt worden sein, die mit dem schwedischen Heer Karls XII. unterwegs waren im Nordischen Krieg. Die Schweden suchten die Ukraine heim, Lemberg und Krakau auch, und von da soll die Seuche nach Thorn an die Weichsel gelangt sein – in alten Kleidern jüdischer Kaufleute (natürlich!).

Der Winter des Jahres 1709/10 war hart. Er erlaubte noch bis in den Mai hinein Schlittenfahrten auf den beiden Haffen und auf der Ostsee. Die Erde soll so tief wie nie gefroren gewesen sein, und der Tod griff nach den Vögeln schon in der Luft und ließ sie einfach herunterfallen. Die Vernichtung der Wintersaat durch die Kälte brachte Teuerung und Hunger. Die Landleute waren gezwungen, aus allem Brot zu machen, auch aus dem Holzmehl der Eichen; sie aßen Gras, Baumrinde, Gedärm, Erde; in Anfällen von Kannibalismus rückten sie sogar den Friedhöfen und den Galgen zuleibe. Auch die Raubtiere – wilde Katzen, Wölfe, Bären – litten Hunger. Sie kamen aus ihren Verstecken und fielen die Menschen an.

Die geschwächten, halb verhungerten Masuren, aber auch angrenzende Polen und Litauer, wurden eine leichte Beute der Seuche, zumal auch noch Ruhr, Pocken und Fleckfieber mitspielten. Die Bevölkerung ganzer Dörfer wurde hinweggemäht. Die Städte kamen etwas besser davon, aber den meisten ging es ähnlich wie der Hauptstadt Masurens – von den zweitausend Einwohnern Lycks starben eintausenddreihundert. In einem polnischen Pestlied, das aus dem litauischen Gesangbuch ins Deutsche übersetzt wurde, trauerten die Menschen so:

›Die wilde Pest heert weit und breit.
Mit Leichen ist die Welt bestreut.
Schon manchen Toten deckt sein Grab,
Der's graben wollt, sank selbst hinab.
Das Elternpaar liegt auf der Bahr,
Verwaiset steht der Kinder Schar.
Sie weinen sich die Augen rot,
Vergehn in Frost und Hungersnot.‹

Mit Amuletten, Geißlerfahrten, Festspielen (Oberammergau!) und der Verfolgung der Juden suchte man sich in anderen Gegenden und anderen Zeiten Europas gegen die Pest zu helfen. In einem der masurischen Dörfer um die großen Seen dagegen waren die Leute überzeugt, daß nur ein Toter vor der Krankheit schützen könne, welcher sich selbst im Grab angefressen hätte, ein Vampyr also, den die Polen ›Upior‹ nennen. Der Totengräber grub jedoch vergebens auf dem Gottesacker nach einer solchen Leiche. Man schlug daher einem anderen Verstorbenen den Kopf ab, verstümmelte ihn und verscharrte ihn zusammen mit einem lebenden Hund. Das Sterben in dem Dorf ging weiter.

Doch nicht nur der Tod entvölkerte die östlichen Teile des Landes; viele Menschen flüchteten in Panik aus Masuren in den Westen. Sie kehrten nie zurück.* In Litauen* und den südöstlichen polnisch-masurischen Ämtern, so resümierte die Behörde die Pestfolgen, standen über Nacht 10 834 Bauernhöfe königlicher Amtsuntertanen leer. Manche Überlebenden jedoch packte, noch während die Pest wütete, unwiderstehliche Heiratslust. Die Pfarrer in Masuren hatten also zu tun, in jeder Hinsicht.«*

Solche Heiratslust bedarf der Erklärung; mit einem »Tanz auf dem Vulkan«, wie er vor historischen Katastrophen aufzutreten pflegt, oder mit der Lebensgier ihrer Überlebenden hat sie wohl wenig zu tun. In der gar nicht so guten alten Zeit durfte in der Regel nur heiraten, wer eine »Nahrung«, zum Beispiel die Verfügung über einen Bauernhof oder einen Handwerksbetrieb nachweisen konnte. Durchweg war das der älteste Sohn als der Alleinerbe; die jüngeren Geschwister dagegen mußten sich als Knechte oder Mägde verdingen und sahen sich zur Ehelosigkeit verdammt – bei schärfster Verurteilung aller unehelichen Geburten. Man kann das eine vormoderne Form der Bevölkerungskontrolle nennen. Die Pest indessen räumte alle sonst üblichen Hindernisse beiseite; jetzt gab es nicht zu viele, sondern bei weitem zu wenige Menschen, die ein »Nahrungs-«Erbe antreten wollten. Auf jeden also, der überlebte und im Lande blieb, wartete als Glück im Unglück der Traualtar.

Die dritte Katastrophe, die in der Neuzeit Masuren traf, führt schon beinahe an die Gegenwart heran. Zu Beginn des Ersten Weltkriegs drangen russische Armeen in das Land ein, und auf die Schlacht bei Tannenberg folgte etwas weiter östlich vom 6. bis zum 15. September 1914 die Schlacht an den Masurischen Seen. Doch Teile des Landes blieben besetzt oder wurden erneut besetzt; erst die Winterschlacht in Masuren vom 4. bis zum 22. Februar 1915 brachte die endgültige Befreiung. Immerhin: So groß die Schrecken dieser Besetzung und die Zerstörungen waren, welche die Kämpfe verursachten, kein Vergleich ist erlaubt mit der barbarischen Kriegführung, die Hitler 1941 im »Unternehmen Barbarossa« entfesselte und die dann 1945 als Rache zurückschlug. Im Ersten Weltkrieg blieben noch einige Formen von Zivilisiertheit gewahrt.

Um sie an einem Zwischenfall anschaulich zu machen: Am 26. August 1914 forderte ein russischer Befehlshaber die Feste Boyen zur Übergabe auf, die die Seenenge bei Lötzen deckte. Versehentlich wurden die Parlamentäre angeschossen, und daraufhin antwortete der Festungskommandant, Oberst Busse, dem russischen General:

»Euer Exzellenz!

Euer Exzellenz bringe ich mein lebhaftes Bedauern zum Ausdruck, daß die von Euer Exzellenz vorgeschickten Parlamentäre

– 1 Major, 1 Adjutant, 1 Trompeter –

von meinen Truppen angeschossen worden sind. Ein vorgeschobener Posten hat sie von der Seite bzw. vom Rücken aus gesehen und will die Parlamentärflagge nicht gesehen haben.

Ich werde den Vorfall peinlich untersuchen und stelle strenge Bestrafung in Aussicht.

Euer Exzellenz können versichert sein, daß von meinen Truppen streng nach den Gesetzen des Völkerrechts gehandelt wird.

Die Verwundeten sind in das Lazarett aufgenommen; sie erhalten dort die beste Pflege und werden nicht als Gefangene behandelt.

Sobald es deren Zustand erlaubt, werden diese ausgeliefert werden.

Was Ihre Aufforderung anbetrifft, die Feste zu übergeben, so weise ich dieselbe für mich und meine tapfere Besatzung als im höchsten Grade beleidigend zurück.

Die Feste Boyen wird nur als Trümmerhaufen übergeben.

Der Kommandant der Feste Boyen
Busse.«

Eine Kehrseite des Fluchens oder genauer gesagt seine andere, sehr verfeinerte Form bildet der Spott. Man schlägt nicht mit der Keule drein, sondern führt das Florett oder den Degen. Zwar waren die Bauern, Fischer und Tagelöhner Masurens gewiß keine feinen Leute, erst recht keine französischen Kavaliere, die solche Waffen spazieren trugen. Worauf sie sich verstanden, waren der Pflug und die Sense, Reusen und Schleppnetze oder die Axt. Aber den Spott, sozusagen als die Waffe der kleinen Leute, haben sie dennoch bis zu jener Vollendung entwickelt, die durch das Lachen über sich selbst gekrönt wird. Davon zeugt ihr denkwürdiger Spruch:

»Wo sich aufhört die Kultur,
da beginnt sich der Masur.«

Das vorsätzlich eingefügte doppelte »sich« ist hier besonders zu beachten. Nur unmasurisch humorlose und akademisch verbildete Leute wie der Dr. Max Simoneit, der den masurischen Reiseführer von 1927 verfaßte, mochten das nicht hinnehmen und verfielen statt dessen in peinliche Polemik:

»Wer von Jakobsburg aus den Olymp am Alletal erreicht hat und von dort aus auf dem jenseitigen Ufer der Alle stadtwärts wandert, – wird nur in schmerzlichster Wehmut sich von der deutschen Landschaft trennen, deren Verwaltungshauptstadt Allenstein ist, das auch in seiner ganzen Anlage den Charakter der vornehmen deutschen Kulturstadt in der Nähe eines kulturarmen feindlichen Randstaates mit dem deutlichen Bewußtsein einer gewissen deutschen Funktion sich zu verschaffen gewußt hat. In dieser Hinsicht spielt der im Jahre 1926 vollendete Theater-Neubau, der ›*Treudank*‹, eine große Rolle. Als architektonisches Kunstwerk, als Symbol des Vaterlands-Dankes für die Treue Masurens und als Stätte guter deutscher Kunst ist dieser Treudank ein deutscher Grenzhort von enormer Wucht! Jenseits seiner Grenze wird man vor Warschau seines gleichen vergeblich suchen!«*

Inzwischen ist aus Allenstein Olsztyn geworden, und als Kultureinrichtungen sind zu verzeichnen: *zwei* Theater und ein beinahe einzigartiges Pantomimentheater für Taubstumme, ein Sinfonieorchester und zwei Hochschulen ... Um auf den masurischen Spott zurückzukommen: Sein Genie zeigt sich darin, daß man nie ganz sicher sein kann, wo er beginnt und den verschrobenen Ernst unterspült. Ein Beispiel liefert »Des Masuren Wanderlied«. Alexander entdeckt es, als unser Schiff auf dem Spirdingsee gerade eine Schleife fährt – und schüttelt sich vor Lachen:

»Hör' bloß mal zu! Das soll, hier steht es, ›das einzige masurische National- und Volkslied‹ geworden sein, und dem Dichter, Dewischeit, hat man sogar ein Denkmal gesetzt!

›Wild flutet der See,
Drauf schaukelt der Fischer im schwebenden Kahn;
Schaum wälzt er wie Schnee ...‹

Wer? Der Fischer oder der Kahn?

›Von grausiger Mitte zum Ufer hinan.
Wild fluten die Wellen auf Vaterlands Seen, wie schön!
O tragt mich auf Spiegeln zu Hügeln, Masovias Seen!‹«

Aber wer weiß? Womöglich haben die Masuren dieses Lied mit einem Augenzwinkern auserkoren und es gerade darum so gerne gesungen, weil es sie heiter stimmte als der für Fremde unkenntliche Spott über eine Selbstdarstellung, mit der sie um so weniger anfangen konnten, je mehr die Herren Lehrer darauf bestanden, daß die Schulkinder sie erlernten. – Etwas später liest Alexander aus dem Reiseführer der zwanziger Jahre vor, was wir auf der Fahrt nach Rudczanny zu sehen bekommen:

»›Wir passieren die Fähre Wiersba und liegen‹ – liegen! – ›in dem 500 m breiten, dicht von Waldeshöhen geschmückten Beldahnsee, *dessen und des* Niedersees *unübertroffene Schönheiten der eigentliche Zweck unserer Reise sein sollte. Diese Schönheiten an dieser Stelle zu schildern, ist denen nichts nütze, die auf dem Dampfer stehen, – die dürfen hier nicht lesen!‹«* *

Sie tun es doch, oder jedenfalls Alexander tut es – und wird von einem neuen Lachanfall gepackt. Endlich, nach dreimal vergeblichem Ansetzen bringt er heraus, was ihn schüttelt:

»*Weißt du, wie ein Kranich aufstößt? Nein? Hör' also zu, bitte! Und ganz genau: ›Hier muß man beim Sonnenauf-, beim Sonnenuntergang den wilden Schwan seine silbernen Linien ziehen sehen, – hier muß man fühlen können, wie das Herz des scheu aufstoßenden Kranichs schneller schlägt, wenn ein einziges harmloses Reh durch tauiges Grün zur köstlichen Tränke sich bückt, – hier muß man mit dem irdenen Göttergeschenk unserer sonnenklaren Augen den Adler seine erlösenden Kreise ziehen sehen, – dann werden die Augen bald nicht mehr schauen wollen vor trunkenem Glück, und doch wird's berauschend in uns weitersingen:*

Trinke, Auge, was die Wimper hält,
Von dem goldnen Überfluß der Welt.‹«*

Das allerdings ist kaum masurisch zu nennen. Da spricht der Fremdenführer aus Berufung, Herr Doktor Simoneit. Zum Ausgleich kehren wir auf die Fähre Wiersba zurück, und ich lese Alexander vor, was Marion Dönhoff von ihr erzählt:

»Wir reiten langsam im halbverkühlten Sonnenschein des Nachmittags nach Norden, vielfach ohne Weg, entweder unmittelbar am Wasser oder durch den hohen Bestand, der bis an das oft steilabfallende Ufer heranreicht. Die Sonne färbt die Kiefernstämme glühend rot und läßt das Buchenlaub in allen Schattierungen vom leuchtenden Gold bis zum tiefen Kupferton erstrahlen. Unten liegt der blaue See, eingefaßt von einem schmalen Saum lichtgelben Schilfes. Herr Gott, wie schön diese Welt ist – sein könnte . . .

Schließlich kommen wir an das Ende dieser langen Landzunge und stehen vor der, sogar uns Angst und Schrecken einflößenden Fähre. Sie ist so klein, daß gerade ein Fuhrwerk darauf paßt, von niedrigen Stangen eingefaßt, gleicht das Ganze einer schwimmenden Kinderboxe. Fürchterlich die Vorstellung, daß, wenn wir erst glücklich auf dem polternden Bretterboden angelangt sein werden, der Motor mit stoßweisem Geknatter angelassen wird. Der Bursche, der dieses Teufelswerk bedient, hat keinerlei Sinn für unsere Sorgen, er grinst nur. Wir beschwören ihn, seinen Motor ja recht leise in Gang zu setzen, er grinst wieder und ist völlig ungerührt. Später stellt sich heraus, daß er kein Deutsch versteht.

Unter großem Geschnaube, Ziehen, Klopfen und Schlagen sind beide Pferde endlich mit einem großen Satz, der sie am anderen Ende beinahe in den See befördert hätte, auf der Fähre gelandet. Vorsichtshalber schnallen wir die Satteltaschen ab, damit wenigstens etwas trocken bleibt. Der junge Mann hat inzwischen den Anker gelichtet und stößt uns mit Hilfe einer langen Stange von dem sicheren, uns so liebgewordenen Ufer ab. Meiner Stute quellen vor Angst fast die Augen aus dem Kopf, und wie gebannt starrt sie auf die sich entfernenden Bäume. Glücklicherweise übersteigt dieser Vorgang ihr Realisierungsvermögen. Der Fuchs springt derweil wie ein Floh bald nach rechts, bald nach links, ohne Sißis beruhigenden Zuspruch zu beherzigen. – Und dann setzt plötzlich mit einer lauten Fehlzündung der Zweitakter ein. Wie eine Höllenmaschine puffend und zischend, versetzt er das ganze Gefährt in eine schaukelnde Bewegung.

All diese Eindrücke auf einmal, das ist zu viel für unsere zartbesaiteten Rösser, sie strecken die Waffen und sind endgültig geschlagen. Zitternd und gottergeben wie die neugeborenen Lämmer stehen sie da mit steifen, vorgeschobenen Vorderbeinen und wagen es nicht mehr, sich zu rühren. Erleichtert erklimmen wir das neugewonnene Ufer, nachdem uns der Jüngling in summa 85 Pfennig für diese Angstpartie abverlangt hat, eine Forderung, die in keinem Verhältnis zu dem seelischen Aufwand steht.«*

Alexander ist begeistert. Wir sollten das nachprobieren, samt beigefügtem Ritt durch Masuren, am liebsten sofort. Er ist enttäuscht, als ich abwinke, weil ich seit 1945 kein Pferd mehr bestiegen habe:

»Ach, du immer mit deinem Alter! Mit dir ist auch gar nichts mehr los.«

»Etwas Schöneres habe ich nie gesehen«

Als der liebe Gott aus seinem masurischen Nachmittagsnickerchen wieder erwachte, fühlte er sich erfrischt. Die gute Luft hatte ihm wohlgetan. Um diese Wohltat zu entgelten, griff er in seine Tasche und streute Perlen aus, sehr viele und sehr große, aber auch klitzekleine.

Die gute Luft gibt es bis heute. Man fühlt es, und Untersuchungen bestätigen: Die Luftverschmutzung ist hier 25mal geringer als im polnischen Landesdurchschnitt. Sie ist sogar 150mal geringer als in Oberschlesien – was freilich vor allem dem Industrierevier ein verheerendes Urteil spricht.

Aus den Perlen sind indessen Masurens Seen geworden. Hunderte gibt es oder Tausende sogar; keiner hat sie genau gezählt, weil niemand sagen kann, wo ein See aufhört und der gewöhnliche Dorfteich beginnt. Der größte von ihnen ist mit 114 Quadratkilometern der Spirdingsee/Jez. Śniardwy südöstlich von Nikolaiken/Mikołajki. Er gilt freilich als unberechenbar wetterwendisch. »Stets ist zu beachten, daß die Ruhe auf dem See sehr trügerisch sein kann ... Nur erfahrene Leute, gute Schwimmer, sollten sich mit Kajak oder Paddelboot auf den See hinauswagen«, warnt ein Reiseführer. »Es wurden schon 15 Meter hohe Wellen beobachtet.«* Das freilich dürften alte Masuren mit einem Augenzwinkern erzählt haben; auf dem Pazifischen Ozean oder im Nordatlantik sind wir denn doch nicht. Es folgen, mit garantiert etwas niedrigeren Wogen, nördlich und südlich von Lötzen/Giżycko der Mauersee/Jez. Mamry, der eigentlich ein Ensemble von Seen mit über dreißig Inseln darstellt, und der Löwentinsee/Jez. Niegocin.

Und welcher See ist der schönste? Darüber mag man streiten. Viele nennen den Niedersee/Jez. Nidzkie. Wie eine Sichel von Frau Luna, schmal geworden in der Nacht vor dem Neumond, schmiegt er sich in die Johannisburger Heide. Zusammen mit den umgebenden Wäldern bildet der See ein Landschaftsreservat, und man hat ihn zur »Stillzone« erklärt, wichtig genug: Die Motorenprotze, die wichtigtuerisch übers

In Masuren kann jeder seinen eigenen See entdecken, von Wäldern umrahmt.

Wasser rasen und anderswo schon damit begonnen haben, die Stille zu zerstören, bleiben verbannt. Aber jeder kann in Masuren seinen eigenen Lieblingssee finden, beinahe unberührt irgendwo in den Wald gefügt oder neben einem Dorf; es scheint, als müsse hier kaum eine Ortschaft, und sei sie noch so weltverloren, aufs eigene Gewässer samt den Badefreuden für Gänse, Enten und Kinder verzichten.

Freilich nicht überall kann man solche Badefreuden noch ohne Reue genießen. Auf unsere Frage an den Bürgermeister von Nikolaiken, welches das Hauptproblem der Region und die größte Sorge seiner Amtsführung sei, nennt er nicht etwa die Arbeitslosigkeit. Dabei liegt sie bei 22 Prozent, wie unsere Nachfrage ergibt. Welcher deutsche Bürgermeister würde bei solcher Größenordnung es wagen, etwas anderes an die erste Stelle zu setzen? (Fast wie bei Bergeshöhen oder Wassertiefen scheint es sich allerdings um eine seltsam feststehende Größe zu handeln. Der Reiseführer von 1992 nennt für ganz Masuren die gleiche Zahl.) Hier aber heißt die Antwort ohne Zögern: der Umweltschutz.

Das Nikolaiker Beobachtungsinstitut für Meteorologie und Wasserwirtschaft, in dem der Bürgermeister früher gearbeitet hat, teilt die Wasserqualitäten in vier Kategorien ein: sehr schmutzig, ziemlich schmutzig, ziemlich sauber und sehr sauber. Als sehr schmutzig gelten Seen, an denen die Besiedlung, die Wirtschaftsunternehmen, der Verkehr und der Tourismus sich konzentrieren, so der Löwentinsee/Jez. Niegocin und der Nikolaiker See/Jez. Mikołajskie. Als Folge sind zum Beispiel die edlen Maränen aus der Familie der Renken oder Felchen* selten geworden, die einst – geräuchert – das Hotel Deutsches Haus nicht nur als Nikolaiker Spezialität, sondern als »delikateste Fische der Welt« anpries.

Der Bürgermeister und die anderen Verantwortlichen wissen, daß in einem Gebiet des Fremdenverkehrs eine gesunde Natur das wichtigste Kapital ist, über das sie verfügen, und daß man Kapital einsetzen muß, um dieses Kapital zu erhalten. Darum hat man 1991 eine »ökologische Stiftung des Gebietes Große Masurische Seen« gegründet. Man hat Verbindungen mit westlichen Ländern aufgenommen, Hilfe erbeten und Zusagen erhalten; eine dänische Firma soll den Generalplan erarbeiten, in dem Kläranlagen für Angerburg/Węgorzewo, Lötzen/Giżycko und Nikolaiken/Mikołajki eine zentrale Rolle spielen. Aber wenn es schon nicht an den Zusagen und am guten Willen mangelt, dann doch am Geld, über das man tatsächlich verfügen kann. So dürfte der Weg von der Planung zur Tat noch weit sein; Geduld und ein zäher Wille sind gleichermaßen gefordert.

Für die Gegenwart bleibt ein Trost: Als der Herr Masuren erschuf, hat er seine Perlen derart reichlich ausgestreut, daß nur ein wenig im Abseits viele Seen noch immer als »sauber« oder »sehr sauber« eingestuft werden können. Das gilt – Gott sei Dank – auch für den schönsten der Flüsse, die Krutinna, bei ihrem Lauf, vielmehr gemächlichen Gang, der sie vom Muckersee/Jez. Mokre durch die Johannisburger Heide zum Gartensee/Jez. Gardyńskie führt. Weiter durch den Schönfließsee/Jez. Jerzewko hindurch gelangt man schließlich zum Beldahnsee/Jez. Bełdany, den die Schiffe der »Weißen Flotte« von Nikolaiken aus befahren. Auf der Krutinna aber kann man nur im Paddelboot treiben oder sich staken lassen und jeder, der das einmal tat, wird den Reiseführern zustimmen, die sämtlich ins Schwärmen geraten:

»Wenn man von Masuren erzählt, muß die Krutinna (Krutynia) erwähnt werden. Für Wasserwanderer ist sie der schönste Fluß Ostpreußens: Sein Weg führt durch eine bezaubernde, oft parkähnliche Landschaft. Nur selten berührt er eine Ansiedlung, meist ist ein großes Schweigen um einen herum. Nur die Wasservögel, zuweilen eine Kuh oder ein Pferd schauen uns zu. Glasklar ist das Wasser, was es ermöglicht, die reiche Fauna und Flora bis auf den Grund zu beobachten. Es ist einfach unbeschreiblich schön!«*

»Richtung Süden zieht sich die Strecke am malerischen Krutinna-Ufer vorbei an dichtem Gebüsch von Hasel, Eberesche, Buche, Eiche und Kiefer. Das frische Laubholz bildet grüne Tunnel, spiegelt sich duftig im kristallklaren Wasser wider und taucht seine herabhängenden Zweige hinein. Unter uns schimmert das Bett des Flusses mit seinen farbigen Steinchen und weißen Muscheln ... Büsche säumen die Ufer der Krutinna so dicht wie ein Urwald und bilden über unseren Köpfen ein dichtes Laubdach. Im Schilf nisten Enten und Schwäne, Bachstelzen trippeln über im Wasser liegende Baumstämme, die Luft ist voll hellblauer Libellen, im Wasser tummeln sich Äschen und Barsche, in den Büschen turnen Eichhörnchen. Auf der Wasseroberfläche sind zahlreiche Wasserrosen und andere Wasserpflanzen ... Wenn man so zwischen den reizenden Ecken dieser Landschaft in ungetrübter Stille dahintreibt, versinkt man leicht im Nachdenken oder spinnt Zukunftsvisionen.«*

Nein, überm Zauber der Gegenwart vergißt man die Zukunft. Treffender drückt sich darum Herr Doktor Simoneit aus, dem das Wort gebührt, wo es wahr wird: »Nirgends wohl wird man so leicht sich frei von körperlichen Hüllen fühlen, als wenn man hier langgestreckt, vom Boot getragen, die träumenden Augen zum Himmel richtet!«*

Vielleicht geraten wir vom Träumen zur Poesie. Johann Gottfried Seumes einst vielzitiertes Gedicht »Der Wilde« beginnt mit den Worten:

»Ein Kanadier, der noch Europens
übertünchte Höflichkeit nicht kannte,
und ein Herz, wie Gott es ihm gegeben,
von Kultur noch frei, im Busen fühlte . . .«

Wenn aber auch der Masur laut seiner verschmitzten Selbsterkenntnis beginnt, »wo sich aufhört die Kultur«, dann könnte von ihm die Rede sein. Das Gedicht schließt mit den denkwürdigen Zeilen:

»›Seht, ihr fremden, klugen, weißen Leute,
seht, wir Wilden sind doch bessre Menschen!‹
Und er schlug sich seitwärts in die Büsche.«

Das sollten wir beherzigen, nachdem wir die Seen und die Krutinna befahren haben, und die Wildnis aufsuchen – oder was in den Waldbeständen an sie noch von ferne erinnert.

Ostpreußen verfügt über hochgeschätzte Reviere. Am bekanntesten dürfte die Rominter Heide sein, 260 Quadratkilometer groß, jenseits von Goldap ganz im Osten gelegen und heute von der russisch-polnischen Grenze schnurgerade durchschnitten. Noch im 14. Jahrhundert handelte es sich tatsächlich um eine Wildnis, später aber – vergleichbar der brandenburgischen Schorfheide und der Bialowiezer Heide in Polen – um ein berühmtes Jagdgebiet der jeweiligen Landesherren, von den Ordenshochmeistern über die Herzöge und Kurfürsten, die Könige und Kaiser bis hin zu Hermann Göring. Mit solchem Ruhm hängt es wahrscheinlich zusammen, daß viele sich Ostpreußen als besonders waldreich vorstellen. Außerdem erinnert man sich an Elche und an die Elchschaufel nicht nur als Brandzeichen der Pferdezucht, sondern als Symbol des Landes.

Elche bevorzugen allerdings sumpfige und lichte Laubwälder, die mit den dunklen, in modernen Forsten vorherrschenden Kiefern- und Fichtenbeständen wenig gemein haben. Oder sie durchwandern Moore, wie es sie etwa längs der Memel und am Kurischen Haff reichlich gibt, und – weiter nördlich – die Tundren. Überhaupt sind manche Vorstellungen falsch. Zwar

»als der Deutsche Orden zu Anfang des 13. Jahrhunderts pruzzischen Boden betrat, fand er eine fast undurchdringliche Waldwildnis vor. Das Land war seit langem Waldgebiet, wenn auch gegen Westen hin etwas abnehmend. Seen und Moore eingerechnet, waren es um 1200 mehr als 95 Prozent Waldfläche.«* Aber das hat sich im Laufe der Jahrhunderte gründlich geändert. Weil die Holzreserven des Südens sich kaum transportieren ließen, hat man im Norden Raubbau getrieben. Besonders die fruchtbaren Niederungen des Nordwestens wurden fast völlig entwaldet. Noch in der neueren Zeit, von 1830 bis 1939, sank der Anteil der Wälder an der Gesamtfläche Ostpreußens von 32 auf 19 Prozent. Aktuelle und zuverlässige Zahlen stehen jedenfalls für das russische Gebiet nicht zur Verfügung, doch an der Größenordnung dürfte sich wenig geändert haben. Zum Vergleich: In Hessen und in Rheinland-Pfalz liegt der Waldanteil mit 39,4 und 37,9 Prozent doppelt so hoch; selbst das Saarland, gemeinhin nur als Industrierevier bekannt, bringt es auf 32 Prozent.

Auch der Anteil der Baumarten hat sich verändert. In der älteren Zeit handelte es sich meist um Laubmischwälder aus Eichen, Weißbuchen und Birken. Wirtschaftlich betrachtet spielten die Eichen und Buchen, in Ostpreußen besonders die Eichen, mit ihren Eicheln und Eckern eine wichtige Rolle für die herbstliche Schweinemast. Daher sagen wir bis heute, daß die Bäume »Mast« tragen, und vom jährlichen Umfang dieser Mast hing es ab, ob man mit fetten Schlachttieren rechnen durfte oder sich mit den mageren begnügen mußte. Dagegen wandelten sich die Waldbilder, seit mit dem Siegeszug der Eisenbahnen die Transportprobleme gelöst wurden. Von da an setzte die moderne, am Holzertrag orientierte Forstwirtschaft auf Fichten und Kiefern. Bei einem ostpreußischen Waldbestand von insgesamt 701 387 Hektar betrug 1939 der Anteil der Nadelwälder 543 205 Hektar. Zu zwei Dritteln handelte es sich um Kiefern-, zu einem Drittel um Fichtenbestände.

Für Masuren sind zwei Waldgebiete besonders zu nennen. Der Borkener, Heydtwalder und Rothebuder Forst/Puszcza Borecka beginnt etwa 20 Straßenkilometer nordöstlich von Lötzen. Er umfaßt 250 Quadratkilometer; Moore, Sümpfe und

Wer von großen europäischen Landschaften redet,
darf von Masuren nicht schweigen.

Seen sind in ihn eingelagert. Wer eine Vorstellung davon gewinnen will, wie ein »urtümlicher« Wald, die »Wildnis« einst aussah, ist am rechten Ort; in fünf Reservaten mit einer Gesamtfläche von 933 Hektar hat man die Natur sich selbst überlassen. Auch urtümliches Wild gibt es hier: Wisente, etwa 70 Stück insgesamt. Freilich sind sie scheu, und um sie zu sehen, braucht man Glück und Geduld samt der Fähigkeit, sehr still und sehr aufmerksam zu bleiben. Noch viel mehr gilt das für Wölfe, die im Borkener Forst wieder heimisch sein sollen.

Südlich von Sensburg und Nikolaiken dehnt sich mit der imponierenden Größe von rund 1000 Quadratkilometern die Johannisburger Heide. Vielleicht die eindringlichste Art, sie im doppelten Wortsinne zu erfahren, bieten Pferdekutschen. Dafür haben wir weitab im Norden, in Liesken, von dem gerade entlassenen Gestütsleiter Antoni Pacyński einen wertvollen Hinweis auf das »Pensjonat Żabieniec« erhalten (Telefon Mrągowo 22-15). Das ist ein brandneuer Reiterhof mit Gästehaus, Stallgebäude, Pferdekoppeln und, etwas abseits direkt über einem Waldsee, mit dem Wohnhaus oder besser gesagt der Residenz des Besitzers. Alles zeugt von Wohlstand, nirgends wurde am Komfort gespart, auch nach westlichem Standard nicht; wer fern von allem Getriebe und Verkehr in verzauberter Landschaft und gar mit pferdenärrischen Kindern seine Reiterferien verbringen möchte, könnte nirgendwo etwas Besseres finden. Wir erreichen die Anlage nach einigem Suchen, etwa zwölf Kilometer südlich von Sensburg und vier Kilometer hinter Peitschendorf/Piecki.

Von dem Besitzer, der aus Warschau stammt, einem untersetzten Mann mittleren Alters, meint später unser polnischer Begleiter Jerzy Sandberg: Das sei wohl jemand aus der ehemaligen »Nomenklatura« des kommunistischen Regimes. Wie sonst sollte er zu seinem Reichtum gekommen sein? Und den verstecke er nun hier, menschenfern in der Wildnis. Der Mann selbst versteckt sich allerdings nicht; inzwischen als ein Repräsentant der Firma Siemens reist er viel umher. Doch wie dem auch sei: Wir werden herzlich als »Ehrengäste« empfangen, denn wir sind die ersten überhaupt, und zunächst einmal zum zweiten Frühstück, später zum Abendessen, schließlich zum Wein genötigt. Nur Schwärme von Fliegen stören die Gemütlichkeit. Der Tag aber gehört der Kutschfahrt in der Obhut zweier Stalljungen.

Vogelstimmen, der Kuckuck darunter, vom Hämmern des Spechts untermalt, das Pferdeschnauben und bisweilen ein »Argon!« – der halblaute Mahnruf des Stalljungen an eines seiner Pferde, aufmerksam zu sein –: Nichts sonst stört die Stille. Zwei Motorradfahrer mit Angelgerät bilden die einzige Begegnung der modernen Art, und in reichlich sechs Stunden kommen an einem Rotwildgehege nur Schulkinder noch hinzu. Doch niemals droht Langeweile; immer wechseln die Eindrücke. Der Weg windet sich hügelauf und bergab, manchmal durch feuchten Untergrund, in dem die Mücken zum Angriff schwärmen. (Hier wie auch sonst beim Besuch der ostpreußischen Wälder und Moore empfiehlt es sich, mit einem Schutzmittel gerüstet zu sein.) Dann wieder geraten wir in eine trockene Heidelandschaft. Wir fahren durch staunenswert alte Kiefernbestände, junge Schonungen, Mischwald und Laubwald. Neben der vorherrschenden Kiefer und der Fichte begegnen wir Eiche, Linde, Ahorn, Birke, Esche und Espe,

Schwarz- und Grauerle, Eibe und Weißbuche, dazu Wacholder, Haselstrauch, Traubenkirsche, Pfaffenhütchen, Seidelbast, Rosmarinheide, Türkenbundlilie – ach, und so vieles mehr, das wir nicht kennen. Ein botanischer Experte müßte man sein, um alles zu ergründen. Und nicht den einen oder anderen Tag, sondern Wochen müßte man unter der Anleitung eines Fachmanns in der Johannisburger Heide verbringen, um sich mit den See- und den Fischadlern, den Schwarzstörchen, Kormoranen und Kranichen vertraut zu machen, die hier horsten.

Wir sehen die Burgen der Waldameisen. Sie erinnern mich an die Weisheit alter Pommern, daß es gegen das Reißen helfe, sich nackt hineinzusetzen. Womöglich gilt diese Weisheit auch in Masuren; darum hat man alle Burgen vorsorglich umfriedet. Überhaupt zeigt sich die Johannisburger Wildnis wohlgepflegt. Offenbar verstehen die polnischen Forstleute ihr Handwerk so gut wie die deutschen, allen Vorurteilen zum Trotz – was mir ein Kenner aus der Lüneburger Heide mit Nachdruck bestätigt. Oder vielleicht hängt der gute Zustand des Waldes damit zusammen, daß die forstmeisterliche Arbeit überall ihre Menschen prägt und einen weit längeren Atem erfordert, als die jeweils herrschenden Regime ihn aufbringen, die darum ihre Experimentierwut auf die Landwirtschaft werfen. (Auch in der ehemaligen DDR, zum Beispiel in der Schorfheide, haben die Forstleute sich kaum beirren lassen.)

Daran, daß nicht immer die Idylle herrschte, erinnern uns die Stalljungen, als sie uns verrostete Munition aus dem Zweiten Weltkrieg zeigen. Und unser Gastgeber spricht am Abend davon, daß er sich für die Vergangenheit interessiere: Dort, wo er sich in der Stille ansiedelte, wurden 1945 Menschen ermordet, die irgendwo verscharrt liegen.

Wir aber pflücken jetzt Walderdbeeren. Verschwiegene Seen ziehen im Schatten der Bäume vorüber, oder der Blick weitet sich über schilfumstandene Ufer hinweg. Wo wir aus dem Wald in die Feldmarken hinausgelangen, liegen die Äcker oft brach. Gehöfte zeigen sich selten in gutem Zustand. In der Mehrheit sind sie halbverfallen oder schon völlig verödet; die Einsiedelei lohnt nicht mehr. Nur einmal, an einem besonders entlegenen Platz, wirkt unversehens ein Hof mit neuen Anbauten sowohl am Wohnhaus wie an den Ställen und Scheunen wie aufgemöbelt, obwohl wiederum die Felder nicht mehr bestellt sind. Seltsame Geräusche dringen herüber, wie aus einer Metallschleiferei, die bei unserer Annäherung verstummen. Offenbar handelt es sich um ein zeitgemäßes Wirtshaus im Spessart: »Da werden wohl Autos umfrisiert«, meint Alexander.

Als wir im späten Tageslicht wieder nach Sensburg zurückfahren, machen wir noch einen Umweg. In Peitschendorf biegen wir nach rechts auf die Straße nach Nikolaiken ab und gelangen nach drei Kilometern zu der etwas ins Waldesabseits gerückten Försterei Kleinort/Piersławek. Eine Gedenktafel in polnischer Sprache sagt, daß hier 1887 »ein rechtschaffener Mensch, Antifaschist und ehemaliger Häftling in Buchenwald« geboren wurde. Gemeint ist Ernst Wiechert. Heute mag man seine früher vielgelesenen Romane – »Die Majorin« (1934), »Das einfache Leben« (1939), »Die Jerominkinder« (1945–1947) – als Fluchtversuche aus einer finsteren Wirklichkeit deuten. Aber ohne die masurische Herkunft, ohne den Nachhall aus der Kindheit konnten sie gewiß nicht entstehen. Er selbst hat gesagt:

»Ich hatte das Glück, daß zu Beginn meines Lebens nur große Dinge um mich standen und daß sie große Schatten warfen. Nicht ein Hinterhaus, eine Mietwohnung, eine gepflasterte Erde. Sondern daß ein Wald da war, ein großer Wald, große Wolken über einem großen Himmel, und es war etwas wie Unendlichkeit darin. Ein Mensch, den ich im Walde traf, war eine große Stunde für mich. Er war immer einzeln, er gehörte zu keiner Gemeinschaft oder gar zu einer Masse. Alles war für sich allein da, wie es am Anfang immer gewesen war. Es hatte sich noch nicht überholt.

Und so war es mit den Gütern der Seele. Es waren Märchen da, Geschichten und Gedichte, und es war die Bibel da, erfüllt mit Geschichten. Es war nichts Kleines da, keine Zeitung, kein Lautsprecher, kein Geschwätz an einer Straßenecke. Der ›liebe Gott‹ ging noch durch den Wald, ganz allein, und seine Fußspuren leuchteten . . .«*

Sogar uns, die bloß Zugereisten, lassen sie lange nicht schlafen; wir wandern vom Hotel zum Sensburger Seeufer hinunter und gesellen uns auf den Bänken der Waldbühne zu zwei Katzen, die wer weiß worauf warten.

»Wenn die wüßten!« sagt plötzlich Alexander, und es klingt wie Triumph.

»Wenn wer was wüßte? Die Katzen?«

»Nein, die andern, meine Bekannten. Die kennen doch bloß Griechenland, Italien, Frankreich, die Schweiz ... Aber dies hier?« Eine Pause folgt und danach der Hauptsatz: »Etwas Schöneres habe ich nie gesehen.«

Für den jungen Hamburger Lokalpatrioten, dem Elbufer und Alster über alles gehen, will das wahrlich etwas heißen. Und was bleibt dem viel älteren Pommern mit seiner zwischen Lupow, Lebasee und Lonskedüne siedelnden Heimatliebe übrig als zuzustimmen – und sei es mit Seufzen? Wer jedenfalls von großen europäischen Landschaften redet, vom Engadin, der Toscana, der Provence, dem schottischen Hochland, der dürfte zwar nicht, aber er könnte Hinterpommern womöglich übergehen. Doch Masuren gewiß nicht.

Dabei haben wir neben den berühmten Seen und den großen Wäldern das dritte und vielleicht wichtigste Element noch gar nicht erwähnt: das sozusagen gewöhnliche Masuren. Wir wagen nicht, es lieblich zu nennen; dazu haben immer die Menschen gefehlt, die es so sehen wollten und herrichteten. Aber etwas kindlich Verspieltes ist hier zu Hause; kein Stillstand kennzeichnet die Landschaft, sondern stete Bewegung. Im Auf und im Nieder laufen die Wellen dieser Bewegung ineinander, bald langhin, bald kürzer, und wirklich wie zum Spielen gemacht schieben sich rundliche kleine Hügel zusätzlich ein. Wiesen schaffen eine Vielfalt von Grün – und rot vom Mohn, blau von der Kornblume verlassene Felder die stärkeren Farben. Büsche, Bäume oder Baumgruppen, Gehöfte, kleine Dörfer, dann und wann ein Kirchturm setzen Markierungen. Auf den Hügelchen, offenbar um Ausschau zu halten, haben oft Kühe oder Schafe, manchmal ein Pferd oder ein Hund Platz genommen. Da übrigens masurische Landwellen die des Wassers nur selten übersteigen, die man dem Spirdingsee zutraut, fügt sich unter einem großen Himmel zur Bewegung die Weite. Rollt man nun auf Nebenstraßen, unterm Licht und im Schatten alter Alleen gemächlich dahin, so entstehen Bilder, jedes für sich und immer neue im Wechsel, von denen man annehmen möchte, daß sie für einen – allerdings ausnehmend heiter gestimmten – Caspar David Friedrich bereits fertig gemalt seien. Bloß den Betrachter müßte er in den Vordergrund noch hineinstellen.

Wer's nicht glauben mag, der prüfe ein Beispiel, ein beinahe beliebiges. Wir fahren von Sensburg/Mrągowo auf die Straße Nr. 16 nach Allenstein/Olsztyn. Aber noch vor der Stadtgrenze, gleich hinter dem Bahnübergang, biegen wir nach links auf die Nebenstraße (Nr. 600) ab, die nach Ortelsburg/Szczytno führt. Ein Tonbandgerät nimmt zu Protokoll, was wir sehen.

Kaum liegen die letzten Häuser und das Ortsschild hinter uns, beginnt eine wunderbare alte Lindenallee. Eigentlich darf man sie nicht rühmen, denn so oder ähnlich gibt es sie überall im Osten. Was darum die Schwaben von ihren Dichtern und Denkern behaupten, können Ostpreußen von den Alleen sagen: »Die sind bei uns die Regel, die fall'n hier gar nicht auf.« Doch sie bezaubern immer neu, selbst wenn oder weil sie aus Zeiten stammen, in denen man noch keine Automobile kannte, so daß sie für Eilige nicht taugen. Masurische Erfindung der Langsamkeit: Die Allee, durch die wir gerade fahren, windet sich nach rechts und nach links, hügelauf und hügelab; ein Überholen wäre nur selten möglich. Aber wozu denn? Der Verkehr bleibt gemäßigt, übrigens bei gutem oder vorzüglichem Straßenzustand, sofern man von der manchmal fehlenden Randbefestigung absieht. Vorsicht bleibt gleichwohl geboten; auf Gegenverkehr nicht gefaßt, träumen viele Fahrer in der Straßenmitte dahin. Und hinter einer Kurve liegt plötzlich – um elf Uhr vormittags – ein Stockbetrunkener am Wegesrand, mit dem Kopf in die Straße hinein; nur sein Hund müht sich vergebens, ihn fortzuziehen. Bei deutschen Verkehrsverhältnissen wäre der Mann wohl des Todes.

Das erste Dorf, durch das wir kommen, heißt Karwie, früher einmal Karwen, wie das Ortsnamenverzeichnis besagt.* Wie es in Masuren kaum anders sein kann, schimmert aus einer Senke neben dem Dorf der zugehörige See. Etwas weiter pflügt ein

Bauer seinen Acker, und Möwen schwärmen hinter dem Pflug, gewissermaßen als Wahrzeichen für den Wasserreichtum des Landes weitab vom Meer. Ein anderes Zeichen setzt am Wegrand das Marienbild, mit Blumen geschmückt, das es vor 1945 gewiß nicht gab. Daran läßt sich ablesen, daß die Konfession wechselte, freilich nicht durch Bekehrung, nicht einmal durch die erzwungene wie im Zeitalter der Gegenreformation, sondern durch den Austausch der Bevölkerung. »Luther hat den Krieg verloren«, soll ein Papst (nicht der derzeitige, polnische) einmal gesagt haben. Um aber einem strengen Lutheraner und großen Liederdichter das Wort zu geben:

»Geh aus, mein Herz, und suche Freud
in dieser lieben Sommerzeit
an deines Gottes Gaben.
Schau an der schönen Gärten Zier
und siehe, wie sie mir und dir
sich ausgeschmücket haben.

Die Bäume stehen voller Laub,
das Erdreich decket seinen Staub
mit einem grünen Kleide;
Narzissen und die Tulipan
die ziehen sich viel schöner an
als Salomonis Seide.«

Wenn schon nicht am Marienbild, dann doch an der masurischen Farbenpracht hätte Paul Gerhardt gewiß seine Freude gefunden; in ihrer Liebe zu Blumen lassen sich Polen kaum übertreffen. Erst recht haben sich die Felder reich geschmückt. So mögen sie einst auch vor den Toren Berlins ausgesehen haben, als der fromme Gottesmann sie durchwanderte und noch keine chemische Keule die Kräuter oder Unkräuter, keine die Falter erschlug und die Brache einen Teil der Fruchtfolge bildete, als das Sabbatjahr der Natur.

Der nächste Ort heißt Grabowo/Grabenhof. Hier gibt es etliche neue Häuser – freilich mit einer Eigenart, auf die man in ganz Polen trifft. Man baut offenbar nicht, wenn die Finanzierung gesichert ist, nicht mit einer Bausparkasse, sondern mit Gott. Wenn das Geld ausgeht, läßt man den Rohbau grob vernagelt erst einmal liegen. Nach der gehörigen Atempause macht man dann weiter und zieht schließlich ein. Aber ohne jeden Verputz, ohne Farbe an den Fenstern und Türen wirken die Häuser weiterhin unfertig, und es scheint, als gelangten derzeit nur wenige über dieses Stadium hinaus. Auch die Einzelgehöfte, die zwischen den Dörfern das Bild beleben, zeigen sich sehr unterschiedlich. Manche sind erneuert, wobei es abscheulich aussieht, wenn alte Feldsteingebäude, statt Stroh- oder Ziegeldächer zu tragen, inzwischen mit Blech eingedeckt wurden. Andere Gehöfte zeigen sich malerisch heruntergekommen, wieder andere verfallen. Oft werden die Wohngebäude noch benutzt, indessen die Ställe und Scheunen schon eingestürzt sind.

Ein Bauer mäht seine Wiese, und gleich schreiten hinter seiner Maschine vier Störche einher, um das Kleingetier einzusammeln, das sich darbietet. Insgesamt zählen wir auf dieser Fahrt sechs Storchennester, die bewohnt sind.

Das dritte Dorf heißt Borowe; es gehört zu denen, die bereits in der deutschen Zeit umgetauft wurden: von Borowen zu Prausken. Als Gewässer sehen wir zunächst bloß einen Bach, aber die Karte sagt, daß jenseits des Dorfes doch wieder ein See beginnt. Wir biegen also von unserer Straße für eine kurze Strecke ab, um befriedigt festzustellen: Da ist er.

Hinter Borowe(n) beginnt ein Wald, erst mit Fichtenschonungen, dann auch mit Birken und älteren Kiefern. Auf der rechten Seite erkennt man durch die Bäume hindurch einen besonders verschwiegenen Waldsee. Seit langem scheint kein Boot ihn mehr befahren zu haben; ein kleiner Knüppelsteg ins Wasser hinaus ist längst morsch geworden. Wer die Einsamkeit sucht, wird sie hier finden.

Das Häßliche sei nicht verschwiegen. Jenseits des Waldes rostet zur linken Hand eine Fabrikationsanlage unbestimmten Charakters. Ähnliches habe ich schon in Pommern gesehen und denke an die Kraftfutteraufbereitung eines großen Komplexes von Staatsgütern. Alexander tippt auf eine Abdeckerei, also die Verwertung von Tierkadavern. Wie dem auch sei: Bei

Den Kahn losketten, sich treiben lassen
und den Tag verträumen – die Verführung Masurens.

der Brache auf den Feldern sorgt die Natur für sich selbst, jede technisch-industrielle Brache aber wirkt wie eine Anklage menschlicher Willkür und Überhebung. Nur weiter! Doch am Ortseingang von Rybno/Ribben stimmen zweistöckige Wohnwürfel aus Beton erst recht nicht heiter: Sündenfälle sozialistischer Zentralplanung, für die man in der schönen alten Feldsteinkirche Abbitte leisten sollte.

Das nächste Dorf heißt Rańsk, deutsch Rheinswein, für Masuren ein seltsamer Name. Zwar lockt ein Schild mit der Aufschrift »Zimmer«, aber das zugehörige Haus wirkt wenig einladend, jedenfalls nicht zu einer Weinprobe. Immerhin gibt es den zugehörigen Dorf- und Badesee, in dem der Kopf wieder klar werden könnte.

Zur Rast ist jedoch, nur wenig weiter, in Orzyny/Erben zu raten. Ein See zieht sich langgestreckt in das Dorf hinein, und man kann bis an sein Ufer heranfahren, den Enten und Gänsen zuschauen oder ein ebenso winziges wie windschiefes, noch ganz aus Holz gebautes Anwesen näher betrachten. Ein Hund, wie durchweg in Polen unbestimmbarer Rasse, im Zwiespalt zwischen seiner Aufgabe, das Seinige zu verteidigen, und dem

Drang, Freundschaft zu schließen, gerät in eine Abart von Grinsen. Leider können wir die Freundschaft nicht pflegen, denn gleich hinter Erben wartet der vielleicht schönste aller Seen, an denen uns der Ausflug nach Ortelsburg vorüberführt. Zur Straße hin hat er sich einladend geöffnet, doch sonst bleibt er vom Wald umfriedet. Man möchte den Kahn losketten, der am Ufer liegt, und sich treiben lassen, der Schwanenfamilie hinterher, die in Kiellinie übers Wasser kreuzt. Ja, sich treiben lassen, den Tag verträumen, bloß den Libellen nachschauen und den ziehenden Wolken – dies wäre ein Ort dafür. Hat Joseph von Eichendorff seine Geschichte »Aus dem Leben eines Taugenichts« eigentlich in Ostpreußen geschrieben? Ist er vielleicht einmal von Königsberg nach Masuren gereist, hat er hier den Zauber empfunden, den er dann ins Wort bannte? Fast möchte man es meinen.

Nach solch einem Aufenthalt fällt es schwer, sich zu konzentrieren. Etwas beschleunigt fahren wir weiter, zeitweise auf schnurgerader Straße durch eine heideartige Landschaft. Am Ende, zum Geleit nach Szcztyno/Ortelsburg hinein, empfängt uns wieder eine alte Lindenallee. Insgesamt 45 Kilometer mißt die Wegstrecke von Sensburg an, und wer will, benötigt kaum eine Stunde, um zum Ziel zu kommen. Wir aber haben einen ganzen Tag – nein, nicht verbraucht, sondern uns selber geschenkt.

Schulstunde in Nikolaiken

Nikolaiken ist wahrlich kein bedeutender Ort. Als Dorf wird es zuerst im Jahre 1444 bezeugt; Stadtrechte erhielt es im Jahre 1726 durch König Friedrich Wilhelm I. Aber nach reichlich zwei Jahrhunderten, 1939, gab es erst 2600 Einwohner, und das heutige Mikołajki überschreitet diese Zahl nur um ein paar Hundert. Nach einer Burg, einem Schloß oder sonst einem sehenswerten Baudenkmal sucht man vergebens. Die noch immer evangelische Kirche stammt aus dem 19. Jahrhundert. Vom »masurischen Venedig« sollte man also besser schweigen statt reden.

Reichtum war hier ohnehin niemals, Wohlstand nur selten zu Hause; die winzigen Katen, die man in älteren Wohnstraßen sehen kann, sprechen ihre eigene und eindeutige Sprache. Die meisten Bürger verdienten als Fischer, Holzfäller und Holzflößer, als Handwerker oder als Bauern ihr karges Brot. In der neueren Zeit gewann der Fremdenverkehr, modern ausgedrückt der Tourismus wachsende Bedeutung.

Denn das allerdings läßt sich mit Fug sagen: Eine schönere Lage ist kaum vorstellbar. Wenn Gott in Masuren seine Perlen ausstreute, dann gerade hier nicht achtlos, sondern mit Sorgfalt und Liebe. Das Talter Gewässer und der Nikolaiker See, an deren Ufern die kleine Stadt sich lagert, schaffen die natürliche Verbindung zwischen den beiden großen Seengebieten, die im Norden der Mauer- und im Süden der Spirdingsee bezeichnen. Das ergibt den idealen Ausgangspunkt fürs Segeln, für Dampferfahrten oder Paddeltouren. Doch bereits mit dem Auto fährt man von Sensburg/Mrągowo nach Nikolaiken und dann weiter nach Lötzen/Giżycko auf besonders reizvollen, seengesäumten Straßen, und die Johannisburger Heide liegt so nahe wie die legendäre Krutinna. Zwei Kilometer östlich von Nikolaiken beginnt überdies der Luknainer See/Jez. Łuknajno, Europas größtes Reservat für Wildschwäne. Von der schicksalhaften Verbundenheit Nikolaikens mit den Seen berichtet die Ortssage vom großen Fisch, dem Stintkönig oder Stinthengst:

»Die Menschen sahen ihn mit seiner goldenen und mit kostbaren Edelsteinen besetzten Krone im See schwimmen oder in den seichten Buchten in der Sonne liegen. Die Fischer fürchteten sich vor ihm und blieben deshalb mit ihren Booten in der Ufernähe. Erst als sie lernten, größere Boote zu bauen, begannen sie, weiter auf den See hinauszufahren. Doch der eifersüchtige Herrscher der Fische wollte das nicht dulden. Er schwamm unter die Boote, brachte sie zum Kentern, und die Fischer ertranken. Die erschrockenen Einwohner stellten den Fischfang ein, in den Häusern herrschten Armut und Hunger. Viele zogen fort.

Eines Tages erinnerte sich Anna, die Frau eines Fischers, an den Stein tief im Wald am Spirdingsee, auf dem dem Gott der Wälder, Puskaitis, Opfer gebracht wurden. Anna ging in den

Die Perlenkette masurischer Seen, die man von Nikolaiken aus mit dem Schiff durchfährt – oder besser noch durchsegelt.

Wald und opferte ein schwarzes Lamm. Dann bat sie um Hilfe und erblickte im Mondschein eine eiserne Scheibe. Sie lief mit ihr nach Hause und zeigte sie ihrem Mann. Der Fischer erkannte das Zeichen des Gottes, knüpfte aus kleinen eisernen Ringen ein Netz, befestigte es an zwei Baumstämmen und fuhr damit auf den See hinaus.

Als der Stinthengst das Boot des Fischers sah, stürzte er sich in das Zugnetz hinter dem Boot und verfing sich darin. Der Fischer zog ihn zu der einsamen Teufelsinsel (Czarci Ostrów). Dann eilte er heim, um Hilfe zu holen. Die Fischer schleppten das Ungetüm nach Nikolaiken. Alle Einwohner saßen auf dem Markt zu Gericht und fällten das Todesurteil. Als der Stinthengst das hörte, sagte er mit menschlicher Stimme: ›Ihr könnt mich töten, doch wenn ihr es tut, dann werden in den Seen alle Fische sterben, und ihr werdet verhungern.‹ Nach langer Beratung beschlossen die Fischer, ihn nicht zu töten, aber auch nicht freizulassen, sondern ihn mit einer Kette an den Brückenpfeiler zu schmieden.«*

Da kann jeder Besucher den gekrönten Stinthengst noch heute sehen; Unheil müßte über die Stadt kommen, wenn er verschwände. So ist er zum Wahrzeichen Nikolaikens geworden, und alljährlich wird Ende Juni das Stadtfest des Stinthengstes gefeiert, halb ihm zu Ehren und halb im Triumph über ihn.

Es lohnt sich mithin, Nikolaiken zu besuchen. Bevor wir das aber in der Gegenwart tun, soll an einen fast schon historisch zu nennenden Besuch erinnert werden. Am 29. September 1941 zogen beim letzten Tageslicht und hoch zu Roß zwei junge Damen in Nikolaiken ein. Eine der beiden, Marion Gräfin Dönhoff, hat ihre Eindrücke notiert:

»Es wird schwierig sein, jetzt noch einen Stall zu finden. Auf dem Marktplatz steigen wir ab, und Sißi geht Quartier suchen. Ich stehe lange Zeit wartend unter den Bäumen, die Platz und Trottoir trennen. Auf der anderen Seite sieht man ein paar schwach erleuchtete Läden. Einige Männer stehen an einer Theke und unterhalten sich. Irgendwoher steigt in mir die Erinnerung an Avignon und einen abendlichen Platz mit Ratten im Rinnstein auf. Weiß der Himmel, woher diese Assoziation kommt, aber sie ist ganz unterhaltend, und darum hänge ich ihr noch ein Weilchen mit halb ausgeschalteten Sinnen nach.

Zur Unterstützung meiner Vision ertönt mit einem Mal ein französisches Lied nach der Melodie ›Auf in den Kampf, Torero‹, und ehe ich noch meinen Ohren zu trauen vermag, sehe ich den Sänger auch schon über den Markt gesprungen kommen, zwei Stück Vieh vor sich hertreibend. Vielleicht stammt dieser brave Mann, der hier seine Gefangenschaft absolviert, aus dem Midi und träumt grad von einem Restaurant in Avignon, von weißem Brot und rotem Wein und von Stierkämpfen in Orange und hat mich damit angesteckt. Ich kann ihn über sein Schicksal nicht mehr befragen, denn eben kommt Sißi mit der fatalen Botschaft, es gäbe keinen Stall, vielmehr wolle mangels Stroh, Futter und anderem Zubehör niemand uns aufnehmen.

Schließlich beziehen wir einen stockdunklen Stall, ohne Stroh und ohne Einrichtung, den Sißi zunächst als unzumutbar abgelehnt hatte. Wir selber klingeln an einem Gasthof, an dem ein großes Schild hängt: ›Krankheitshalber geschlossen‹, eine mißmutige Wirtin öffnet, ist aber bereit, uns aufzunehmen, und da sie frei von äußerlich ansteckenden Seuchen scheint, laden wir unsere Sättel ab und machen uns wieder auf den Weg, um irgendwo Futter aufzutreiben. Nach verschiedenen vergeblichen Versuchen führt uns unsere leise verglimmende Taschenlampe an die Peripherie des Ortes und in die Küche eines Bauern, der im Kreise seiner Kinderschar gerade seine abendliche Milchsuppe löffelt. Er hört ohne viel Fragen zu und verspricht, nach dem Abendbrot Hafer und Heu herüberzubringen.

Tatsächlich erscheint der gute Mann, nachdem wir die inzwischen schon wieder kalt gewordenen Bratkartoffeln unserer Wirtin verspeist haben, mit einer großen Stallaterne und zwei Jungen, die Heu und den lang ersehnten Hafer schleppen. Wir wandern gemeinsam über den holprigen Marktplatz zum Stall. Er ist ganz begeistert von den beiden Pferden und kann sich, wie alle Leute dieser Gegend, gar nicht genug wundern über die Größe unserer Tiere. Jedenfalls können sie nicht ohne Stroh bleiben, stellt er fest und schickt die Jungen von neuem aus, während er mit uns herunter zum See geht, um Wasser zu holen.

Das Städtchen ist völlig ausgestorben, man hört keinen Laut. Nirgends ist Licht, niemand auf den Straßen. Ja, die Männer sind alle weg, sagt unser Freund, nur ein paar von uns Bauern hat man zur Herbstbestellung beurlaubt. Wir sprachen noch ein wenig über die Zeitläufte, tauschten die diesjährigen Ernteneuigkeiten aus und verabschiedeten uns dann. Unsere fürstliche Belohnung oder die Schönheit unserer Rösser veranlaßten ihn, anderntags vor Tau und Tag abzufuttern und zu putzen. Jedenfalls war bereits alle Arbeit getan, als Sißi um 6 Uhr mit ihrem Trainingsanzug, unserem üblichen Nachtgewand, bekleidet, einen Lauf zum Stall unternahm. Die Pferde waren vergnügt und offenbar recht befriedigt von ihrer Haferration.«*

Heute hat der Besucher es einfacher. Noch bevor er auf der Straße Nr. 16 über die Straßenbrücke in Nikolaiken einfährt, bietet sich zur linken Hand ein imponierend moderner Hotelbau dar. Zwar empfiehlt sich in der touristischen Saison eine Voranmeldung, aber sonst, so scheint es, ist für alles gesorgt, wie der Prospekt es sagt: »Das außergewöhnlich malerisch am Tałty-See gelegene ›Hotel Gołębiewski‹ besitzt 280 Einzel- und Zweibettzimmer von höchstem Standard (Bad, TV Sat, Kühlschrank, Telefon), 30 Appartements, 3 Restaurants, einen Nachtklub, Dancing, Diskothek, Empfangssäle, Konferenzräume, das Café ›Patio‹, ein Schwimmbecken, Sauna und Massagesalon, Billard und Sportgeräte zum körperlichen Training. Außerdem hat es seinen Gästen Hubschrauber-Flüge, Reitausflüge und Kutschfahrten, für die Wintersaison Schlittenfahrten, Eissegeln und Skiwanderungen zu bieten. Für Interessierte besteht auch die Möglichkeit, eine spezialistische Behandlung der plastischen Chirurgie in Anspruch zu nehmen.«

Besser wohl nicht. Denn, ohne über die Qualität solcher Behandlung etwas sagen zu wollen: Auf den zweiten Blick stellt sich dieses erste Haus am Platze* wenig anheimelnd als »kalte Pracht« dar. In die Zimmer dröhnt alles hinein, was auf den Fluren geschieht; man hört die Nachbarn stöhnen oder schnarchen, als trenne bloß ein Wandschirm von ihnen; die Heizungen lassen sich nicht individuell bedienen, sondern man muß entweder frieren oder das Fenster aufreißen; die Kühlschränke sind leer, und so fort.

In einem Zeitalter allerdings, in dem man sich kaum mehr um Haferrationen für Pferde, desto dringender dagegen um die kostbaren Pferdestärken sorgen muß, daß sie im Dunkel der Nacht oder auch am hellichten Tag nicht spurlos verschwinden, ist Vorsorge getroffen. Zwar sehen wir uns vergeblich nach dem sonst üblichen, von hohen Zäunen geschützten Gelände um, aber man beruhigt uns: »Wir haben Russen engagiert, Spezialisten, die arbeitslos wurden . . . Die tragen Waffen, und die schießen sofort. Das wissen die Diebe, und keiner hat sich bisher in die Nähe getraut.« So finden Leute aus fragwürdigen Sondereinheiten zu ihrem wahren Beruf. Selbst der Hubschrauber, der aussieht, als stamme er geradewegs aus Armeebeständen, bleibt kein leeres Versprechen; wer also will, mag über Masuren kreisen, als sei er ein etwas plump und sehr laut geratener Storch oder ein Seh-Adler.

Im Grunde ist solch ein Hotel auf die besondere und bisher vorherrschende Form von Heimwehtourismus zugeschnitten: Westdeutsche Busse bringen an jedem Nachmittag oder Abend

Heerscharen von Senioren ins Haus und tragen sie am nächsten, spätestens am übernächsten Morgen wieder fort. Was die mit »Dancing« oder »Diskothek« anfangen, bleibt ein Geheimnis, aber Gemütlichkeit wird dann doch und sogar nachdrücklich gestiftet.

»Komm ganz schnell und sieh dir, hör dir das an!« ruft mich Alexander derart dringend, als drohe der Weltuntergang.

Im oberen Stockwerk sitzt in einem Raum hinter Glasscheiben eine bierselige Schunkelgesellschaft und singt – singt, wie es nun einmal der Brauch ist:

»O du wunderschöner deutscher Rhein,
du sollst ewig Deutschlands Ehre sein . . .«

Der junge polnische Kellner freilich, der sich zum Mitschunkeln genötigt sieht, blickt so entgeistert zu uns herüber, daß man beinahe wetten möchte: Jener französische Kriegsgefangene, der einst auf dem Marktplatz seine Torero-Arie schmetterte, hat sich in seiner Haut weitaus wohler gefühlt. Und fast kann man in solch einem Augenblick den derzeitigen Stadtrat von Mikołajki verstehen, der die ehemaligen Bürger von Nikolaiken nicht zum Stinthengst-Sommerfest einladen möchte und vom Tourismus eher abweisend als freundlich redet, obwohl doch nirgendwo sonst sich eine Hoffnung für die Zukunft abzeichnet.

»Unsere *Musik mag ja nicht viel taugen und für euch alte Leute viel zu laut sein«, meint Alexander. »Aber sie verbindet jedenfalls. In New York klingt sie nicht anders als in London, Paris, Hamburg oder Danzig – und wahrscheinlich auch in Nikolaiken.«*

Nicht nur um das zu erkunden, besuchen wir am nächsten Tag das große graue Gebäude, das mit vielfach vergitterten Fenstern fast wie ein Gefängnis aussieht. Aber durch den linken Eingang gelangt man in ein einzigartiges, der Geschichte des evangelisch-augsburgischen Bekenntnisses in Polen gewidmetes Museum. Außer ein paar Büchern und Bildern enthält es allerdings nicht viel, doch der alte, beinahe blinde Pfarrer, der es aufgebaut hat, hält uns mit dem Eifer des Mannes, dessen Lebenserfahrung es war, zur immer beargwöhnten, oft bedrängten und manchmal verfolgten Minderheit zu gehören, einen Erweckungsvortrag darüber, daß das lutherische Bekenntnis das einzig wahre, dem urchristlichen Auftrag entsprechende sei, während die römisch-katholische Kirche einem Götzendienst verfiel.

Am rechten Eingang lockt das Schild: »Diskothek«. Aber wir betreten eine Schule, die ihre Zöglinge nicht mit dem Glockenschlag der letzten Mathematik- oder Geschichtsstunde entläßt, sondern sie in den Abendstunden des Wochenendes zum Vergnügen bittet, natürlich unter Lehreraufsicht. Auch sonst bietet diese Schule Besonderes. Als vierklassiges Gymnasium, das sich in Polen an die achtklassige Einheitsschule anschließt, ist sie keine staatliche Schöpfung, sondern aus einer Elterninitiative entstanden; der Elternverein unter Leitung des Stadtförsters Pugio spielt weiterhin eine tragende Rolle. Das Sekretariat ist ein winziger Raum; die Flure sind eng und die Klassenzimmer klein. Ihre Einrichtung wirkt so schlicht, daß man sich um einige Schulgenerationen in die Vergangenheit zurückversetzt fühlt. Aber auch die Klassen sind mit höchstens 18 Schülern angenehm klein. Und alles atmet Pioniergeist. Die Lehrer stellen sich nicht nur für die abendliche Diskothek zur Verfügung, sondern sie unterrichten zugleich in der Einheitsschule, so daß ihr Stundenpensum weit über die Norm hinausführt.

Hier arbeitet seit zwei Jahren – ganz aus eigener Berufung und für umgerechnet ein paar hundert Mark im Monat – ein deutscher Lehrer, Herr Dombrowski. Zusammen mit seinem Freund, dem Förster, hat er dafür gesorgt, daß die Schüler Klassenfahrten in den Westen unternehmen können; mit einem Gymnasium in Viernheim hat sich ein Austausch angebahnt. Dombrowski nutzt jede Gelegenheit, um in seinem Unterricht besondere Akzente zu setzen. Bei unserem ersten Besuch im Frühsommer hatten wir ihn kennengelernt, und jetzt, im September 1993, bin ich eingeladen, vor seiner vierten Klasse – also nach unserer Rechnung in der zwölften, die im kommenden Jahr ihr Abitur machen wird – eine Lesung zu halten.

Sechzehn junge Leute, die sich beim Eintreten artig erheben, sehen mich erwartungsvoll an. Ich lese ihnen ein Märchen vor, die Geschichte vom großen Sienkiewicz, dem bösen Bismarck und der ängstlichen Barbara.

Es war einmal ein kleines polnisches Mädchen, das hieß Barbara, und die Stadt, in der es mit seinen Eltern und der Großmutter wohnte, hieß Słupsk.

An jedem Morgen nahm die Großmutter Barbara bei der Hand, brachte sie zum Kindergarten und holte sie am Nachmittag wieder ab. Der Weg von der Wohnung zum Kindergarten führte an einem Sockel aus Stein vorüber, auf dem immer ein Mann stand, immer derselbe. Nie kam er Barbara recht geheuer vor, und ein wenig fürchtete sie sich vor ihm. Aber eines Tages nahm sie ihren ganzen Mut zusammen, blieb vor dem Mann auf dem Sockel stehen, zeigte mit dem Finger zu ihm hinauf und fragte: »Großmutter, wer ist das?«

»Das ist unser großer Dichter, Henryk Sienkiewicz«, antwortete die Großmutter.

Daß der Mann groß war, konnte Barbara selbst sehen. Groß waren ja schon die Erwachsenen, aber dieser Sienkiewicz war noch größer als sie.

»Warum steht er so stumm und starr da? Warum bewegt er sich nicht?« fragte Barbara weiter. Sie nahm noch einmal ihren Mut zusammen, kletterte über die Steinstufen an den Sockel heran, stellte sich auf ihre Zehenspitzen und faßte den Mann am Fuß: »Warum ist er so kalt?«

»Du bist nicht klug«, brummte die Großmutter, »das muß doch so sein. Das ist ein Denkmal.«

Leider ging Barbaras Vorrat an Mut jetzt zur Neige, so daß sie nicht weiter zu fragen wagte. Außerdem drängte die Großmutter: »Komm endlich, es wird höchste Zeit!«

Weil ihre Frage ohne Antwort geblieben war, spitzte Barbara die Ohren, als sie etwas später im Gespräch der Eltern zwei Namen hörte: Sienkiewicz und Bismarck. Neugierig mischte sie sich ein: »Sienkiewicz, das ist doch der große Mann auf dem Sockel, nicht wahr? Und wer ist Bismarck?«

»Der hat früher dort gestanden, vor Sienkiewicz. Das war

in der anderen Zeit, damals, als unsere Stadt noch nicht Słupsk, sondern Stolp hieß. Aber das verstehst du nicht.«

Diese Erwachsenen! Immer, wenn sie nicht sagen wollen, was man doch wissen muß, heißt es: Das verstehst du nicht. Was bleibt einem da übrig, als sich mit dem eigenen Nachdenken Mühe zu machen, um die Antwort zu finden? Barbara strengte sich an, wie sie nur konnte, sogar nach dem Gute-Nacht-Kuß der Mutter.

Lag sie noch wach oder träumte sie schon? Jedenfalls sah sie auf einmal alles ganz deutlich. Damals, in der anderen Zeit, da hatte der Steinsockel diesem Bismarck gehört, und es hatte ihm darauf gefallen, weil er die vielen Leute beobachten konnte, die vorüber kamen. Ja, er war sehr zufrieden – bis eines Tages der große Sienkiewicz auftauchte. Der trat an den Sockel heran, gab Bismarck einen Schubs, daß er stürzte, kletterte selbst auf den Sockel und sagte: »Ab heute ist das mein Platz, verschwinde!«

Bismarck verschwand, wahrscheinlich in dem dunklen Kellerloch, das sich ein Stück weit hinter dem Sockel auftat. Aber seine Rache war schrecklich. Er sprach einen Fluch, der den Sienkiewicz so kalt, stumm und starr werden ließ, daß er seitdem kein Glied mehr bewegen konnte, nicht einmal die Augen.

Am nächsten Morgen, auf dem Weg zum Kindergarten, schlug Barbara plötzlich das Herz bis zum Halse: Wie, wenn Bismarck noch immer in seinem Loch hockte? Und wenn er gar darauf lauerte, kleine polnische Mädchen mit seinem Fluch zu treffen, um sie kalt, stumm und starr zu machen? Barbara rannte los und so schnell sie konnte an dem gefährlichen Platz vorüber, um nicht erwischt zu werden. Von da an blieb ihr nichts anderes übrig, als an jedem Morgen und jedem Nachmittag hier zu rennen, obwohl die Großmutter schimpfte, die nicht nachkam. Manchmal, wenn sie es geschafft hatte, verschnaufte und wieder Mut faßte, drehte Barbara dann zum Kellerloch hinüber eine lange Nase: »Ätsch, du böser Bismarck!«

Die Jahre vergingen. Aus dem kleinen war ein großes, sehr schönes Mädchen geworden, nach dem die Jungen sich um-

sahen. Eigentlich, dachte Barbara, sollte ich über meine Kinderängste nun lachen. Aber so recht wollte das nicht gelingen. Ein wenig mußte das große Mädchen sich immer noch auf die Lippen beißen und zur Ruhe zwingen, wenn sie am großen Sienkiewicz und dem bösen Bismarck vorüberging.

Dann, zu ihrem fünfzehnten Geburtstag, bekam Barbara von Verwandten in Hamburg ein deutsches Buch geschenkt. Es erzählte von der anderen Zeit, in der Słupsk noch Stolp hieß. Barbara begann die fremde Sprache zu lernen, um das Buch lesen zu können, und allmählich wurde ihr vertraut, was früher gewesen war. Sogar Bismarck sah sich aus seinem dunklen Loch erlöst und kehrte auf den angestammten Platz zurück.

Vor allem lernte Barbara die Menschen kennen, die in Stolp gelebt hatte. Und da endlich vergingen die Ängste. Denn vor Menschen, die man kennt, muß man keine Angst mehr haben, nicht wahr?

Natürlich liegt mir daran, von Słupsk auf Mikołajki und von Stolp auf Nikolaiken zu kommen. Was wissen die jungen Leute von der »damaligen Zeit«? Lächeln, Verlegenheit, Schweigen: sehr wenig offenbar. Ein Junge vermutet – und erntet zustimmendes Gelächter –: »Wahrscheinlich war es damals so langweilig wie heute.«

Das führt zu der Frage, was man außerhalb der Schule hier mit sich anfängt, nicht im Sommer, wenn sich viele Möglichkeiten bieten, aber in den dunkleren Monaten. Was tut man im November?

»Wir besuchen uns.«

Welch eine Idylle! Doch eben auch, auf ihrer Kehrseite: welche Langeweile. Fast alle wollen nach dem Abitur fortgehen, am besten in die Großstadt, nach Warschau, um dort zu studieren, und nur vier Hände heben sich zaghaft auf die Frage, wer denn bleiben oder nach dem Studium zurückkehren möchte. Ebenfalls vier Hände heben sich auf die weitere Frage, wessen Eltern am Ort geboren wurden – und auf die Frage nach den Großeltern keine mehr.

Niemand, der vom Damals noch Genaueres weiß, keiner,

dessen Großeltern am Ort geboren wurden und nur einer von vier jungen Leuten zum Bleiben bereit: Unversehens spiegelt die Unschuld dieser Abiturklasse unser Jahrhundert, sei es nun, hüben wie drüben, als den Schrecken der Vertreibung oder als die Freiheit zum Fortgehen. Womöglich reden wir darum so oft von Heimat – manchmal eindringlich und manchmal sehr falsch –, weil wir alle sie verloren haben.

Doch im Verlorensein ans Fremde lauert die Gefahr, wie in seinem dunklen Loch der böse Bismarck, der uns kalt und starr machen möchte. Ängste brechen auf. Sie können in die Aggression umschlagen, wenn jemand einen Bannfluch spricht, der uns sagt, wie man das Fremde fortschaffen, vernichten, in Brandfackeln auflodern und zu Asche zerfallen lassen kann.

Was die Ängste zu bannen vermag, ist einzig die Arbeit am Kennenlernen, mit der die größer gewordene Barbara sich half – oder wie Herr Dombrowski sie tut. Übrigens hat er eine Verbündete, eine Förderin seiner Schule gefunden: Marion Gräfin Dönhoff, die Besucherin Nikolaikens vom September 1941. Darum ist beschlossen worden, das Gymnasium von Mikołajki nach ihr zu benennen. Eine deutsche Ostpreußin als Namenspatronin einer polnischen Schule in Ostpreußen: welch ein Symbol! Und welch eine Hoffnung aufs Kennenlernen, in dem die Versöhnung beschlossen liegt.

Denn, um es noch einmal mit dem Schlußsatz des Märchens zu sagen: Vor Menschen, die man kennt, muß man keine Angst mehr haben, nicht wahr?

Ein Traum von der Zukunft: Die Stiftung Steinort

Am Mittwoch, dem 2. Juni 1993, elf Uhr, sind wir als Gäste ins Standesamt von Angerburg/Węgorzewo geladen; hier findet eine polnisch-deutsche Hochzeit der besonderen Art statt. Als wir eintreffen, wird uns geraten: »Lassen Sie das Auto besser nicht auf der Straße, fahren Sie es in den Hof.« Kaum gesagt und getan, schrillt schon die Diebstahlsicherung Alarm. Wir stürzen herbei und sehen gerade noch, wie zwei junge Männer

Annäherung an Steinort: Für die Schlaglöcher in der Straße entschädigt eine Eichenallee, die unter Naturschutz steht.

Fersengeld geben. Eigentlich hatte ich ja nur für drei Tage nach Zoppot fahren wollen, aber von den Schreckensmeldungen über plötzlich verschwundene Autos beeindruckt, ließ ich mir die beste der heute verfügbaren Sicherungsanlagen einbauen. Jetzt hat sie sich bezahlt gemacht.

An einem anderen Tag sehen wir auf einem Platz in Lötzen/Giżycko, wie die Polizei verstörte Leute in den Wagen lädt und mit ihnen davonfährt. Als wir fragen, was da vorgeht, bekommen wir zu hören: »Denen wurde gerade der Mercedes gestohlen.«

Doch wo Gefahr ist, wächst das Rettende auch: Ein eigenes Gewerbe der Parkplatzwächter ist entstanden. Kein Hotel, das auf sich hält, kann auf sie noch verzichten, ein touristisches Zentrum erst recht nicht. Darum sollte man nutzen, was sich anbietet, die Gebühren bezahlen und in Kauf nehmen, daß die Spazierwege sich manchmal ein wenig verlängern.

Inzwischen heißt es sich konzentrieren. Die Zeremonie beginnt, eine polnisch-deutsche Gemeinschaft wird gegründet, die Stiftung »Akademie für regionale Entwicklung in Sztynort/Steinort – Zusammenarbeit für die Zukunft«. Die polnische Seite wird durch den zuständigen Regierungspräsidenten, den Woiwoden von Suwalki, den ersten und zweiten Bürgermeister von Angerburg und andere Honoratioren vertreten, die deutsche durch Frau Bettina Bouresh aus Köln und Herrn Johnson aus Siegen. Auch unser Reisebegleiter Jerzy Sandberg nimmt teil, weil die »Stiftung Europäische Begegnung« ihre Erfahrungen beim Aufbau des kaschubischen Kulturzentrums in Krokowa einbringen und beratend mitwirken soll. Ein Notar verliest die polnische Stiftungsurkunde, eine Dolmetscherin die deutsche Übersetzung. Aus zwei Paragraphen des Stiftungsstatuts sei zitiert, weil sie mit eindrucksvollen Worten und in weiten Horizonten die Zukunft beschwören:

»Die Stiftung nimmt sich zum Ziel, daß Polen und Deutsche zusammenwirken im Sinne der Versöhnung, gegenseitiger Verständigung und im Rahmen internationaler Zusammenarbeit. Die Stiftung knüpft mit ihrer Namensgebung an die besten Traditionen in der Organisation zivilisatorischer Entwicklung an, um so einen Platz in der Reihe der Akademien einzunehmen, welche auf Dauer in die Geschichte der Zivilisation und Kultur eingegangen sind. Das Wirkungsgebiet der Stiftung sind die Republik Polen und alle Länder der Welt.«

Vortreffliche Worte und Vorsätze! Oder denkt man etwa zu klein – und viel zu groß? Steinort und der Rest der Welt: Ein wenig weckt das die Schwindelgefühle. Warum rückt man nicht Masuren ins Zentrum, so wie in Krokowa das kaschubische Erbe? Aus dem Besonderen einer Landschaft, ihrer Menschen und ihrer wechselvollen Geschichte entstünde ein charaktervolles Profil. Dazu noch könnte man an Bestrebungen anknüpfen, die es vielfach schon gibt, etwa bei der Pommersch-Kaschubischen Gesellschaft in Danzig und der »Borussia« in Allenstein; in der Bundesrepublik würde man zum Beispiel mit der Ostsee-Akademie in Lübeck-Travemünde den Partner finden, der aus der Initiative der pommerschen Landsmannschaft unter der Leitung ihres langjährigen Sprechers Philipp von Bismarck hervorgegangen ist. Auf die Masuren, die Kaschuben und überhaupt auf die regionale Identität zu setzen, heißt im übrigen, sich gegen das Entweder-Oder eines altfinsteren oder neu entflammten Nationalismus zu wehren.

Nach der Verlesung der gesamten Urkunde in polnischer und deutscher Sprache, der Unterzeichnung und den unvermeidlichen Festansprachen wird zum Zeichen der nun standesamtlich vollzogenen Trauung Sekt gereicht. Allerdings schmeckt er so süßlich, daß ich mich plötzlich um Jahrzehnte zurückerinnere. Bei einem Empfang des damaligen Außenministers Willy Brandt wurde ebenfalls Sekt angeboten – und Theodor Eschenburg flüsterte mir zu: »Herr von Krockow, ich kenne das Zeug, der Himmel bewahre Sie! Da drüben ist ein Blumenkübel . . .«

Anschließend lädt der Bürgermeister zu einem Mittagessen im Restaurant »Nautilus«. Frau Bouresh ist freilich schon abgereist, um in Warschau ihr Flugzeug nach Köln zu erreichen, und Herr Johnson wird durch Geschäfte aufgehalten, so daß den polnischen Honoratioren als deutsche Partner zeitweilig nur die Zaungäste, Alexander und ich, im Geiste der Versöhnung und Annäherung gegenübersitzen. »Immerhin zwei Grafen«, scherzt einer der Polen, »und es geht ja um ein gräfliches Schloß.«

Dorthin, zum Besitz der Grafen Lehndorff, fahren wir, nachdem das Essen beendet ist. Aber bevor wir die Gegenwart durchmessen und von der Zukunft träumen, sollen die das Wort haben, die Steinort noch vor 1945 gekannt haben, zunächst Alexander Fürst zu Dohna-Schlobitten.

»Etwas Außergewöhnliches waren die jährlichen Entenjagden in Steinort, dem Stammsitz der Lehndorffs in Masuren. Steinort lag auf einer Landzunge inmitten des Mauersees, des zweitgrößten der masurischen Seen. Die Ufer, zum großen Teil mit Schilf bewachsen, waren ein Eldorado für Wasservögel. Die Entenjagd wurde im Juli veranstaltet, und zwar immer über ein Wochenende: Am Sonnabend und Montag wurde gejagt, während man den ganzen Sonntag über ›jeute‹, das heißt Skat spielte, denn der Hausherr, Carol Lehndorff, war ein leidenschaftlicher Skatspieler.

Bereits zum Frühstück vor der Jagd füllte einem der Hausherr, ehe man sich's versah, mit der kurzen Bemerkung ›Du erlaubst wohl‹ die halbvolle Kaffeetasse bis an den Rand mit Schnaps. Das setzte sich bei allen Mahlzeiten bis zum Abend fort. Nach dem Frühstück fuhr die Jagdgesellschaft mit einem Dampfer hinaus auf den Mauersee. In Abständen stiegen die Schützen dann in kleine Kähne und wurden von den Treibern in die Schneisen gerudert, die man in das Schilf geschlagen hatte. Während sich die Damen noch bei ihrer Dampferfahrt vergnügten, erscholl über das Wasser weithin hörbar das Jagdsignal. Entlang dem Ufer erhob sich das laute Rufen der Treiber, die nun systematisch durch das Schilf wateten, manchmal bis zur Brust im Wasser, um die Enten aufzuscheuchen. Sobald die Enten die Schneisen überflogen, begann ein wildes Schießen. Da die Tiere oft sehr niedrig flogen, mußte man sich mitunter flach ins Boot legen, um nicht von dem Schrot der anderen Flinten getroffen zu werden. Auf diese Weise wurden täglich bis zu hundert Enten erlegt.

Das Schloß, Ende des 17. Jahrhunderts im schlichten Stil des frühen Barock erbaut, war im 19. Jahrhundert durch einige neugotische Anbauten und sonstige Zutaten verunstaltet worden. Da Carol Lehndorff unverheiratet geblieben war und es keine Hausfrau gab, befand sich alles in einem ungewöhnlich desolaten Zustand. Der Junggeselle legte wenig Wert auf Ordnung und Sauberkeit und hatte fast alles so belassen, wie es ihm von seinen Eltern vermacht worden war. Wurde ausnahmsweise einmal ein Schrank verschoben, nahm man sich nicht einmal die Mühe, zuvor die Bilder umzuhängen, so daß hinter manchem Schrank ein Stück Bilderrahmen sichtbar wurde. Defekte Möbel stapelte man in einem Raum, ohne sie zu reparieren. Ich erinnere mich an Porträts, deren Leinwand am oberen Rand so brüchig geworden war, daß sie aus dem Rahmen hing und die Ahnen sich gewissermaßen vor einem verbeugten. Die Landwirtschaft befand sich in ähnlich miserabler Verfassung.

Carol Lehndorff war ein wenig schrullig, aber höchst amüsant und mir wohlgesinnt, vielleicht weil ich mich für seine riesige brandenburg-preußische Münzsammlung interessierte, die in Münzschränken an den Wänden seines Schlafzimmers auf-

Das Schloß von Steinort 1993. Vom Balkon über der Tür herab hielt Carol Lehndorff einst seine denkwürdige Rede.

bewahrt wurde. Andererseits konnte ich seine Gunst nie ganz erlangen, da ich weder Skat spielte noch die vielen scharfen Getränke recht zu würdigen verstand. Eines Tages wurde ich nicht mehr zur Jagd in Steinort eingeladen: Der Jagdherr verübelte mir als verheiratetem Mann eine harmlose Liebelei mit einem hübschen Mädchen, das ebenfalls zur Jagdgesellschaft gehörte. Als Junggeselle urteilte er in diesen Dingen vielleicht besonders streng.

Nach dem Tode von Carol 1936 erbte sein Neffe Heinrich Lehndorff den großen Besitz. Angeblich ließ er aus dem verwahrlosten Schloß sechs vierspännige Wagen Unrat abtransportieren. Dieser außergewöhnlich tüchtige Mann brachte nicht nur die Land- und Forstwirtschaft wieder in die Höhe, sondern setzte auch das Schloß mit seinem schönen, größtenteils barocken Inventar in einen hervorragenden Zustand.«*

Die beste Geschichte von dem sonderbaren Schloßherrn erzählt Marion Gräfin Dönhoff: Im Jahre 1935 »hatten die örtlichen Parteigrößen aus irgendeinem Anlaß ein großes Volksfest in Steinort veranstaltet. Carol Lehndorff, der aufgefordert wurde, eine Rede an ›sein Volk‹ und auf ›den Führer‹ zu halten, trat auf den Balkon heraus, sprach einige Worte und schloß mit dem Ruf: ›Heil ...? Donnerwetter, wie heißt der Kerl doch gleich?‹ Nach einigen Sekunden der Ratlosigkeit: ›Na, denn Waidmannsheil!‹«*

Marion Dönhoff verdanken wir ebenfalls ein Porträt von Steinort und von seinem letzten Besitzer, Heinrich Graf Lehndorff:

»Vom frühen Morgen an war er pausenlos unterwegs auf seinem Besitz, prüfend, anregend, experimentierend. Da wurde drainiert und gebaut, Weiden neu angesät, Unland urbar gemacht, und jedem, dem er begegnete – Arbeiter, Pächter, Handwerker –, ging das Herz auf, wenn ihm der große, gutaussehende Mann ein paar lustige Worte zurief oder seinen Tadel in wohlgezielten, heiteren Spott kleidete. Fremde sahen ihm lange nach, wenn er, das Vieh inspizierend, mit großen Schritten über die Weide ging, vor der ›Schlippe‹, dem Weidengartentor, kurz verhielt und sich dann mit einer eleganten Flanke darüber schwang ...

Anders als bei den Generationen vor ihm, erschöpfte seine Tätigkeit sich nicht darin, mit Hilfe eines Administrators und eines Justitiars die Oberleitung der Güter zu überwachen. Er hatte bei einem kleinen Bauern die praktische Landwirtschaft gelernt, anschließend verschiedene Spezialkurse besucht und dann für mehrere Jahre einen Hof verwaltet, ehe er den 25 000 Morgen großen Familienbesitz Steinort am Mauersee übernahm.

Steinort ist seit etwa 1400 im Besitz der Familie Lehndorff gewesen – in der Verleihung des Ordens war von einer ›großen Wildnis‹ die Rede. 1689 hatte Marie Eleonore, eine geborene Gräfin Dönhoff, die schon mit 25 Jahren verwitwet war, den Bau des Barockschlosses in Angriff genommen. Bis in unsere Tagen hatten sich sämtliche Abrechnungen über die Maurer, Zimmerleute und Kalkschläger, über Ziegelsteine, Nägel, Türschlösser und Fenster erhalten und waren Zeugnis für das kühne Unterfangen, in jener Zeit mit örtlichen Handwerkern ein solches Gebäude zu errichten.

Es gab viele schöne Besitze in Ostpreußen, aber kaum einen zweiten in so unberührter, großartiger Landschaft. Ein verträumter und leicht verwilderter Park mit vielhundertjährigen Eichenalleen führte vom Schloß herunter zu einem der größten masurischen Seen, in dessen Schilf wilde Schwäne brüteten und Tausende von Enten, Möwen, Bleßhühner hausten. Die letzten Seeadler zogen dort ihre Kreise.

Es war, als hätte die Zeit stillgestanden: fünfzig, hundert Jahre oder länger? Der kleine Empire-Gartenpavillon, um 1800 gebaut, schien gerade eben erst einer Gesellschaft von Krinolinen und grauen Zylindern als Teehäuschen gedient zu haben.«*

Aber die Zeit hielt nicht still. Der Krieg begann; Heinrich Graf Lehndorff, natürlich Offizier, erfuhr im Rußlandfeldzug von den Juden-Massakern hinter der Front, bei denen sonst jeder wegsah, und schloß sich dem Widerstand an. Nach dem mißlungenen Attentat vom 20. Juli 1944 entkam er seinen Häschern zweimal und wurde dann doch gefaßt. Noch einmal Marion Dönhoff:

»Sobald die Flucht bekanntgeworden war, hatte die Gestapo die gesamte Familie verhaftet, die Eltern, die Schwester, die Frau, die acht Tage später ein Kind zur Welt brachte und gleich darauf in ein Straflager verbannt wurde. Und schlimmer als dies: Zuvor waren zwei SS-Männer gekommen und hatten von der unglücklichen Mutter die Herausgabe der drei kleinen Mädchen verlangt, die sieben, fünf und zwei Jahre alt waren. Sie packten sie in ihren Wagen und fuhren davon – niemand hatte eine Ahnung wohin. Eine Woche später erfuhr man, daß sie zusammen mit den Kindern aller anderen am Attentat Beteiligten in Thüringen verborgen wurden – unter anderem Namen, um jegliche Erinnerung zu tilgen. Durch ein Wunder gelang es, sie später alle wieder ihren Eltern zuzuführen.

Heini Lehndorff wurde nach schlimmen Mißhandlungen wieder in das Berliner Gefängnis eingeliefert. Ein kurzer Prozeß vor Freislers Volksgerichtshof, wo er sich zu seiner Tat und Haltung bekannte und keinen Versuch machte, sich herauszureden. Und dann am 4. September 1944 das Ende am Galgen von Plötzensee.«*

Eine uralte Eiche erzählt von der »großen Wildnis«, die vor mehr als einem halben Jahrtausend den Grafen Lehndorff anvertraut wurde.

Die Zufahrt nach Steinort zwingt zur Langsamkeit, weil sie mit Schlaglöchern übersät ist. Dafür entschädigt die Eichenallee, die ihresgleichen sucht und heute unter Naturschutz steht. Fast möchte man meinen, daß sie vor einem halben Jahrtausend gepflanzt wurde, damals, als die ersten Lehndorffs hier Einzug hielten und die Verwandlung der Wildnis in eine Kulturlandschaft begann. Ein zwischen trotzigem Leben und teilweisem Absterben ausharrender, bizarr geformter Baum gleich neben der Allee zwingt zum Anhalten und Fotografieren. Wen hat er nicht alles kommen und gehen sehen? Er wird, so steht zu hoffen, sich noch immer behaupten, wenn wir längst nicht mehr sind.

Das Schloß befindet sich heute in einem weit schlimmeren Zustand als jemals zu Zeiten des Carol Lehndorff. Nur notdürftig hat man Dachflächen mit Teerpappe abgedeckt, um den Regen abzuhalten. Überall bröckeln die Fassaden, Fenster sind erblindet oder zerschlagen, auf totem Schornstein nistet ein Storchenpaar. Den Balkon über dem Portal, von dem herab der kauzige Carol dem »Volk« und der verblüfften Partei »Waidmannsheil!« statt »Heil Hitler!« zurief, gibt es zwar noch. Doch sein Geländer ist verschwunden, und so abgetakelt sieht er jetzt aus, daß man schwerlich mehr wagen möchte, ihn zu betreten. Viel Geld und viel Hingabe wird erforderlich sein, um das morsche Schloßgemäuer zu neuem Leben zu wecken. Nur das Rosenrondell vor dem Portal hat jemand gepflegt, seltsam genug.

Auch der Park blieb sich selbst überlassen, und ein paar Jahrzehnte haben genügt, um ihn fast schon zur Wildnis verwuchern zu lassen. Die Natur hat es eilig, uns zu vergessen. Wer wollte ihr das verdenken? Aber man kann diesen Park wiederherstellen, denn an seinem Hauptkapital, dem uralten Baumbestand, hat sich gottlob keiner vergriffen. Das Seeufer ringsum ist ohnehin so geblieben, wie es immer war.

Kutschen fahren vor über den knirschenden Kies, das Portal öffnet sich, der Hausherr empfängt seine Gäste, zum Tee verabredet man sich im Parkpavillon, am Abend vielleicht zu einer Kahnpartie; wer will, mag die Flinte mitbringen, um sie an Bleßhühnern und Enten zu erproben: Doch, es gelingt durchaus, sich das Vergangene auszumalen, während wir in der Gegenwart umherwandern, von neugierigen Kindern und einem kläffenden Köter begleitet. Nur Alexanders Phantasie gerät ein wenig aus dem Lot und malt sich aus, daß man vier- und nicht zweispännig fuhr. Das allerdings tat man sehr selten, nur bei ganz besonderen Gelegenheiten – oder bei der Arbeit, wenn es darum ging, den einsinkenden Wagen mit der Last der Kartoffeln vom Acker zu holen.

Viel schwerer fällt es, sich die Zukunft auszumalen, die bald schon beginnen soll. Wird man das Geld aufbringen, das notwendig ist, um das Schloß und seine Umgebung angemessen herzurichten – und dann auch nur einen Teil der Aktivitäten zu entfalten, von denen die Stiftungsurkunde so selbstverständlich spricht? Wird sich jemand finden, wie Ulrich Krockow für Krokowa, der die Erweckung von Steinort zu seiner Lebensaufgabe macht, nicht aus der Ferne, sondern hier in Masuren? Gewiß, Tagungen kann man veranstalten und Gäste herbeilocken, etwas Organisationstalent und schöne Prospekte vorausgesetzt – jedenfalls im Sommer und vielleicht noch im

Herbst. Aber was tut man im November und Dezember, im Januar, Februar, März und April? Für Krokowa liegt immerhin Danzig noch nahe, samt Universität, Archiven, Galerien, Flughafen und großstädtischem Leben. Doch wer wagt sich in die »Wildnis« hinein, wenn die Nebel ziehen und Schneestürme drohen? Wo wohl fände dann ein Konzert, eine Dichterlesung, ein Vortrag das Publikum, wo ein Seminar seine Teilnehmer?

Sind solche Fragen zu engherzig, zu rechenhaft, zu westlich gestellt? Das könnte immerhin sein. Doch gerade die schönen Worte und hohen Ziele der heute besiegelten Stiftung drängen sie auf. Womöglich fehlt es an Vorstellungskraft; vielleicht sollte man – jedenfalls im Winterhalbjahr – etwas ganz anderes anbieten als Sprach- und Computerkurse, Managerseminare und das stets so wichtig gemeinte Tagungsgeschwätz. Wie wäre es, wenn man für die dunklere Jahreszeit Menschen einlüde, denen man nur eines verspräche: sie in Ruhe zu lassen, damit sie die Möglichkeit fänden, ihren eigenen Gedanken und Gefühlen zu folgen – und dabei Eindrücke zu sammeln, die für noch so viel Geld nirgendwo sonst im Angebot sind, weil erst die Weite und Stille Masurens, dieser unverwechselbar östlichen, ostpreußischen Landschaft sie vermitteln? Wir klagen immer darüber, daß wir den Osten verloren haben. Aber es gibt ihn noch, wir könnten ihn wiedergewinnen – nicht als Machtanspruch oder Besitz, sondern als eine für unser Leben bedeutsame Erfahrung, die uns zum Gleichgewicht hilft.

Ist es abwegig, an derlei zu denken? Ich weiß es nicht. Ich weiß nur, daß dies unversehens mein Tagtraum war, als die anderen Stimmen immer weiter zurückblieben, beim Umherwandern auf überwachsenen Wegen, unter den alten Bäumen im Park von Steinort.

Vorspiel mit Mephisto

Alexander und ich machen die verblüffende Erfahrung, daß wir oft Verschiedenes sehen und hören. Das hat wenig mit dem Zustand unserer Augen oder Ohren zu tun – nur zum Lesen brauche ich eine Brille –, doch um so mehr mit den Generationen, mit Jugend und Alter. Der Neunzehnjährige geht in seiner Gegenwart auf und beobachtet genau. »Die Leute hier sind zwar ärmer als wir, aber nicht halb so verbissen«, entdeckt er schon am zweiten oder dritten Tag der Begegnung mit Ostpreußen. Ich indessen gerate in die Schatten der Geschichte. Ich sehe, was es nicht mehr gibt, und in einer unserer masurischen Nächte, am Sensburger Seeufer, höre ich Kanonendonner, während für Alexander bloß ein Gewitter heraufzieht.

»Ach, laß die Gespenster«, rät er mir in der Weisheit seiner Jahre, »schick' sie zum Teufel.« Seit kurzem mit dem Zeugnis der Reife versehen, läßt er anklingen, was er bei Mephisto gelernt hat:

»›Drum frisch! laß alles Sinnen sein,
Und grad' mit in die Welt hinein!
Ich sag' es dir: ein Kerl, der spekuliert,
Ist wie ein Tier, auf dürrer Heide
Von einem bösen Geist im Kreis herumgeführt,
Und ringsumher liegt schöne, grüne Weide.‹«

»Aber es gibt die Gespenster, ob wir wollen oder nicht, und die bösen Geister erst recht. Sie lauern darauf, uns anzufal-

len; sie werden es tun, wenn wir sie leugnen. Wie dein Gewährsmann es sagt:

›Den Teufel spürt das Völkchen nie,
Und wenn er sie beim Kragen hätte.‹«

Darüber geraten wir in einen langen Disput. Ich staune und erschrecke darüber, wie wenig die Geschichte für einen jungen Mann bedeutet, der sein Abitur mit der Traumnote 1,0 bestand, als einer der Besten seines Jahrgangs. Hindenburg und die Schlacht bei Tannenberg liegen für ihn so weltenfern, wie der Hochmeister Ulrich von Jungingen und die Schlacht bei Grunwald. Das Kaiserreich, die Weimarer Republik, das Dritte Reich, zwei Weltkriege: ein paar Namen und Schlagworte vielleicht, aber nirgendwo Zusammenhänge. Alexander entschuldigt sich damit, daß die Schule – eine Ausleseinstitution für die Begabtenförderung! – darüber schwieg: »Geschichte führt bloß zum Streit, haben unsere Lehrer gesagt.«

Das freilich ist wahr; bequem bietet sie sich schwerlich dar. Doch darf man darum ihr ausweichen? Unser Disput dreht sich darum, ob sie für uns *wichtig ist oder nicht. Alexander beharrt bei seinen Zweifeln. Ich sage: »Dann, Jungchen, wirst du Ostpreußen niemals begreifen. Hier fallen die Schatten der Geschichte so dicht und so dunkel wie wohl nirgendwo sonst.«*

Inzwischen allerdings fallen die ersten Tropfen; das Gewitter stürmt über den See heran, und wir müssen uns beeilen, das Hotel zu erreichen.

»Wollen wir wetten, nur so, daß jetzt der Augenblick zählt und nicht die Geschichte?« stichelt Alexander im Aufbruch.

»Die Wette biet' ich!«

»Topp!«

»Und Schlag auf Schlag!«

Inzwischen zucken die Blitze, und der Donner grollt, wie zur Eröffnung einer Schlacht die Kanonen.

Von der Nötigung, Burgen zu bauen

Vorweg muß jetzt eine Geschichte erzählt werden, von der ich durchs Ausprobieren schon weiß, daß sie alte Ostpreußen ärgert.

Im Mai 1990 reiste ich mit einem polnischen Regisseur durch meine hinterpommersche Heimat, um für das deutsche Fernsehen einen Film zu drehen. Nach Abschluß der Arbeiten fuhren wir von Stolp – dem heutigen Słupsk – nach Warschau zurück und kamen dabei durch Bütow/Bytów.

»Schauen Sie, da ist eine Burg«, sagte mein Begleiter. »Wollen wir sie ansehen?«

»Nein!«

»Aber warum denn nicht?«

»Lieber Herr Krzemiński, wir sind jetzt zwei Wochen lang kreuz und quer durch Pommern gefahren. Haben Sie jemals eine Burg gesehen?«

»Nein, aber . . .«

»Aber das heißt, daß wir das alte, das ursprüngliche Pommern verlassen haben und in einen Zipfel des einstigen Ordenslandes geraten sind. Erst der Große Kurfürst hat die ›Lande‹ Lauenburg und Bütow vom König von Polen erworben und sie dann an Pommern angegliedert. *Wir* waren Einheimische in unserem eigenen Herzogtum, keine Eroberer; wir hatten es nicht nötig, Burgen zu bauen!«

Gemach, liebe Ostpreußen: Im Grunde handelt es sich bloß um eine Gegenwehr, aus Komplexen geboren. Denn immer sahen die Bürger von Königsberg auf die von Stettin herab, wie die Schloßherren bei Bartenstein, Angerburg und Mohrungen auf die »kleinen Krauter« bei Stolp oder Stargard. Womöglich gilt das noch heute. »Ein Pommer in Ostpreußen?« schrieb mir Haug von Kuenheim ungläubig, als er von meinen Reisen in seine Heimat hörte. »Nun ja . . .«

Dennoch bleibt wahr, daß das Ordensland von Burgen geprägt wurde. Sie krönten nur keine Berge und nisteten nicht auf Felsklippen, weil es die nirgendwo gab. Allenfalls Sümpfe oder die Uferböschungen der Flüsse und Seen konnte man zur

Verteidigung nutzen. Und kein natürliches Gestein, sondern das menschengemachte, der Backstein, bildete das wichtigste Baumaterial. Buchstäblich als Kunstwerke sind die Burgen entstanden. Freilich als Kunstwerke der Herrschaft; ein nüchterner, fast möchte man meinen schon moderner preußischer Sinn für die Macht spricht aus ihnen. Darum taugen sie zur Romantik weit weniger als die Ruinen am Rhein.

Militärisch betrachtet waren diese Kunstwerke ein wichtiges Mittel, wahrscheinlich das wichtigste, um die Herrschaft des Ordens auf Dauer zu stellen. Denn jeder Eroberer, der nicht bloß plündern, sondern bleiben will, muß sich erst einmal fürchten; oft zerbricht seine Macht noch schneller, als sie gewonnen wurde. Überraschend erheben sich die gestern Besiegten und dem Anschein nach Unterworfenen, im Nu bricht ihr Angriff los und überrennt alle offenen Plätze – wie es im Jahre 1260 beim großen Aufstand der Prußen tatsächlich geschah. Die Belagerung einer Burg aber erfordert sorgfältige Organisation – »Logistik«, wie wir das heute nennen – und vor allem Geduld. An beidem fehlt es, wenn man nicht über Berufssoldaten, sondern nur über Bauern, Fischer und Jäger verfügt, die an die Versorgung ihrer Familien denken. Selbst in einer späteren Zeit, als es bereits Kanonen gab, konnte das siegesgewisse Heer des polnischen Königs Jagiełło, das im Jahre 1410 den Orden bei Grunwald vernichtend geschlagen hatte, die Marienburg nicht bezwingen. Nach zwei Monaten zogen die Belagerer Ende September ab, um vor dem Winter nach Hause zu kommen. Offenbar waren sie klüger als später Napoleon oder Hitler: Ihnen, weit mehr als den Belagerten, wäre es in der schlechten Jahreszeit schlecht ergangen.

Nochmals: Der Deutsche Orden ist als Eroberer in den Osten gezogen; die Burgen machen das sichtbar. Aus dem Heiligen Land vertrieben, suchte der Orden eine neue Aufgabe, und sein Hochmeister Hermann von Salza, ein fähiger Diplomat oder, modern ausgedrückt, ein Staatsmann von Rang an der Seite Kaiser Friedrichs II., stellte die Weichen. Vom polnischen Herzog Konrad von Masowien um Hilfe gegen die Prußen (oder Pruzzen) gebeten, ließ er sich zunächst den Besitz des Kulmer Landes – hinter Thorn rechts der Weichsel –

und alle künftigen Gewinne im Heidengebiet garantieren. Die Zustimmung des Kaisers sicherte ein feierliches Sendschreiben, die Goldene Bulle von Rimini, 1226, die Zustimmung des Papstes die Bulle zu Rieti, 1234. Schon drei Jahre zuvor, 1231, wurde in Thorn die erste Burg erbaut, als Ausgangspunkt einer staunenswerten Staatsgründung.

Die Frage ist nun, wie wir urteilen sollen. »Die Unterwerfung der Pruzzen war nicht die Tat eroberungslustiger und landgieriger deutscher Ordensritter, sondern ein gemeinsames abendländisches Unternehmen zu Ehren Gottes und der christlichen Kirche.«* So schlicht oder erhaben kann – und wollte – man es natürlich sehen, aber auch anders: »In Preußen brachten die erobernden Ordensritter das Christentum mit dem Schwert. Die Taufe war ihre erste und wichtigste Forderung an die verdutzten Prußen. Wer sich nicht taufen ließ, war des Todes. Für die Prußen war ihr Einbruch ein schreckliches Vergewaltigungserlebnis. Wildfremde brachen schwerbewaffnet und grundlos ins Land, verlangten in unverständlicher Sprache Unverständliches und töteten, wo sie nicht prompten Gehorsam fanden.«* Besonders kritisch urteilte die Aufklärung des 18. Jahrhunderts. »Die Menschheit schaudert vor dem Blut, das hier vergossen ward in langen, wilden Kriegen«, heißt es bei dem großen Sohn Mohrungens, Johann Gottfried Herder.*

Nach der Wendung zum historischen Denken des 19. Jahrhunderts schrieb der Königsberger Universitätsprofessor und Archivdirektor Johannes Voigt: »In den Tagen unserer Bildung und nach unsern Ansichten und Gefühlen in Beziehung auf menschliche Rechte und menschliches Glück würde es nicht nur bedenklich, es würde frech und fast gottlos scheinen, ihm (dem Hochmeister des Deutschen Ordens) als rastlosen Krieger gegen das heidnische Volk der Litthauer, als Verwüster ihrer Gebiete, als Zerstörer alles ihres heimatlichen Glückes, als dem Leiter und Urheber des Hinschlachtens so vieler Tausende, die unter dem Schwerte der Ordensritter fielen, das Lob und den Ruhm zu zollen, den frühere Geschlechter über ihn ausgesprochen haben. Unsere Zeit wird es furchtbar und verdammlich finden, wenn ein Fürst den Ruhm seines Namens auf Leichenhaufen meist unschuldiger Menschen gründet und die

Lorbeeren zum Siegerkranze auf den blutgedüngten Feldern der Heiden sucht, im Lande von Menschen, die man nur darum quälte und hinschlachtete, weil sie anderes Glaubens waren.«*

So finster das klingt, die Betonung liegt auf »unsere Zeit«, und Voigt fährt fort: »Allein die damalige Zeit richtete ganz anders.« Dies in der Tat ist entscheidend: Geschichte verstehen wir erst, wenn wir nicht die eigenen Maßstäbe, sondern die des Zeitalters anlegen, das uns beschäftigt. Überall sah die mittelalterliche Heidenmission ähnlich aus. Nicht anders als die Ordensritter in Preußen dachten und handelten die Kreuzfahrer im Heiligen Land; sie scheiterten allerdings an einer gleichrangigen oder damals sogar überlegenen Kultur. Und nicht anders handelten später die Spanier, als sie um den Preis der Zerstörung indianischer Kulturen Mexiko und Peru eroberten. Das Messen mit den Zollstöcken der Gegenwart mißbraucht ohnehin die Geschichte für die eigenen Zwecke; die »deutsche Kulturmission« soll verherrlicht oder, umgekehrt, der »deutsche Drang nach Osten« verdammt werden.

Übrigens stellt sich die Frage nach Alternativen. Früher oder später, auf die eine oder andere Art hätten die Prußen ihre Missionierung hinnehmen müssen. Sie durchzusetzen, galt als Gottes Gebot, und es schien unmöglich, inmitten christlicher Gebiete und Völker eine heidnische Insel zu dulden. Doch die Versuche einer friedlichen Bekehrung, schon früh unternommen, waren gescheitert. Der heilige Adalbert, Bischof von Prag, erlitt im Jahre 997 den Märtyrertod. Der Herzog von Polen kaufte den Leichnam und ließ ihn in Gnesen beisetzen, das so zum Sitz des Erzbistums geworden ist – wie Adalbert zum polnischen Nationalheiligen. Nicht besser als Adalbert erging es etwas später Brun von Querfurt; auch er erlitt den Märtyrertod.

Das Unglück der Prußen lag wahrscheinlich darin beschlossen, daß sie wohl über Häuptlinge, aber über keine höhere politische Organisation, keinen wirklichen Herrscher verfügten. Ein Fürst, Herzog oder König hätte die Missionare rufen – und dann vor allem sie schützen können. So geschah es in Polen, in Böhmen, in Ungarn, auch in Pommern und Schlesien. Hier

Kirchenburg in Heilsberg:
Auch Bischöfe mußten sich einst als wehrhaft erweisen.

aber, im Lande der Prußen, regierte kein Fürst, sondern sozusagen die Anarchie. Wie sollte man ihrer Herr werden, wenn nicht mit einer um so strafferen Organisation, die das Schwert führte und die Burgen erbaute?

Viele dieser Burgen gibt es nicht mehr. Einige wurden niedergerissen, wie die älteste in Thorn, als die im »Preußischen Bund« zusammengeschlossenen Stände sich im Jahre 1454 gegen den Orden erhoben. Andere verfielen, als man sie nicht mehr brauchte, oder wurden als Steinbrüche genutzt. Sogar die Marienburg war zeitweise dem Ruin preisgegeben, besonders seit sie mit der Ersten polnischen Teilung von 1772 aus dem königlich polnischen in den königlich preußischen Besitz übergegangen war. Die friderizianische Aufklärung wußte mit solch einem »mittelalterlichen Gemäuer« nichts anzufangen. Erst die Wendung zum historischen Denken des 19. Jahrhunderts und das aufkommende Nationalbewußtsein entdeckten sie neu. So fragwürdig es sein mochte, sie als »deutsches Nationaldenkmal« in Anspruch zu nehmen, die Rettung wurde damit eingeleitet. Seither haben Generationen von Baumeistern an der Wiedererstellung und Erhaltung der Marienburg gearbeitet, zunächst deutsche und dann die polnischen.

»Nichts ist langweiliger, als nur das ›Sehenswerte‹ zu sehen«, mault Alexander.

»Und nichts ist leichtfertiger, als es ganz zu versäumen«, setze ich entgegen.

Wer die Geschichte Ostpreußens verstehen will, sollte zumindest zwei Burgen besuchen. Die erste befindet sich in Heilsberg/Lidzbark Warmiński. Am idyllischen Ort, an der Einmündung der Simser in die Alle, erhebt sich der quadratische Bau mit dem achteckigen Bergfried, drei zierlichen Ecktürmen und dem zweigeschossigen Umgang im Innenhof. Der Besucher muß sich freilich vor einem Irrtum hüten, dem selbst Nachschlagewerke verfallen.* Im strengen Sinne handelt es sich nicht um eine Ordensburg. Die, die einmal hier stand, wurde bald zerstört. Bau- und Burgherren der bis heute erhaltenen Anlage waren vielmehr die Bischöfe des Ermlandes, und was sie schufen, wirkt trutzig genug.

»Diese Hirten haben ihrer Herde nicht getraut«, meint Alexander. »Sie haben gedacht, daß sie nicht Schäfchen hüteten, sondern Wölfe im Schafspelz.«

Vielleicht war es wirklich so, vielleicht ist es dies, was sich an der Burg von Heilsberg ablesen läßt: Für eine lange Zeit konnte man im alten Preußen einer Glaubenstreue nicht sicher sein, die aus der Zwangstaufe stammte, und nicht jeder Mann mit dem Krummstab fühlte sich zum Märtyrer berufen. Darum mußten auch Bischöfe sich als wehrhafte Herren erweisen.

Die zweite Anlage, die den Besuch und das Hinsehen lohnt, ist natürlich die Marienburg. Man braucht Abstand, um ihre Größe ganz zu ermessen, am besten einen Standpunkt am anderen, westlichen Ufer der Nogat. Und man braucht Geduld in den Abend hinein. Wenn dann die Mauern, die Tore und Türme, der Dansker, das Hochschloß und der Hochmeisterpalast in der sinkenden Sonne wie im Feuer glühen, ergibt sich ein unvergleichliches Bild. Jeder zeigt sich beeindruckt – nur Alexander nicht.

»Ich finde das unpraktisch«, sagt er. »Da braucht man Hunderte von Leuten, um alle Mauern und Schießscharten zu besetzen – oder Tausende. Was die kosten und was die futtern! Warum bloß so riesig?«

Das ist eine gute Frage. Burgen sind dazu da, daß man mit wenigen Verteidigern viele Angreifer aufhält, und je weniger Mägen man füllen muß, desto weiter kann man die Vorräte strecken. Im Sommer 1410, bei der berühmten Belagerung der Marienburg, verfügte man neben der Stammbesatzung über Reste der bei Tannenberg geschlagenen Armee und sogar 400 arbeitslose Seeleute aus Danzig »mit ihren Schildern und Beilen, die sehr nützlich waren«, wie der Chronist notiert. Insgesamt waren es mindestens 2500 Mann. Mit solch einer Streitmacht konnte Heinrich von Plauen die Marienburg zwar erfolgreich verteidigen, doch als die Belagerer vor dem nahenden Winter abzogen, neigten sich die Vorräte schon bedenklich dem Ende zu. Kurzum: Für die Wacht an der Nogat hätte eine weitaus kleinere Festung genügt. Warum also ist sie so groß geraten?

Die Antwort muß lauten, daß wir es nicht nur mit einer Burg, sondern für anderthalb Jahrhunderte, von 1309 bis 1457, mit dem Regierungssitz des Ordenshochmeisters zu tun haben. Hier wurde ein straff organisierter Staat verwaltet, hier mußte man ihn angemessen repräsentieren, hier seine Gäste empfangen und unterbringen. Zugleich wurde natürlich militärische Macht verwaltet, samt Waffenarsenal und Waffenwerkstatt.

Selbst wenn man einen mittelalterlichen Regierungsapparat nicht mit dem heutigen vergleichen darf – und erst recht nicht den Umzug von Venedig in die Marienburg mit dem von Bonn nach Berlin –, dann handelte es sich doch um ein großes Unternehmen, nicht zuletzt im wirtschaftlichen Sinne. Der Orden entfaltete eine vielseitige Tätigkeit. Er züchtete Pferde und handelte mit Bernstein, wobei er als Monopolunternehmer die Preise diktierte und reichen Gewinn machte. Er trat überhaupt als Ex- und Importeur von Waren aller Art auf; seine Geschäftsverbindungen reichten von den Niederlanden bis Now-

Die Marienburg an der Nogat war Festung
und Regierungssitz zugleich.

gorod. In Königsberg zum Beispiel war die Großschäfferei des Ordens die mit Abstand wichtigste »Firma«; ihr Umsatz übertraf den aller privaten Kaufleute.* Aber in der Marienburg befand sich die »Konzern«-Verwaltung.

Schließlich stellte der Orden eine frühe Form des Sozialstaates dar. Seit seiner Gründung gehörte die Fürsorge für die Kranken und Gebrechlichen zu seinen vornehmsten Aufgaben. In allen wichtigen Städten unterhielt er daher Hospitäler »Zum Heiligen Geist«, und »in jeder Burg gab es eine Herrenfirmarie, in der die alten und siechen Ritter ihren Lebensabend verbrachten, und eine Dienerfirmarie«*. Solche Pflegeheime waren auch darum notwendig, weil die Ordensritter, dem Zölibat verpflichtet, keine Familie hatten, in der sonst die Versorgung der Alten ihren Ort fand. Aber wie so vieles am Orden muten die Firmarien zugleich sehr modern an, fast als wiesen sie schon in ein Zeitalter voraus, in dem man über die staatlich verordnete Pflegeversicherung diskutiert und ohne Wohnstifte für »Senioren« nicht mehr auskommen kann.

Die Modernität des Ordens wird im Vergleich sichtbar: Mittelalterliche Kaiser, sofern man von ihrer jeweiligen »Hausmacht« absieht, waren eigentlich kaum mehr als sozusagen die Bundespräsidenten über großen und kleinen Lehnsherren, Reichsrittern und Reichsstädten, die alle sich selbst verwalteten, mit Eifersucht ihre Privilegien hüteten und darauf bedacht waren, nur ja keine Zuständigkeiten an eine Zentralgewalt zu verlieren. Die Kaiser konnten daher mit einem bescheidenen, in der Hauptsache diplomatischen »Apparat« auskommen und ohne festen Regierungssitz von Pfalz zu Pfalz ziehen. Der Orden hingegen mußte seßhaft werden, und seine Residenz war die Marienburg. Wir sollten uns also vorstellen, daß selbst diese gewaltige Anlage für das geschäftige Leben in ihren Mauern manchmal kaum ausreichte.

Wenn dennoch der in seiner Epoche höchst moderne Ordensstaat seine Hauptstadt fernab jeder bedeutenden Stadt als Burg erbaute, dann wirkt das als Symbol. Es verweist zurück auf die prägenden Anfänge, auf die Herrschaft in einem eroberten Land. Eben darum wirkt symbolträchtig auch der von der Niederlage erzwungene Auszug des Ordens aus der Marienburg. Mit der Verlegung des Hochmeistersitzes nach Königsberg begann eine neue, die eigentlich ostpreußische Zeit. In ihr haben Menschen sehr verschiedener Herkunft zueinander gefunden: Nachfahren der Prußen, Deutsche vom Rhein, aus Thüringen, aus dem Harz oder aus Westfalen, Polen aus Masowien, Litauer, Niederländer – bis 1945 hieß eine Stadt Preußisch-Holland! –, Schlesier, Schweizer* und Salzburger. In einem beispielhaft friedlichen Prozeß ist aus diesem Völkergemisch im Lauf der Jahrhunderte ein besonderer, der ostpreußische Menschenschlag entstanden, mit seiner eigenen Mundart, Schwermut und Lebenslust.

Tannenberg und Grunwald

Es ist nicht einfach, den Ort noch zu finden. Am Ausgang von Hohenstein/Olsztynek gibt es eine Kreuzung, an der die Straße nach Allenstein/Olsztyn (Nr. 51) von der nach Neidenburg/Nidzica und nach Osterode/Ostróda (Nr. 7/E 77) abzweigt. Man fährt in Richtung Osterode – oder nach Elbląg/Elbing, wie das Straßenschild sagt. Nach gut 300 Metern erkennt man auf der linken Seite einen aus Feldsteinen gemauerten Torbogen. Hinter diesem Torbogen liegt an einem waldumstandenen Platz ein kleiner Gasthof. Da kann man sich erkundigen oder gleich bergan durch den Wald einen Pfad suchen. Man kann auch auf der Straße nach Osterode noch etwas weiter fahren: Von der Straßenkreuzung gerechnet nach etwa 700 Metern biegt man nach links auf einen gepflasterten Weg und dort, wo er endet, wieder nach links auf einen Feldweg ein, dem man noch für eine kleine Strecke folgt, bis er sich zwischen Sträuchern verliert. Hier ist es: ein unscheinbarer Hügel, von dem man allerdings weit in das Land hinausblikken kann.

Hier entstand in der Weimarer Republik das Reichsehrenmal – oder Nationaldenkmal – Tannenberg, das am 18. September 1927 feierlich eingeweiht wurde. Eine Ringmauer aus rotem Backstein umschloß den achteckigen Platz mit einem Durchmesser von ungefähr 100 Metern. Acht Türme, 23 Meter hoch, überragten die gewaltige Anlage. Von den Berliner Architekten Walter und Johannes Krüger entworfen, erinnerte sie nur von fern an eine Ordensburg; eher ließ sie – modern stilisiert – an die Befestigung einer mittelalterlichen Stadt denken. Hier wurde dann der Sieger von Tannenberg, der kaiserliche Feldmarschall und Reichspräsident Paul von Beneckendorff und von Hindenburg am 7. August 1934 beigesetzt, nachdem er fünf Tage zuvor auf seinem Gut Neudeck gestorben war.

Bei dieser schon nationalsozialistisch pompösen Feier rief der Führer und Reichskanzler Adolf Hitler, auf den alsbald die Reichswehr bedingungslosen Gehorsam schwor, dem »zur Großen Armee Abberufenen« nach: »Nun, toter Feldherr,

Einweihung des Tannenbergdenkmals 1927.

geh' ein nach Walhall!« Ob solch neumodische Form von Auferstehung dem schlichten Christen Hindenburg zusagte, läßt sich bezweifeln; er hätte es wohl bei der alten Art belassen:

»Jesus, meine Zuversicht
und mein Heiland, ist im Leben:
dieses weiß ich, sollt ich nicht
darum mich zufrieden geben?«

Es gibt Mythen des Krieges oder mehr noch der Schlachten. Für die Amerikaner ist Gettysburg als der Höhe- und Wendepunkt ihres Sezessionskrieges zum Mythos geworden, für die Franzosen das Verdun des Ersten Weltkrieges, wie im Zweiten Weltkrieg Stalingrad für die Russen und Deutschen, obwohl in verschiedener Perspektive. Auf dem Hügel bei Hohenstein sollte solch ein Mythos bewußt geschaffen, verewigt und damit ein anderer widerlegt werden, von dem zu reden sein wird. Denn im Gebiet der Seen und Sümpfe zwischen Hohenstein, Neidenburg, Willenberg (heute Wielbark) und Passenheim (Pasym) kämpften vom 26. bis zum 30. August 1914 die deutsche 8. Armee und die russische Narewarmee.

Die Russen, an Zahl überlegen, wurden vernichtend geschlagen, und ihr Befehlshaber, General Samsonow, erschoß sich. Daran erinnert bei einer Försterei in der Nähe von Willenberg noch heute ein Gedenkstein, allerdings mit verlorener Inschrift. Hindenburg aber, der deutsche Armeeführer, vor Tagen erst aus dem Ruhestand in den Dienst zurückgerufen, und sein Stratege Erich Ludendorff stiegen zu Schicksalsfiguren des Ersten Weltkrieges auf. Hindenburg vor allem erschien als der Retter aus Angst und aus Not; wie die Ostpreußen ihn sahen, zeigt das Gedicht »Hindenburg«, das Agnes Miegel ihm widmete:

»Das Zimmer lag
In purpurn qualmender Abendglut.
Die Straße unten war stumm und leer
Als hielte die Stadt den Atem an.

Am Fenster sprach der alte Mann:
›Dies ist nun der dritte Tag
Wo mein Herz wie der Erntetag, heiß und schwer.

Die Sonne zieht Blut.
So viel Blut trank sie nicht mehr
Seit dem Tag von Sedan' –
Die alte Frau,
Das Strickzeug in der feiernden Hand,
Sprach leise: ›So war's. Ich stand, ein Kind,
Auf dem Bleichplatz hinter dem Bienenstand.
Wir sahn überm Forst beim Abendgeläut
Das dunkle Glühn, so wie gestern und heut.
Wir fragten wie heut: Wer wird es sein?
Wessen Blut trinkt der blutige Schein?
Was wird werden mit unserm Land?‹

Und in dem dunkelnden Zimmer stand
Wie blühende Heide das Licht an der Wand.

– – – – –

Dann kam die Nacht, die silberne Nacht.
Auf dem Domturm wiegte das Wasserweib
Im warmen Austwind den blinkenden Leib.
Sanft vertraut ging der Uhrenschlag.
Da trappelten Füße, fohlensacht.
Junger Stimmen jubelnder Chor
Sang zu den Backsteingiebeln empor:
›Nun danket alle Gott!‹
Fenster an Fenster tat sich auf,
Kopf an Kopf neigte sich vor,
– Ergebene Nacken, gebeugt zum Gericht,
Wenn das Herz schon weiß, daß die Gnade spricht –

Und rings um den Dom
Rauschten jäh die Linden auf
Als wachten in dem Ordenschor
In ihren Grüften die Hochmeister auf.
Und Fragen liefen Haus ab und auf:
›Was singen die Jungen?
Was wissen Sie?‹
Und eine freudezitternde, schwingende Stimme schrie:
›Sieg! Sieg! Wir schlugen die Russen bei
Tannenberg!‹
– – – – –

Im Morgengrauen, dicht bei dicht,
Vor dem Anschlag an der Mauerwand
Alt und jung beieinander stand.
Sie lasen murmelnd im ersten Licht
Wort für Wort, wieder und wieder
Und den Namen darunter
Keiner hat ihn gekannt.
›Hindenburg!‹
Sie sprachen ihn laut einander vor.
›Wer ist er, woher?‹
Welke Hand hob kleine weiche Hand empor
Daß sie ihn nachzog. Greises Haupt beugte sich nieder,
Ließ rosigen Mund ihn stammeln, sprach:
›Das ist Er,

Der Verheißne, der Greis aus dem Berg Vergessenheit,
den unsere Not gerufen
Er kam, er hat uns befreit,
Vergiß ihn nie!‹
›Nie.‹

Und ein verstörtes, zerquältes Land
Griff aufatmend nach deiner mächtigen Hand
Und lehnte sich wie ein Kind an deine Knie!«*

Den Ansatz zum Mythos hat es also durchaus gegeben; er hat auch über die Reichspräsidentenwahl von 1925 entschieden. Sogar von einer modernen Sagenbildung wird berichtet: »Als der Feldmarschall von Hindenburg in Neudeck gestorben war und ein paar Tage später nachts in das Tannenbergdenkmal überführt wurde, da sind in den Wolken die grauen Soldaten des Weltkrieges zu sehen gewesen, die ihrem toten Feldherrn das Geleit bis Tannenberg gaben. Alle, die damals in Tannenberg dabei waren, haben es mit eignen Augen gesehen, und viele andere auch. In ganz Ostpreußen ist das graue Heer klar und deutlich zu sehen gewesen.«*

Hindenburg selbst ist übrigens stets sehr bescheiden geblieben, so als habe seine späte Karriere mit ihm kaum etwas zu tun. Um eine Geschichte zu erzählen: Im Jahre 1932 fand auf unserem pommerschen Nachbargut Selesen eine Hochzeit statt; Hindenburgs Adjutant heiratete dort ein, und darum gab auch sein Chef sich die Ehre. Beim Festessen mußte der berühmte Mann sich neben der ältesten Dame langweilen. Zum Ausgleich bat er dann die jüngste zum Tanz. Das war meine damals sechzehnjährige Schwester, und der Herr Feldmarschall und Reichspräsident sagte mit einer Verbeugung: »Gnädiges Fräulein, Sie werden mich nicht kennen. Gestatten Sie, daß ich mich vorstelle: Mein Name ist Hindenburg.«

Manchmal denke ich, daß vieles anders aussähe, wenn der Greis beim Anblick meiner Schwester oder beim Tanz mit ihr einen Schlag erlitten hätte und tot zu Boden gestürzt wäre. Gut zu Fuß war er ohnehin nicht mehr. Heute würde es heißen: Solange er lebte, blieben Recht und Freiheit gewahrt; erst nach

Nichts ist vom »Reichsehrenmal« geblieben als ein paar Mauerreste, vom Gestrüpp überwuchert.

seinem Tod brachen die Deiche. Doch weil er den Tanz überlebte, lautet das Urteil, daß er die Macht an Hitler übergab, der sich erst mit dem Mythos des Retters und später mit dem Mantel des Feldherrn davonstahl. Oder wie Hindenburgs Freund und Gutsnachbar, der erzkonservative Oldenburg-Januschau, es einmal ausdrückte: »Ja, ja, mein guter Paul, der hat sich viel zu sehr einwickeln lassen von diesen Nazis!«*

Heute, auf dem Hügel bei Hohenstein, fällt es nicht nur Alexander schwer, sich den Mythos von Tannenberg leibhaftig vorzustellen. Denn nichts ist geblieben. Teile des Ehrenmals, jedenfalls zwei der acht Türme sollen 1945 schon von deutschen Pionieren gesprengt worden sein. Die Särge Hindenburgs und seiner Frau gerieten auf eine Irrfahrt, bis sie weit im Westen, in der Elisabethkirche von Marburg Zuflucht fanden, übrigens in angemessen preußischer Nachbarschaft: Zeitweilig standen dort auch die Sarkophage Friedrich Wilhelms I., des »Soldatenkönigs«, und seines Sohnes, Friedrichs des Großen, die später in die Hohenzollernburg bei Hechingen überführt wurden und schließlich nach Potsdam heimkehrten. Wie der weitere Abbruch des Ehrenmals sich vollzog, ist umstritten. Vielfach heißt es, daß die Ziegelsteine von den Polen zum Wiederaufbau Warschaus abtransportiert wurden; von Polen kann man wiederum hören, daß die Russen sie für eigene Siegesdenkmäler verwendeten. Wie immer das gewesen sein mag, es läuft aufs gleiche hinaus: Nur wenige Mauerreste, nicht einmal mannshoch und vom Gestrüpp umwuchert, sind noch zu sehen. Im Kern der Anlage aber hat man vor einigen Jahren gebaggert und weitläufig eine Grube entstehen lassen, fast als wollte man eine Mülldeponie anlegen, vor der man dann doch zurückschreckte.

Wenn man den Ort des einstigen Tannenbergdenkmals mühsam suchen muß, dann ist ein anderes, das polnische National- und Siegesdenkmal, das an die Schlacht bei Tannenberg oder Grunwald erinnert, um so leichter zu finden. Es liegt nur eine Handvoll Kilometer entfernt, und man kann es schwerlich verfehlen, weil Wegweiser zu ihm hinführen. Allerdings sind ein anderer Kampf und ein anderer Sieg gemeint, ein halbes Jahrtausend vor dem deutschen Tannenberg: In einer der größten Schlachten des Mittelalters besiegte das vereinigte polnisch-litauische Heer unter König Władysław II. Jagiełło am 15. Juli 1410 den Deutschen Orden; der Hochmeister Ulrich von Jungingen und viele seiner Ritter fanden den Tod.

Mancher möchte da gar nicht erst hinschauen. In einem Buch, das der »Spurensuche« gewidmet ist, heißt es: »Alljährlich wird auf dem Schlachtgelände von Tannenberg/Grunwald von 1410 unter großem Brimborium eine nationale Beweihräucherungsfeier zelebriert. Das Absingen der ›Rota‹, einem traditionell antideutschen Haßlied, gehört mittlerweile zum Festritual. Nationale Berauschung, gefördert von der Regierung, zur offensichtlichen Ablenkung der Massen von anderweitigen politischen Forderungen und von der Alltagsmisere! Die polnischen Kinder und Jugendlichen können einem leid tun – später müssen sie das chauvinistische Gift durch mühevolle Aufklärung wieder entfernt bekommen. Hoffentlich. – Hin und wieder muß man wohl den Mut haben, historische Stätten selbst auf einer historischen Spurensuche zu boy-

Triumph über den deutschen Drang nach Osten?
Davon spricht die Gedenkstätte bei Grunwald, aber nicht die Geschichte.

kottieren. Lassen Sie das polnische Grunwald-Denkmal bei knapp bemessener Zeit einfach links liegen . . .«*

Und wie wohl sahen vor dem Zweiten Weltkrieg die deutschen Feiern aus? Was ist da geredet und gesungen, was den Kindern und Jugendlichen eingeimpft worden? Nein: Der »Mut zum Boykott« birgt die Feigheit; dem Unheil der Geschichte entkommt man nicht beim Wegschauen, sondern im Standhalten – und durch die Aufklärung an Ort und Stelle. Wir fahren also von Hohenstein aus sechs Kilometer auf der Straße

Nr. 7/E 77 in Richtung Neidenburg/Nidzica und biegen dann nach rechts auf die Straße Nr. 537 ab. Nach weiteren zwölf Kilometern, zwischen den Dörfern Tannenberg/Stębark und Grünfelde/Grunwald, erkennt man schon von weitem das Denkmal mit seinen auf einer Anhöhe schlank aufragenden Masten und dem riesigen, martialisch aus dem Granit gemeißelten Kriegerkopf. Eine Steinplatte stellt die Schlachtordnung dar; nur wenig entfernt markiert ein Feldstein den Ort, an dem Ulrich von Jungingen den Tod gefunden haben soll. Rückseitig hat man in den Hügel ein Museum gebaut.

Die historische Genauigkeit wird freilich vorgetäuscht. Weil es zuverlässige Dokumente nicht gibt, kennt keiner den genauen Schlachtort, die Schlachtordnung oder die Stelle, an der der Ordenshochmeister fiel. Hier wie überall sprechen Denkmäler weit mehr und viel deutlicher von denen, die sie errichten, als von den historischen Gestalten und Ereignissen, an die gedacht werden soll. Am interessantesten ist darum die kleine Pyramide mit dem um sie verstreuten Gestein, an der man beim Anstieg von der Straße zum eigentlichen Denkmal auf halbem Wege vorüberkommt. Sie erinnert an das Monument, das im Jahre 1910 zur Fünfhundert-Jahr-Feier der Schlacht bei Grunwald weitab in Krakau errichtet wurde. Die alte polnische Königsstadt gehörte damals zur kaiserlichen und königlichen Donaumonarchie, und die Österreicher, ohnehin großzügiger als Preußen oder Russen, gestatteten den Denkmalsbau, vielleicht mit einem heimlichen Schmunzeln, als versteckte »Rache für Königgrätz«, ihre bittere Niederlage von 1866. Dieses Siegesmal ist im Zweiten Weltkrieg von den Deutschen zerstört worden, als nach dem Polenfeldzug der »Generalgouverneur« Hans Frank in die Königsburg von Krakau einzog. Es sind eben immer die Sieger, die Denkmäler nicht nur erbauen, sondern erst recht sie vernichten.

Mit alledem wird aber deutlich: Das Tannenbergdenkmal bei Hohenstein war als deutsche Antwort auf die polnische Herausforderung gedacht – wie schon die Benennung der Schlacht von 1914, die ja »bei Tannenberg« gar nicht stattfand. Erich Ludendorff, der Stratege des Sieges, hat das ausgesprochen, als er in seinen Kriegserinnerungen schrieb: »Die Schlacht wurde

Erinnerung an das Denkmal,
das für die Sieger von 1410 errichtet und von
den Siegern von 1939 zerstört wurde.

auf meinen Vorschlag die Schlacht von Tannenberg genannt, als Erinnerung an jenen Kampf, in dem der Deutsche Ritterorden den vereinigten litauischen und polnischen Armeen unterlag. Wird der Deutsche es jetzt wie damals zulassen, daß Litauer und namentlich der Pole aus unserer Ohnmacht Nutzen ziehen und uns vergewaltigen? Soll jahrhundertealte deutsche Kultur verlorengehen?«*

Die Bitterkeit und die Angst dieser Fragen zeigen, daß der Text nach der Niederlage von 1918 geschrieben wurde. Um so mehr erschien dann der Bau des deutschen Nationaldenkmals als trotzige Demonstration, obwohl doch »bei Tannenberg« durchaus keine polnische, vielmehr eine russische Armee geschlagen wurde. Im übrigen erwies sich schon die Namensgebung von 1914 als geschickte Propaganda. Eine »Schlacht bei Tannenberg« wurde wie von selbst über Nacht populär und blieb im Gedächtnis; dagegen hat man die »Winterschlacht in Masuren« bald vergessen, obwohl sie ebenso erfolgreich war und noch mehr Gefangene einbrachte.

Wie soll man das alles verstehen? Handelte es sich 1410 bei Grunwald überhaupt um einen Existenzkampf der Völker, eine Schicksalsstunde im immerwährenden Ringen der Deutschen und Polen? Nein und nochmals nein: Wer es so sehen will, sei es hüben oder drüben, verzerrt die Geschichte und unterliegt einem Wahn, der das Unheil birgt. Der moderne Nationalismus wurde erst in der französischen Revolution von 1789 geboren und im 19. Jahrhundert geschichtsmächtig. Wie sollte man im Jahre 1410 von ihm etwas wissen? Es handelte sich schlicht um einen Machtkampf, wie er zwischen großen und kleinen Fürsten, Ständen oder Städtebünden überall in Europa ausgefochten wurde. Übrigens kam der Deutsche Orden trotz seiner schweren Niederlage im Ersten Frieden von Thorn – 1411 – noch glimpflich davon. Er erlitt nur unwesentliche Gebietsverluste und mußte die zwar bedeutende, aber durchaus tragbare Kriegsentschädigung von 260 000 Gulden zahlen.*

Die eigentliche Katastrophe bereitete sich mit der Gründung des »Preußischen Bundes« im Jahre 1440 vor. In ihm schlossen sich die Landstände und besonders die mächtigen Städte wie Danzig, Thorn und Elbing zusammen. 1454 erhob sich der Bund wider den Orden, rief den König von Polen zur Hilfe und führte in dieser Allianz einen Krieg, der 1466 mit dem Zweiten Frieden von Thorn endete. Durch ihn sah sich der Orden auf das spätere Ostpreußen beschränkt, in das noch das Ermland tief hineinragte. Das übrige Ordensland, das spätere Westpreußen, wurde zum »Preußen königlich polnischen Anteils«.

Wie kam es dazu, was trieb die doch ganz überwiegend deutschen Städte und Stände zum Aufruhr und zum Bündnis mit dem König von Polen? Die Antwort ist einfach: Sie folgten eben nicht nationalen Zielen, sondern ihrem eigenen Interesse. Der straff organisierte Ordensstaat wollte ihre Eigenmacht nicht dulden; unter der polnischen Krone aber konnte man auf viele Privilegien und Freiheiten hoffen. »Insbesondere die großen Städte wurden in dieser Hoffnung nicht enttäuscht ... Die größte Zeit Danzigs begann jetzt. Die Stadt wurde fast zu einer freien Republik, und das sollte sie bleiben – ungeachtet aller späteren Versuche des polnischen Königs und vor allem der polnischen Amtsträger, die nur inkorporierten Gebiete dem anzugleichen, was in der polnischen Monarchie sonst üblich war.«*

Kurzum: Die Vorgänge des 15. Jahrhunderts, die zur Teilung von West- und Ostpreußen führten, zeigen deutlich genug, daß sie mit einem Völkerkampf zwischen Deutschen und Polen nichts zu tun hatten. Darum leiten die nachträglichen Mythen von Tannenberg und von Grunwald uns in die Irre; hier wie so oft enthüllen sie gerade nicht die Geschichte, die sie beschwören, sondern sie sprechen von denen, die sie schufen.*

Vom alten und vom neuen Gerüste des Unrechts

Ob wir es wissen und wahrhaben wollen oder nicht: Wir alle sind die Kinder unserer Zeit – und die Erben der großen Epochenwende von 1789. Darum fällt es uns schwer, das ältere Europa noch zu erkennen und nicht mißzuverstehen, was einst im Ordensland geschah. Aber vielleicht hilft es weiter, wenn wir uns an die Burgen erinnern, die von der Herrschaft in einem eroberten Land, wenn man so will von einem Kolonialland reden. Diese Burgen mochten nützlich oder sogar notwendig gewesen sein, um die Prußen zu unterwerfen und fügsam zu halten. Doch was taugten sie noch, als es um die Städte ging, die man selbst gegründet hatte – oder um den Adel, der nach und nach sich bildete?

In gewissem Sinne kann man die Ordensherrschaft im Osten mit der spanischen Kolonialherrschaft weit im Westen, in Mittel- und Südamerika vergleichen. Wie die Prußen wurden die

Indios vollständig unterworfen oder vernichtet. Doch gerade mit dem Erfolg der Eroberung entstand nach und nach eine neue Oberschicht, zwar spanischer Herkunft, aber mit jeder neuen Generation von den aus dem Mutterland entsandten Kolonialbeamten deutlicher unterschieden. Je mächtiger und wohlhabender diese einheimische Oberschicht sich entwickelte, desto mehr empfand sie die Herrschaft landfremder Kolonialbeamter als ein Ärgernis und am Ende als unerträglich. Aus diesem Spannungsverhältnis sind die »Revolutionen«, besser gesagt Aufstandsbewegungen entstanden, die zum Abfall der Kolonien vom Mutterland geführt haben, nachdem in Nordamerika die englischen Kolonien mit ihrer Unabhängigkeitserklärung und dem Unabhängigkeitskrieg vorangegangen waren.

Warum also hätten diesseits und jenseits der Weichsel die erstarkenden Städte und Grundherren auf die Dauer eine Vormundschaft des Deutschen Ordens hinnehmen sollen, den man zum Schutz vor den Ureinwohnern längst nicht mehr brauchte und dessen Ritterschaft immer neu aus »Landfremden« gebildet wurde? Anlässe zum Streit gab es ohnehin genug, von Wirtschafts- und Steuerfragen bis zu den Jagdrechten. Manchmal spielte auch die schiere Mißachtung eine Rolle. Geben wir dem Historiker Hartmut Boockmann das Wort, damit er eine typische Geschichte erzählt:

»Die adligen Ritter aus dem Reich wollten nicht hinnehmen, daß sich viele Dienstgüterinhaber nun ebenfalls als Adlige und als Ritter verstanden. Die Konflikte lagen nicht nur darin begründet, daß diese Landesadligen nun weniger Chancen hatten, selbst in den Orden aufgenommen zu werden, als ein Jahrhundert zuvor, daß sie in ihren Rechten beschnitten wurden oder sie das Gefühl hatten, daß dergleichen geschah. Es kam hinzu, daß die Ordensritter ihre Arroganz in höhnische Worte faßten. Verbale Polemik aber hatte im Mittelalter ein anderes Gewicht als heute, da sich Politiker zum Bier zusammensetzen, die sich eben noch öffentlich als Lügner oder Dummköpfe bezeichnet haben. Im Mittelalter wurden solche Worte nicht vergessen, und insbesondere Tiervergleiche waren unverzeihlich.

So überliefert der Komtur von Gollub in einem Brief an seinen Hochmeister aus dem Jahre 1453 einen Dialog, den er mit einem Freien geführt hatte, nachdem dieser nicht, wie gefordert, Bauern zu Bauarbeiten auf der Ordensburg habe einsetzen wollen. Der Freie habe gesagt: ›Herr Komtur, ich bin ebenso gut wie Ihr, und das will ich, wenn nötig, als Ehrenmann beweisen.‹ Und dann machte dieser Landesadlige eine völlig zutreffende Bemerkung über den Weg des Ordensritters in seine jetzige Position: ›Wäret Ihr nicht ins Land‹ – also nach Preußen – ›gekommen, so wäret Ihr kein großer Herr geworden.‹

Der Sprecher betont also, daß er selbst seine soziale Position geerbt, der Ordensritter die seine als ein Landfremder nur übertragen bekommen habe. Der Ordensritter reagiert einerseits angemessen. Er beginnt zwar etwas von oben herab, aber er bringt doch nur zum Ausdruck, daß er für eine Institution steht und daß jedenfalls dieser Herrschaftsrechte über den anderen zukommen: ›Petresch, was redest Du da? Wäre ich nicht Dein Herr, so wäre es ein anderer.‹ Doch dann folgt eine höhnische Abfuhr, die sich schon in der Anrede andeutete – der Komtur duzt den sich als Adligen verstehenden Freien. Nun fährt er fort: ›Du mußt jedenfalls einen Herrn haben, Petresch, Du bist so adlig wie das Haselhuhn.‹«*

Die Geschichte spielt nur ein Jahr vor Beginn des großen Aufstandes wider den Orden, und es ist leicht zu ermessen, auf welcher Seite das Haselhuhn Petresch sich engagierte. Warum soll dann, ein paar Jahrzehnte zuvor, nicht schon ein Krockow oder Krokowski bei Grunwald auf der für uns zwar »falschen«, für ihn aber richtigen Seite gefochten haben, wie die Familiensage berichtet – und ein anderer auf der Gegenseite mit dem Orden?

Wir müssen uns nur davor hüten, hinterrücks doch wieder moderne Vorstellungen einzuschmuggeln. Es ging nicht, wie 1789, um die Freiheit und Gleichheit von Staatsbürgern, die sich zur Nation zusammenschlossen, sondern um Freiheiten in der Mehrzahl, das heißt um Privilegien, um Vorrechte in einer von »oben« nach »unten« gegliederten, nach dem Prinzip der Ungleichheit organisierten Gesellschaft. Eben um dieser Privilegien willen entschied sich der »Preußische Bund« für den König von Polen und gegen den – vergleichsweise modern zu nennenden – Orden. Um uns gegen die eigenen Mißverständnisse zu wappnen und Anschauung zu gewinnen, sollten wir vielleicht noch einmal auf den Hügel bei Hohenstein zurückkehren, der zwar kein Denkmal mehr trägt, aber einen weiten Ausblick ermöglicht:

Der Befehlshaber einer der beiden russischen Armeen, die im August 1914 in Ostpreußen einmarschierten, war der General Paul Edler von Rennenkampff. Schon wieder oder immer noch ein Deutscher, der gegen Deutschland kämpfte? Es handelte sich weder um einen Einzelfall, noch blieb er auf die Landstreitkräfte beschränkt. Schlägt man das »Taschenbuch der Kriegsflotten« von 1914 auf, so findet man als den Befehlshaber von Rußlands baltischer Flotte einen Admiral von Essen, als Kommandanten der Linienschiffbrigade den Vizeadmiral Baron Fersen, als Kommandanten der Kreuzerbrigade den Konteradmiral von Schulz.

Nicht durchweg, doch in der Regel handelte es sich um Nachkommen der Ritterschaft, die einst mit dem Schwertbrüderorden oder dem Deutschen Orden ins Baltikum gekommen war und dort den Livländischen Ordensstaat begründet hatte. Auch nach dem Zusammenbruch dieses Ordensstaates und über alle Wechselfälle der Geschichte bis ins 20. Jahrhundert hinein blieb die Ritterschaft dank ihres Grundbesitzes die im späteren Estland und Lettland beherrschende Schicht; Rennenkampff zum Beispiel wurde 1854 im estländischen Konofer geboren. Herren des Landes aber waren seit 1721 – nach dem Zusammenbruch der schwedischen Militärmacht im großen Nordischen Krieg – die russischen Zaren. Ihnen schwor die Ritterschaft seither den Lehns- und Treueid; ihn zu halten erschien als selbstverständliche Pflicht. Dieses Treueverhältnis endete nicht 1914, sondern 1917 mit der russischen Revolution – und zwar nicht erst mit Lenins Oktoberrevolution, sondern mit Kerenskis Februarrevolution, weil sie den Zaren stürzte.

Uns, den Kindern der Moderne, kommt solch ein Restbestand alteuropäischer Verhältnisse und Vorstellungen wahrscheinlich so fremd und so fern vor wie jene Schweizergarde, die am 10. August 1792 als letzte den König von Frankreich gegen den Ansturm der Revolution verteidigte und in den Tuilerien starb. Diese Revolution räumte mit den ehrwürdigen Traditionen einer ständisch gegliederten Gesellschaft und mit ihren »vertikal« gegliederten Rechten und Treueverhältnissen auf. Uralte Rechte erschienen fortan bloß noch als angemaßte Vorrechte, also als das Unrecht, gegen das die Revolution ihr gewissermaßen »horizontales« Grundrecht der Gleichgeborenen setzte, das sich zugleich dann als die nationale Verpflichtung darstellte. Die ungeheure Umwälzung aller Vorstellungen vom Recht und vom Unrecht wird sichtbar, wenn wir hören, wie der »preußische Staatsphilosoph« Georg Wilhelm Friedrich Hegel, gemeinhin nicht als Linksradikaler bekannt, noch im Rückblick die Revolution gefeiert hat:

»Der Gedanke, der Begriff des Rechts machte sich mit einem Male geltend, und dagegen konnte das alte Gerüste des Unrechts keinen Widerstand leisten ... Es war dieses somit ein herrlicher Sonnenaufgang. Alle denkenden Wesen haben diese Epoche mitgefeiert. Eine erhabene Rührung hat in jener Zeit geherrscht, ein Enthusiasmus des Geistes hat die Welt durchschauert, als sei es zur wirklichen Versöhnung des Göttlichen mit der Welt nun erst gekommen.«*

Angesichts der Verwüstungen, die seither die nationale Verpflichtung in ihrem Kampf um Volksgrenzen, um Ab- und Ausgrenzungen überhaupt in Europa angerichtet hat und immer noch anrichtet, mag es gleichwohl sich lohnen, den alteuropäischen Verhältnissen und Vorstellungen ein wenig Nachdenklichkeit zu widmen. Um wieder Anschauung zu gewinnen, sei ein zweiter Besuch im kaschubischen Krokowa erlaubt. Dort blättern wir in der Familiengeschichte und stoßen auf Reinhold von Krockow, der hier im Jahre 1536 geboren wurde.*

»Schon im jugendlichen Alter von 16 Jahren begab er sich an den Hof des Herzogs Barnim X. von Pommern und im Jahre darauf an den Hof des Herzogs Christoph von Württemberg. Hier hat er das ganze prächtige Hofleben Deutschlands kennengelernt, wohnte als Page den Vermählungsfeiern des Herzogs von Sachsen und des Grafen von Mansfeld bei, nahm darauf an einem Zuge des Pfalzgrafen bei Rhein, des Herzogs Christoph von Württemberg und des Erzbischofs von Mainz gegen Frankreich teil, kehrte zu Otto Heinrich von der Pfalz zurück, führte einen Auftrag des Pfalzgrafen am Hofe des Herzogs von Preußen aus, ging wieder nach Frankreich, nahm, 1557, an der Schlacht bei St. Quentin teil, sowie an der Erstürmung von Calais, trat darauf in den Dienst des französischen Königs Heinrich II., für welchen er mehrere feste Plätze, unter anderem in Lothringen vermutlich auch die Festung Metz unterwarf.«

Noch immer haben wir es, nach heutigen Vorstellungen, beinahe mit einem Jugendlichen zu tun, allenfalls im Studentenalter!

»Darauf kehrte er für einige Zeit in seine Heimat zurück, widmete sich dem Staatsdienste« – wohlgemerkt dem polnischen, weil Krokowa ja im Preußen des königlich polnischen Anteils lag –, »nahm die Seestadt Putzig und deren Bezirk in seinen Pfandbesitz, begleitete die Prinzessin Katharina von Polen nach Schweden zwecks ihrer Vermählung mit dem Herzog von Finnland. Abermals heimgekehrt, vermählte er sich mit Elisabeth von Loytzen, die ihm aber nach einem Jahr wieder entrissen wurde. Bei dem Einfall Eriks von Braunschweig weiß er die seinem Schutze anvertraute Stadt Putzig vor einer Plünderung zu bewahren, weshalb ihn die Putziger einen ›Beschützer und Verteidiger dieses armen Städtleins‹ nannten. Zum zweiten Male vermählte er sich mit Barbara von Weiher, einer verwitweten von Zitzewitz. Dem König von Polen, Sigmund August, leistete er einen Vorschuß von 13 000 Dukaten . . .

Die Jahre 1565–1570 waren fast ausschließlich Kriegsjahre; zunächst an einem Feldzug gegen die Moskowiter beteiligt« – was bis heute jeden Polen entzückt –, »wohnt Reinhold Krockow hierauf dem Reichstag zu Augsburg bei, leistet dem Kaiser den Eid der Treue, um an einem Feldzug gegen die Türken teilzunehmen. Das ruhmreichste und interessanteste Blatt in der Geschichte dieses Mannes ist aber sein Feldzug zum Schutze der Hugenotten in Frankreich. Der Prinz von Navarra« – der später berühmte König Heinrich IV. – »schloß mit ihm einen Kontrakt; mit ihm unterzeichneten: Henri von Bourbon und Caspar Graf von Coligny, Admiral, sowie der König Johann von Navarra. Krockow führte dem Prinzen von Navarra 1500 Reiter zu.

Der Friede von St. Germain am 8. August 1570 hatte den Hugenotten nicht nur Amnestie und völlige Religionsfreiheit zugesichert, sondern ihnen auch mehrere feste Plätze eingeräumt. Nunmehr konnten sie an die allmähliche Abzahlung ihrer auf 315 296 Florins angelaufenen Schuld an Reinhold Krockow denken. Da aber trat das verhängnisvolle, in der Geschichte als Pariser Blutbad oder als Bartholomäusnacht gekennzeichnete Ereignis ein, welches nebst den meisten anderen Häuptern der Hugenotten auch dem Admiral Coligny das Leben kostete, am 24. August 1572. Hiermit schwand die Hoffnung Reinholds fürs erste, wieder zu seinem Guthaben zu gelangen; erst nach seinem Tode wurde die Sache von seinen Söhnen wieder aufgenommen – leider erfolglos. Die Versuche wurden zwar seitens der Krockower Familie öfter wieder am französischen Hofe aufgenommen, zuletzt im Jahre 1825 durch die Gräfin Ernestine, aber immer mit negativem Erfolg.«

Vielleicht sollte man es im Zeichen der Europäischen Einigung noch einmal versuchen; schließlich steht die Republik von Frankreich doch wohl in der Rechtsnachfolge König Heinrichs IV., und 315 000 Florins, was immer sie einst bedeuteten, müßten mit bescheidenen Verzugszinsen eine stattliche Summe ergeben. Immerhin hatte einiges sich erhalten. In dem Hause, in dem ich aufwuchs, wurde ein Geschenk des Prinzen von Navarra an seinen General aus dem Osten aufbewahrt und sorgsam in einem eigens dafür gefertigten Schrein gehütet, ein prächtiger Pokal, in der Familie das »Glück von Edenhall« genannt. Er zersplitterte 1945.

Auch eine Gedenktafel an der Kirche von Krokowa redet von dem »unglücklichen Ereignis« des Jahres 1572. Damit ist allerdings nicht die Pariser Blutnacht gemeint, sondern gewissermaßen der umgekehrte Vorgang: Der Hugenottengeneral außer Dienst führte auf den heimischen Gütern – höchst eigenmächtig, als sei er ein Standesherr – die Reformation ein, die erst nach dem Zweiten Weltkrieg rückgängig gemacht wurde.

»Aus Frankreich heimgekehrt, finden wir Reinhold von Krockow wieder in seiner Heimat tätig; teils als Diplomaten im Auftrage des Königs von Polen oder des Herzogs von Pommern, teils in wirtschaftlichen Angelegenheiten. So vermittelte er im Dezember des Jahres 1571 den Frieden zu Stockholm zwischen dem König von Schweden und dem von Dänemark. Bei der Königswahl Heinrichs von Anjou trat er gegen diesen auf. Treu hielt er dagegen zu dessen Nachfolger Stephan Bathory.

Seitdem er das Schwert hatte ruhen lassen, betätigte er sich an zahlreichen prozeßualistischen Handlungen, indem er mehrfach alte, wirkliche oder vermeintliche Ansprüche, teilweise in eine recht entfernte Zeit zurückreichend, wieder hervorgrub und zum Gegenstande eines oft interessanten richterlichen Verfahrens machte. Und alles dies geschah, ohne daß er selbst des Schreibens kundig war!

Vom Hofe zog er sich immer mehr zurück, so daß der König Sigismund von Polen ordentlich mißtrauisch gegen ihn wurde und, auf einer Rückreise von Schweden begriffen, mit seinem Schiff am 4. November 1598 bei Rixhöft landete, nur in der Absicht, seinen alten treuen Ratgeber zu besuchen. Er fand ihn aber in einem beklagenswerten Zustand vor, und schon drei Monate später endete dieses tatenreiche Leben.«

Vor allem sollte man wohl von einem europäischen Leben sprechen; von Schweden bis Ungarn und von Rußland bis Frankreich führte es kreuz und quer durch den Kontinent. Und so sehr dieses Leben den üblichen Rahmen sprengen mag, kann man es gerade in seiner europäischen Dimension exemplarisch nennen. Auf freilich ungewöhnliche Weise stellt es uns ein Muster vor Augen, dem so viele Generationen gefolgt sind, die von *nationalen* Pflichten und Eingrenzungen noch nichts wußten. Ihr Maßstab war einerseits die Ehre des Standes, andererseits die persönliche Treue.

Wir werden uns nun hüten, unkritisch zu glorifizieren, was längst und unwiderruflich dahin ist. Wer die große Errungenschaft von 1789 rückgängig machen will, den Anspruch des

Menschen und des Bürgers auf gleichgeborene Rechte, der beschwört die Barbarei herauf, die den modernen Rassenwahn kennzeichnet.

Doch die Geschichte spricht ja nicht nur von den alten, sondern auch von den neuen Blutgerüsten des Unrechts. Darum sollte die Frage erlaubt sein, ob es nicht immer noch andere, vielleicht sogar höhere Werte und Verpflichtungen gibt als diejenigen, die mit den modernen Grenzpfählen gesetzt wurden. Wir wissen und können es an den Denkmälern ablesen – am verschwundenen von Tannenberg ebenso wie am vorhandenen von Grunwald –, daß die nationale Zugehörigkeit, sofern ihr das letzte Wort bleibt, ebenfalls in die Barbarei mündet. So betrachtet mag es nicht bloß kurios anmuten, daß bei Grunwald im Jahre 1410 ein Krockow mit dem Orden, ein anderer mit dem König von Polen focht. Und was erst sollen wir dazu sagen, daß im Jahre 1939 einer der Söhne aus Krokowa als polnischer und sein Bruder als deutscher Offizier in den Kampf zogen? Beide sind später gefallen. Ein überlebender dritter Bruder aber ist heute stolz darauf, einen deutschen *und* einen polnischen Paß zu besitzen – obwohl es natürlich die Straßenbahn gar nicht gibt, mit der er als Ehrenbürger von Krokowa umsonst fahren dürfte.

Die Mücken des Führers

Neben Tannenberg und Grunwald gibt es einen dritten Ort, an dem die Schatten der Geschichte sehr dunkel über uns fallen: das »Führerhauptquartier« bei Rastenburg. Natürlich war es niemals als Denkmal geplant. Und doch ist es eines geworden; die neuen Blutgerüste des Unrechts, von denen gerade die Rede war, haben hier eines ihrer Wahrzeichen gefunden. Hier wurden Eroberung und Zerstörung, Versklavung und Massenmord geplant; nur mit Grauen kann man sich eine Zukunft ausmalen, wie sie der Herr über Restpolen zwischen 1939 und 1945, der »Generalgouverneur« Hans Frank, in seinem Diensttagebuch beschreibt:

»Der Führer hat mir gesagt: Die Frage der Behandlung und Sicherstellung der deutschen Politik im Generalgouvernement ist eine ureigene Sache der verantwortlichen Männer des Generalgouvernements. Er drückte sich so aus: Was wir jetzt als Führerschicht in Polen festgestellt haben, das ist zu liquidieren, was wieder nachwächst, ist von uns sicherzustellen und in einem entsprechenden Zeitraum wieder wegzuschaffen ... Wir brauchen diese Elemente nicht erst in Konzentrationslager des Reiches abzuschleppen, denn dann hätten wir nur Scherereien und einen unnötigen Briefwechsel mit den Familienangehörigen, sondern wir liquidieren die Dinge im Lande. Wir werden es auch in der Form tun, die die einfachste ist.«* Dafür wurde dann Auschwitz eingerichtet; die Massenvernichtung der Juden kam erst später hinzu. In einer anderen Eintragung heißt es:

»Es muß unser Ziel sein, daß wir dieses Land völlig dem deutschen Volkstum erobern. Das wird in einigen Jahrzehnten sicherlich der Fall sein, vielleicht gelingt es schon früher. Es wird vor allem so sein, daß, wie der Führer das letzte Mal beim Essen sagte, der Generalgouverneur die Absicht habe, aus dem Generalgouvernement den arischsten Gau des deutschen Reiches zu machen. Ich erwiderte dem Führer: Ich nehme Sie beim Wort, das ist auch unsere Absicht; wir sind durch die Juden am tiefsten gesunken, wir wollen ohne sie am höchsten steigen. Der Führer hat mir versprochen, daß das Generalgouvernement in absehbarer Zeit von Juden völlig befreit sein werde. Außerdem ist klar entschieden, daß das Generalgouvernement in Zukunft ein deutscher Lebensbereich sein wird. Wo heute 12 Millionen Polen wohnen, sollen einmal vier bis fünf Millionen Deutsche wohnen. Das Generalgouvernement muß ein so deutsches Land werden wie das Rheinland.«*

Die millionenfache Vertreibung, im »Warthegau« längst eingeleitet, die dann als Rache zurückschlug: Mancher möchte wohl lieber weghören und wegsehen. Der Reiseführer jedenfalls gibt sich mürrisch und wortkarg: »Wer will, kann von Rastenburg zu der ›Wolfsschanze‹ fahren, der Bunkeranlage des ›Führerhauptquartiers‹ Adolf Hitlers während des Rußlandfeldzuges ... Heute ist die Wolfsschanze Mittelpunkt eines

Touristenrummels. Außer den Ruinen der gewaltigen Bunker, denen die versuchten Sprengungen nicht sehr viel anhaben konnten, ist dort nichts mehr zu sehen.«*

Aber niemand läßt sich abschrecken. Jahr um Jahr strömt eine Viertelmillion Besucher herbei, mit welchem Hintersinn auch immer, 50 000 und ständig mehr Deutsche darunter. Der Rummel samt Andenkenverkauf läßt sich da so wenig vermeiden wie in Heidelberg, in Neuschwanstein, im Hofbräuhaus oder vor Wallfahrtskirchen. Gottlob ist Ende Mai der Andrang noch gering und der Parkplatz fast leer; die Touristenbegleiter stehen gelangweilt herum. Dafür glüht der uns zugewiesene in seinem Eifer, alles so genau wie möglich zu zeigen. Um es gleich zu sagen: Der Besuch lohnt sich, denn kein Bericht und keine Fotos können den Eindruck des Unheimlichen, von Wahn, Angst und Gewalt vermitteln, der am Ort selbst sich übermächtig aufdrängt.

Im Herbst 1940 wurde der Platz bei Rastenburg ausgewählt und im November mit dem Bau der »Wolfsschanze« begonnen, – übrigens ein Hinweis darauf, daß Hitler das »Unternehmen Seelöwe«, die Eroberung Englands, aufgegeben hatte, nachdem es seiner Luftwaffe mißlungen war, die Royal Airforce zu besiegen. Nun plante er das »Unternehmen Barbarossa«, den Überfall auf die Sowjetunion. Die Lage zwischen Seen und Sümpfen bot einen natürlichen Schutz gegen Angriffe zu Lande, wie der hohe alte Mischwald Schutz gegen Einsicht von oben und damit gegen Fliegerangriffe. Wo der Wald nicht ausreichte, wurden zusätzlich Tarnnetze gespannt und die Dächer mit Sträuchern bepflanzt. Alles vollzog sich unter strikter Geheimhaltung; die Bürger von Rastenburg wußten anfangs wohl kaum, wer sie da aus ihrem Stadtwald und Erholungsgebiet vertrieb. Vorsätzlich streute man das Gerücht aus, daß hier das Chemiewerk »Askania« gebaut werde, und die Arbeitskolonnen wurden immer wieder ausgetauscht, damit niemand sich einen Überblick über die Gesamtanlage verschaffen konnte.

Am 24. Juli 1941, zwei Tage nach dem Beginn seines Abenteuers im Osten, hielt Hitler dann Einzug. Anfangs – in der Illusion eines Blitzkrieges wie in Polen, Frankreich oder auf dem Balkan – war nur an einen Aufenthalt von wenigen Monaten gedacht. Weil aber der Feldzug in Rußland anders verlief als geplant, dehnten sich die Monate zu Jahren. Daher wurde die Wolfsschanze immer weiter ausgebaut; die letzten Arbeiten zur Verstärkung der Bunker kamen erst zum Abschluß, als die Räumung dieses Führerhauptquartiers sich schon abzeichnete.

Es liegt nahe, von einer Ironie des Schicksals zu sprechen: Der Mann, der die östliche Landschaft nicht mochte und seine Zuflucht in den bayerischen Bergen suchte, blieb für beinahe tausend Tage, fast ein Viertel seiner Herrschaftszeit, unter das ostpreußische Walddach gebannt. Zunächst hat er noch mehrfach Frontbesuche und andere Reisen unternommen, bis Anfang 1943 für insgesamt 57 Tage. Später verkroch er sich immer mehr, wie auf der Flucht vor einer Wirklichkeit, über die er nicht mehr gebot. Nur im Frühjahr 1943 verbrachte er auf Drängen seines Arztes einen längeren »Arbeitsurlaub« auf dem Obersalzberg. Ähnlich im Frühjahr und Frühsommer 1944; erst wenige Tage vor dem Attentat des Obersten Claus Graf Schenk von Stauffenberg ist er in die Wolfsschanze zurückgekehrt.

Am 20. November 1944 hat Hitler sein Quartier in der Wolfsschanze für immer verlassen. Auch dieses Datum gibt einen historischen Hinweis. Alle militärische Schlagkraft, die ihm noch verblieb, konzentrierte der selbsternannte Feldherr jetzt im Westen, zur Ardennenoffensive, die am 16. Dezember begann, aber sehr bald scheiterte. Dadurch wurde die Ostfront verhängnisvoll geschwächt, und die Menschen in Ostpreußen, wie überhaupt im deutschen Osten, sahen sich von ihrem einst umjubelten Führer dem Schicksal preisgegeben, das mit dem großen russischen Winterangriff seit dem 12. Januar 1945 über sie hereinbrach.

Während mit Vorbedacht der Glaube an »Wunderwaffen« verbreitet wurde, die eine Kriegswende bringen sollten, als es daher ein Verbrechen war, nicht an den »Endsieg« zu glauben, ein Verbrechen auch oder gerade für die Zivilbevölkerung, die Flucht zu planen, hat offenbar in Voraussicht der kommenden Katastrophe Feldmarschall Wilhelm Keitel bereits am 22. November 1944 befohlen, die Sprengung der Wolfsschanze vorzubereiten. Diese Sprengung, soweit sie denn möglich war,

In der »Wolfsschanze« erinnert eine Gedenktafel an den Versuch, Hitler zu töten, um Deutschland zu retten.

wurde am 23. und 24. Januar 1945 vollzogen. Drei Tage später erreichte die Rote Armee Rastenburg, und die Bürger der Stadt mußten exemplarisch die Rache der Sieger an dem Mann erleiden, der für Jahre in ihrer Nähe gelebt hatte und den sie doch niemals zu sehen bekamen. Wie der polnische Autor des »Reiseführers Wolfsschanze« schreibt:

»Am 27. Januar erschienen in Rastenburg Panzer der Roten Armee. Es herrschte bittere Kälte von minus 26 Grad. Hier spielten sich Szenen von unvorstellbarer Brutalität und Grausamkeit ab. Viele Leute wurden in ihren Häusern getötet, mehrere niedergeschossen. Am 31. Januar wurde die gesamte Altstadt niedergebrannt. Nirgendwo sind bestialischere Scheußlichkeiten in solcher Vielzahl geschehen wie in Rastenburg. Möglicherweise hing das mit der Nähe des Führerhauptquartiers zusammen.«*

Die gesamte Wolfsschanze umfaßte 250 Hektar. Nach außen war sie durch Stacheldraht und einen dichten Minengürtel geschützt; nach dem Krieg mußten in jahrelanger Arbeit 54 000 Minen geräumt werden. Im Inneren gab es mehrere Sperrkreise; das Kernstück bildete der Sperrkreis I mit den Bunkern für Hitler, Hermann Göring, Martin Bormann – Leiter der Parteikanzlei und Sekretär Hitlers –, ebenso für die Nachrichtendienste und andere besonders wichtige Funktionen. Hier stand auch die Lagebaracke – kein reiner Holzbau, sondern mit Backsteinen und Beton ummantelt –, in der am 20. Juli 1944 Stauffenbergs Bombe explodierte. Nach anderen, immer fehlgeschlagenen Attentatsversuchen war es der letzte und verzweifelte Versuch, das Schicksal Deutschlands doch noch zu wenden. Heute erinnert daran eine Gedenktafel in deutscher und polnischer Sprache.

Außerhalb der Wolfsschanze gab es weitere Feldquartiere. Das Oberkommando und der Generalstab des Heeres befanden sich etwa 18 Kilometer entfernt im »Mauerwald«, der Reichsführer SS Heinrich Himmler baute seine eigene Anlage bei Großgarten, der Reichsaußenminister Joachim von Ribbentrop quartierte sich beim Grafen Lehndorff auf Schloß Steinort ein, und der Reichsmarschall Hermann Göring, obwohl mit eigenem Haus und seinem Luftschutzbunker im Sperrkreis I angemessen repräsentiert, zog sich in die Rominter Heide zurück, wo er seiner Jagdleidenschaft frönte. In der Wolfsschanze selbst arbeiteten mehr als 2000 Männer, aber nur etwa 25 Frauen, hauptsächlich Sekretärinnen.

Es drängt sich auf, von einem Schattenreich zu reden. Man lebte ja unter dem Walddach, und wo es nicht ausreichte, wurde es durch die Tarnnetze ergänzt. Kaum ein Sonnenstrahl also, Tag um Tag, Woche für Woche, Monat für Monat, Jahr um Jahr: Wie eigentlich ließ sich das ertragen, was tat man außerhalb eines Dienstes, der sich für die meisten in der Routine erschöpfte? Zum Verlassen der Sperrkreise brauchte man gute Gründe und besondere Papiere, wie beim Betreten. Als eine Mischung aus Kloster und Konzentrationslager hat Generaloberst Jodl, der Chef des Wehrmachtführungsstabes, später vor dem Nürnberger Gerichtshof das Leben in der Wolfsschanze beschrieben. Wie immer man das beurteilen mag, der Alkoholverbrauch muß beträchtlich gewesen sein.

Aber warum hat Hitler kein Schloß bezogen, wie einst Napoleon das in Finckenstein, um die Sonne zu sehen und durchzuatmen? Hätte man die Luftschutzbunker und Sperranlagen dort nicht ebenso wie im Wald bei Rastenburg hinzubauen können? Technisch betrachtet wäre das kein Problem gewesen. Doch die Antwort muß womöglich sein, daß der Führer der Deutschen die Schatten brauchte, weil Finsternis in ihm war, je düsterer die Kriegslage sich entwickelte, desto mehr. »Vernichtung!« hieß seine Antwort auf schlechte Nachrichten, die er immer weniger ertrug: Vernichtung der Juden, Vernichtung – »verbrannte Erde« – beim Rückzug aus Rußland, Vernichtung von Warschau und wenn es denn möglich wäre von Paris und von London, Vernichtung aller Frauen und Männer, die den Widerstand wagten. Vernichtung sogar oder gerade der Deutschen, wenn sie sich seiner nicht würdig erwiesen, wie er schon am 27. Januar 1942 in der Wolfsschanze gesagt hat: »Wenn das deutsche Volk nicht bereit ist, für seine Selbsterhaltung sich einzusetzen, gut: dann soll es verschwinden!«*

Der Vernichtungswille schlug als die Furcht zurück, vernichtet zu werden. Daher das Sich-Verkriechen in Sperrkreisen und Bunkern, die ständig verstärkten Sicherungsmaßnahmen und Wachmannschaften. Hitler selbst hat sich ausgemalt, was geschehen könnte: »Die Sache ist immerhin so gefährlich, daß man sich klar sein muß: Wenn hier eine Schweinerei passiert – hier sitze ich, hier sitzt mein ganzes Oberkommando, hier sitzt der Reichsmarschall, es sitzt hier das OKH, es sitzt hier der Reichsaußenminister! Also, das ist der Fang, der sich am meisten lohnt, das ist ganz klar. Ich würde hier ohne weiteres zwei Fallschirmdivisionen riskieren, wenn ich mit einem Schlage die ganze russische Führung in die Hand kriegte.«*

Das Sich-Verkriechen wird zum Symbol in Hitlers gewaltigem Bunker, der winzige Räume barg und dann noch einmal durch einen zweiten Bunker ummantelt wurde. Heute ragt er als grau-grüne, von Moosen und Algen bewachsene Steilwand vor den Besuchern der Wolfsschanze empor. »Wenn etwas als Sinnbild einer Situation, ausgedrückt durch einen Bau, angesehen werden kann, dann dieser Bunker: Von außen einer altägyptischen Grabstelle ähnlich, war er eigentlich nur ein großer Betonklotz ohne Fenster, ohne direkte Luftzufuhr, im Querschnitt ein Bau, dessen Betonmassen den nutzbaren

Raum um ein Vielfaches überstiegen. In diesem Grabbau lebte, arbeitete und schlief er. Es schien, als trennten ihn die 5 Meter dicken Betonwände, die ihn umgaben, auch im übertragenen Sinne von der Außenwelt und sperrten ihn ein in seinem Wahn.« So der Baumeister des Führers Albert Speer in seinen Erinnerungen.*

»Wie hat er das ausgehalten?« möchte Alexander wissen. »Hatte er einen Freund oder eine Freundin?«

Die erste Antwort lautet: Er hat es nicht ausgehalten. Als ein Mann in den besten Jahren zog Hitler in die Wolfsschanze ein; gebrochen, als ein Greis, mit zitternder Hand und schleppendem Schritt ging er fort.

Die zweite Antwort heißt: nein. Keinen Menschen ließ er wirklich an sich heran. Den einzigen Duzfreund unter seinen Gefolgsleuten, Ernst Röhm, brachte er schon 1934 in der ersten großen Mordaktion seiner Gewaltherrschaft um, und Frauen waren des Schicksals- und Schlachtenlenkers nicht würdig. Eva Braun ist hier niemals gewesen. Bloß ein Tier blieb da noch; wiederum Albert Speer: »Bei seinen Spaziergängen galt Hitlers Interesse meist nicht seinem Begleiter, sondern seinem Schäferhund Blondi, den er bei diesen Gelegenheiten zu dressieren versuchte. Nach einigen Übungen im Apportieren mußte sein Hund über einen etwa 20 cm breiten und 8 m langen Laufsteg, der in 2 m Höhe montiert war, balancieren ... Der Schäferhund spielte im privaten Leben Hitlers vermutlich die wichtigste Rolle; er war wichtiger als selbst seine engsten Mitarbeiter.«* Diese Rolle ist Blondi bis zum Ende geblieben; an der Schäferhündin und dem Wurf ihrer Welpen probierte ihr Herr das Gift aus, das er selber dann nahm.

»Hatte Hitler ein Mückenspray?«

Die Frage wirkt wie ein Paukenschlag. Erschrocken und ratlos starrt unser Begleiter Alexander an: »Das hat noch niemand gefragt ... Nein, wirklich nicht, und nie habe ich darüber etwas gelesen.«

Dabei liegt die Frage so nahe. Seit wir vor einer Stunde unseren Rundgang durch die Wolfsschanze begannen, fielen Schwärme blutrünstiger Mücken über uns her, und wir jedenfalls sind ihnen hilflos ausgeliefert; unser Schutzmittel liegt wohlverwahrt im Hotel Mrongovia. Wer rechnet denn im Führerhauptquartier mit derlei Angriffen? Nur wenn wir in die Sonne hinaustreten – auf den Parkplatz oder die Bahngeleise –, läßt es sich aushalten. Gab es damals, im Krieg, etwa keine Mücken? Das ist kaum anzunehmen, ganz im Gegenteil: Überall, wo die Sonne noch durchdrang, hat man sie mit den Tarnnetzen ausgesperrt. Nur der Regen fiel bis auf den Boden und sog sich an ihm als Feuchtigkeit fest. In solcher Feuchtigkeit gedeihen die Mücken zur Plage, wie in den Sümpfen ringsum. DDT kannte man noch nicht, und ein Ausgießen aller Feuchtgebiete mit Petroleum hätte einen pestilenzialischen Gestank verursacht. Was also hat man getan, um den Führer zu schützen?

Die Frage bleibt ohne Antwort, und wahrscheinlich ist es abwegig, sie überhaupt zu stellen; nur jugendlicher Vorwitz kann dazu verleiten. Im Schatten der Geschichte haben die menschlichen Alltagsnöte zu schweigen, damals wie heute.

Auf der »Mercuri II«

Nach dem Ende des Zweiten Weltkriegs ist das nördliche Ostpreußen zur Siegesbeute der Sowjetunion geworden. Für fast ein halbes Jahrhundert verschwand das Königsberger Gebiet – oder die *Kalingradskaja Oblast,* wie es seit Juli 1946 amtlich hieß – nicht nur hinter dem »Eisernen Vorhang« des östlichen Imperiums, sondern wie die russische Puppe in der Puppe nochmals im Verborgenen, hinter einem dichten Schleier der Geheimhaltung: Zutritt verboten, bis 1956 sogar für Sowjetbürger ohne Sondergenehmigung. Niemand wußte, was dort vorging, außer, daß es sich um die am weitesten nach Westen vorgeschobene Militärbastion des Imperiums handelte, sofern man von der DDR einmal absieht. Erst mit Michail Gorbatschows *Perestroika* kündigte sich eine Öffnung an, durch den Widerstand der Generale und des Geheimdienstes KGB freilich bis 1991 verzögert.

Inzwischen sind Flug-, Bus- und Bahnreisen möglich, die letzteren sogar wieder auf mitteleuropäischer Normalspur im Direktverkehr zwischen Berlin und Königsberg. Auch im eigenen Auto kann man einreisen. Jedermanns Sache dürfte das allerdings nicht sein. Denn von der Diebstahlsgefahr einmal abgesehen: Anders als im polnischen Gebiet sind die Straßen in dürftigem Zustand und nur mit Schlaglöchern reichlich versehen; die Hinweisschilder in kyrillischer Schrift bereiten Schwierigkeiten, wenn man sich im Nu fürs Links- oder Rechtsabbiegen entscheiden soll, und die Tankstellen in und um Königsberg liegen meist ausgetrocknet und verlassen da;

vor den wenigen, die geöffnet haben, bilden sich endlos lange Warteschlangen, in der Hoffnung, daß man die 40 Liter Treibstoff, die den Einheimischen monatlich zustehen, tatsächlich erhält. Die eigentliche Versorgung erfolgt auf dem Schwarzen Markt – zum drei- bis fünffachen Preis – aus Tanklastern, die irgendwo auf Vorortstraßen ihre Kunden erwarten. Mit bleifreiem Benzin darf man ohnehin nicht rechnen. Übrigens werden schon beim Frühstück in den Hotels Taxis mit deutschsprechenden Fahrern angeboten, die Stunde zu 15 D-Mark.

Wir haben uns für eine andere Reisemöglichkeit entschieden, die bequemste: Seit dem Sommer 1993 gibt es eine Fährverbindung zwischen Kiel und Königsberg, von einem Hamburger Reisebüro betreut: Die »Mercuri II« verläßt die Förde am Mittwoch um 12 Uhr und erreicht ihr Ziel – sofern keine Verzögerungen eintreten – am Donnerstag um 18 Uhr; die Rückreise erfolgt in der Nacht zum Freitag, mit Ankunft in Kiel am Sonnabendmorgen oder -vormittag. Jeweils 90 Passagiere und 50 Personenautos oder die entsprechend geringere Zahl von Lastzügen können befördert werden. Zwar läßt sich das russische Schiff nach Größe und Ausstattung mit den modernen Luxustransportern schwerlich vergleichen, die uns mit Skandinavien verbinden, und die Kabinen laden zu keinem längeren Aufenthalt ein. Aber sie genügen für ein oder zwei Nächte, das Essen ist annehmbar und die Bedienung freundlich. Für Schlichtheit entschädigt die Intimität; schnell wird man mit den meisten der Mitreisenden vertraut. Im Herbst 1993, nach dem Ende der touristischen Saison, sind es nur etwa 30, ein buntes Gemisch sehr verschiedener Personen und Gruppen.

Da gibt es zunächst die russischen Lastwagenfahrer. Mit ihnen kommt allerdings kein Gespräch zustande; den Tag über hocken sie im Fernsehraum, um sich schlecht synchronisierte Gewalt- oder Porno-Videos anzusehen.

Interessanter ist ihr niederländischer Kollege. Alle vierzehn Tage fährt er mit Gemüse und Obst von Holland nach Königsberg. »Aber lohnt sich denn der teure Transport, der dann in harter westlicher Währung bezahlt werden muß?« »Doch, durchaus. Es gibt inzwischen genügend Abnehmer, die sich die westliche Ware nicht bloß erträumen, sondern auch leisten können.« Unwillkürlich fällt einem ein, daß nach dem Niedergang der Hanse im 16. und 17. Jahrhundert die Holländer es waren, die – noch weit vor den Engländern – den Königsberger Fernhandel nach Westen beherrschten.

Zwei Engländerinnen mittleren Alters unternehmen eine Sex-Tour, wie sie freimütig erzählen: Sie wollen ihre Boy-Friends in Minsk besuchen. Leider haben sie von Londoner Konsulaten falsche Auskünfte erhalten; Minsk ist die Hauptstadt Weißrußlands, das Kaliningrader Gebiet aber gehört zu Rußland, und ohne das korrekte Visum müssen die Ladys mit ungestilltem Liebeshunger an Bord bleiben.

Frau Juckel, eine ältere Dame aus Neumünster oder vielmehr aus Ragnit bei Tilsit, hat es zu ihrer Lebensaufgabe gemacht, dort praktische Hilfe zu leisten. Allein im Jahre 1992 unternahm sie sechs Fahrten. Und nicht bloß das: Sie hat in Ragnit wieder ein Haus gebaut. Das allerdings ist schon mehrfach von Einbrechern heimgesucht worden. Wie denn nicht, wenn dieses Haus oft leersteht und die darin vermuteten Schätze alle bösen Buben locken? Eine tragische und im Grunde ausweglose Situation; ob Alarmanlagen Abhilfe schaffen, steht dahin. Aber Frau Juckel läßt sich nicht entmutigen: »Ragnit ist meine Heimat; dort braucht man meine Hilfe, und dort gehöre ich hin.«

Ein altes Ehepaar reist mit eigenem Auto in den heimatlichen Kreis Schloßberg – »ja, Schloßberg, so hieß es gut deutsch doch zuletzt, nicht Pillkallen!« –, allerdings im strikten Widerspruch zu Frau Juckel: »Man soll den Leuten, die uns alles weggenommen haben, keinen Pfennig geben; es ist unerhört, daß die Bundesrepublik den Russen immer noch so viel Geld zukommen läßt.«

Aber die Deutschen aus Kasachstan, von deren Ansiedlung in Ostpreußen man neuerdings so viel hört? Zwei Damen und zwei Herren, unter Leitung eines Bremer Rechtsanwalts, fahren nach Trakehnen, um ihnen Hilfsgüter zu bringen.

Blond und blauäugig, in seiner Leibesfülle prangend, mit gelbem Wams überm grünen Hemd, vielfältig mit Hirschhaken verziert, ist – wie jemand boshaft raunt – der »Reichsjägermeister« oder »Hermann Göring« unterwegs zur Hirschbrunft in Rominten, ausgerüstet mit einem gewaltigen Wohnmobil samt Anhänger, in dem der geländegängige Jagdwagen steckt, dazu noch mit seiner zierlichen Schwiegermutter als Köchin und einem Fahrer. Bei näherer Bekanntschaft erweist sich indessen die Bosheit als ungerecht: Hans Walter Pfeiffer, Unternehmer aus dem sauerländischen Plettenberg, zeigt sich als ein umgänglicher und unterhaltsamer Mann – und als genauer Beobachter: Als wir ihm, wie den meisten Mitreisenden, bei der Rückfahrt begegnen, kann keiner so anschaulich und inhaltsreich erzählen wie er.

Heidi Sämann, Redakteurin beim Kieler Funkhaus des NDR, eine ebenso energische wie muntere Person, will mit ihrem Kamerateam einen Beitrag für den »Ostseereport« herstellen.

Zwei Jüdinnen aus Stuttgart beginnen eine Missionsreise, die vor allem nach Litauen führen soll: Neben Liebesgaben wollen sie Juden das Gebot überbringen, nach Israel, keinesfalls aber nach Deutschland auszuwandern. Beide imponieren und befremden mit der Strenge ihres Glaubens. »Gelobt sei der HERR, der G"tt Israels!« steht bereits auf der Visitenkarte von Frau Schoschanna Platschek-Brassoi geschrieben. *G"tt* ist kein Druckfehler, sondern entspringt der Scheu und dem frommen Gebot, wie man schon im Zweiten Buch Mose nachlesen kann: »Du sollst den Namen des Herrn, deines Gottes, nicht mißbrauchen; denn der Herr wird den nicht ungestraft lassen, der seinen Namen mißbraucht.« Die Gedankenlosigkeit, mit der man in Bayern »Grüß Gott« sagt, und die plumpe Vertraulichkeit, mit der Christen von ihrem »Herrgott« oder vom »lieben Gott« sprechen, muß als Frevel erscheinen. Ähnlich jede Darstellung, und sei sie von Michelangelo gemalt: »Du sollst dir kein Bildnis noch irgend ein Gleichnis machen.«

Diplomingenieur Ralf Domscheit aus Hofheim im Taunus, klein, rundlich und gebürtiger Königsberger, ist eigentlich Pensionär. Aber quicklebendig hat er seine zweite Karriere als neuostpreußischer Unternehmer begonnen, der sich in Königsberger Geschäfts- und Einflußkreisen auskennt wie kaum jemand sonst. Im einzelnen schwer durchschaubar, betreibt er vielerlei

Geschäfte, vom Bauen bis zur Dombauberatung; auch vom Zwischenhandel mit Zucker ist einmal die Rede.

Daß das Bauen denkbar ist, beweist eine Anzeige im »Königsberger Expreß«, der neuen deutschsprachigen Monatszeitung: »Haus an der Ostseeküste? Kein Problem! Denn Sie haben es mit der Baufirma ›Variant‹ zu tun. Möglich sind auch gemeinsame Projekte zur Bebauung und Ausstattung der Grundstücke in Svetlogorsk (Rauschen), Selenogradsk (Cranz), Polessk (Labiau), Kaliningrad (Königsberg).«

In Domscheits Begleitung befinden sich zwei Herren, die wirtschaftliche Möglichkeiten erkunden wollen, unter anderem den Aufbau eines Gebrauchtwagenhandels, mit dem – vielleicht – Königsberg nach oder vielmehr vor Minsk zum Zentrum des östlichen Automarktes werden könnte. Welche Möglichkeiten und Schwierigkeiten es gibt, verrät ein Artikel im »Königsberger Expreß« vom August 1993:

»In jedem Monat vergrößert sich die Anzahl derer, die sich mit dem Autohandel beschäftigen. Die Stadt am Pregel wurde zu einem verlockenden Ort für Geschäftsleute nicht nur aus dem Binnenland Rußlands, sondern auch für die aus dem Ural, Kasachstan und dem Kaukasus. Verlockend ist für sie der relativ niedrige Autopreis. Nach der Einschätzung der Geschäftsleute ist nur jeder zehnte der Händler ein Einheimischer.

Kaliningrad hat eine einmalige Chance, ›den Rahm‹ vom Autohandel abzuschöpfen und zum größten Handelszentrum Rußlands für Autos zu werden. Die Vermittlung zwischen den westlichen Firmen und den russischen Käufern würde große Einkünfte bringen. Auch das regionale Budget würde davon profitieren. Das Gefälle zwischen den Preisen im Westen und vor Ort ist, wie bekannt, bedeutend, und man könnte es mit Vorteil ausnutzen, denn Waren aus ›second hand‹ kosten im Westen viel weniger als hier. Ein zivilisierter Automarkt mit entwickelter Infrastruktur, das heißt mit einem Autosalonnetz, würde dazu beitragen, dem Kunden das gewünschte Modell des Autos, Farbe und Autoservice zu bieten. Das alles könnte eine gute Perspektive für die Entwicklung der Region abstecken ...

Aber dazu kommt es nicht. Warum? Weil viele gute Ansätze

an zu hohen Zollgebühren und Akzisen scheitern. Als Ergebnis sind die Preise doppelt so hoch. Aber nicht nur das. Viel Zeit raubt der Prozeß der Zollgebührenzahlung an den Grenzübergängen. Die Durchlaßkapazität beträgt täglich etwa zwei Dutzend Fahrzeuge. Die Schlange besteht aber aus hundertfünfzig Autos. Für einen Tag Wartezeit an der Grenze zahlen die Firmen an ihre westlichen Partner bis zu 100 Dollar. Auch geht es nicht ohne bürokratische Schikanen . . .

Ergebnis ist folgendes: Im Autohandel haben es nicht die Unternehmen, sondern private ›Autopendler‹ leichter. Die letzteren scheinen auch kaum Notiz davon zu nehmen, daß die Transitwege aus Deutschland durch Polen von ›modernen Wegelagerern‹ in den Griff genommen sind. Sie fordern Schutzgelder für den zu fahrenden Weg . . . Die Autopendler scheuen nicht das Risiko, in den Besitz eines gestohlenen Autos zu kommen. Nicht zufällig ist INTERPOL auf unsere Region besonders aufmerksam geworden. Dank ihm mußten sich einige Autobesitzer vor Ort von ihrem Auto trennen. Der Zufluß von ›Autopendlern‹ in unsere Region rückt die Einführung eines zivilisierten Automarktes bei uns in weite Ferne.«

Auf knappem Raum und am Autohandel bloß als Beispiel ist das eine exemplarische Darstellung: »Wild-Ost« in einer Zeit des Umbruchs mit vielleicht bedeutender, noch aber ungewisser Zukunft. Daß vorerst nicht nur seriöse Unternehmer, sondern Glücksritter aller Art und Unart magisch angezogen werden, versteht sich: Nach Domscheits Urteil gibt es schon heute in Königsberg mehr Dollar- und D-Mark-Millionäre als in jeder anderen Stadt der einstigen Sowjetunion, gegen die Öffentlichkeit sorgfältig abgeschirmt.

Inzwischen sind wir vor Pillau/Baltijsk angekommen. Doch obwohl das Fährschiff Vorfahrt vor den Frachtern hat, die auf der Reede ankern, entsteht eine Wartezeit von mehreren Stunden, weil der Kanal zwischen Pillau und Königsberg nur langsam und nur im Einbahnverkehr befahren werden darf – ein Nachteil für Königsberg, der sich allenfalls beheben läßt, wenn Pillau mit den angemessenen Schienen- und Straßenverbindungen zum Vorhafen ausgebaut wird. Denn im modernen Seeverkehr zählt kostenträchtig jede Minute.

Armut und Niedergang:
Davon zeugen bei Pillau nicht nur versunkene Kriegsschiffe.

Als wir am Abend schließlich an Pillau vorüberfahren, bietet sich ein atemberaubendes Bild, so als habe jemand einen Science-fiction-Film vom heißen Zwischenspiel des Kalten Krieges erdacht: Heimlich drangen amerikanische Flugzeugträger in die Ostsee vor und starteten ihre Flugzeuge zu einem vernichtenden Angriff. Man sieht moderne Luftkissen-Landungsboote in jedem Stadium des Verrostens und Verrottens, daneben gesunkene Fregatten, die nur mit ihren Aufbauten noch aus dem Brackwasser ragen, samt zaghaften Versuchen, sie mit Kränen und Aufschwimmhilfen wieder zu heben. Schwerter zu Pflugscharen, wie einst die Friedensbewegung es forderte? Nein, weit banaler: eine Weltmacht zu Schrott.

Womöglich noch verblüffender hört sich die Geschichte an, die Herr Domscheit erzählt: Sein Bekannter Mr. Herbst aus den Vereinigten Staaten – und mit Großeltern aus Frankfurt am Main – hat mit diskreter Unterstützung des PENTAGON damit begonnen, die Verschrottung in großem Stil zu organisieren; angeblich soll es um 250 Kriegsschiffe gehen. Den Schrott verarbeitet eine weißrussische Firma zu Profilstählen.

Aus ihnen entstehen die Gerippe für Häuser, zu denen das ferne Nordkorea die Holzverkleidungen liefert, und in diesen Häusern können die Herren aus den höheren Marinerängen sich zur verdienten Ruhe betten. So wird allen Beteiligten geholfen, indessen Armaturen und Kabel aus Kupfer ohnehin längst verschwunden sind. Dank seines unverhofften Reichtums an Kupfer drängt nun Litauen als Exportmacht auf den Weltmarkt . . .

Schon tief in der Dunkelheit kommen wir in Königsberg an und erreichen nach kurzer Zollkontrolle das Hotelschiff »Baltcompany«, das nahe beim Stadtzentrum neben der Holländerbaumstraße/Pravaja Nabereznaja vor Anker liegt. Wie zum Hohn auf die Ankündigungen des Reisebüros erweist es sich freilich als jämmerliche Herberge. Unsere Einzelkabinen – mit ausklappbarem Oberbett für einen zweiten Bewohner! – sind winzige Löcher, in die vom Flur her ungehemmt jedes Geräusch hereindringt. Nur mit Nachdruck erreichen wir, daß die Fenster geöffnet werden können; andernfalls müßte die Platzangst übermächtig werden wie die schlechten Gerüche. So kraß ausgedrückt, wie die Verhältnisse sind: Im Westen würde ein Untersuchungsgefangener, hier untergebracht, mit Erfolg die Verletzung seiner Menschenwürde einklagen, und auch Asylbewerbern dürfte man solch eine Enge kaum zumuten.

Beim Frühstück und Abendessen gibt es weder Abwechslung noch Alternativen; wer besser essen will, muß es auf dem zweiten Schiff »Hansa-Hotel« tun, das in der Nähe vor Anker liegt. Es gibt auch keine Möglichkeit für den Aufenthalt am Abend. Den Fernsehraum kann man sich zwar aufschließen lassen, aber er ist eisig kalt, und nur ein russisches Programm läßt sich dort mit Mühe empfangen. In der »Bar« wie im »Spielkasino« lungern finstere Mafia-Gestalten, Huren und Strichjungen. Übrigens entdeckt Alexander, daß in den Toiletten-Kabinen sich noch eine zweite Tür befindet. Dahinter gehen die Huren und die Stricher, in die sich manche der Angestellten des Etablissements nach Ende des Dienstes verwandeln, ihrem zweiten Beruf nach. Kurz: Diese Herberge ist ein Alptraum.

Bei genauerer Information hätte man sich natürlich für das Hansa-Hotelschiff oder für feste Häuser wie das »Tourist« oder das »Kaliningrad« entscheiden können. Im übrigen muß man auf eine Zukunft hoffen, die vielleicht schon begonnen hat, wie der »Königsberger Expreß« in seiner Juliausgabe meldet: »Der kleine Stadtsowjet hat beschlossen, in Kaliningrad den Aufbau eines Hotelkomplexes und eines Bürozentrums nach einem Architektur-Entwurf der amerikanischen Firma ›Die Welt‹ zu genehmigen . . . Vom Bürgermeister V. Schipov und vom Präsidenten der Firma ›Die Welt‹, Karl M. Tropp, wurde ein Absichtsprotokoll unterschrieben. Das Kaliningrader Komitee für Stadtbau hat diese Idee im großen und ganzen gebilligt . . . Einige der Volksdeputierten deuteten die Türme mit Spitzen als Zeichen deutscher Kultur. Die Baumeister erwiderten, daß diese Dächer französischer Herkunft sind. Viele Volksdeputierte waren sich darin einig, daß dieser Komplex eine Disharmonie in die sowieso schon stark beeinträchtigte architektonische Landschaft der Stadt bringen kann. Auch bei einer regen Phantasie ist es nicht leicht, sich einen Hochhauskomplex von internationalem Rang dort vorzustellen, wo sich heute vernachlässigte Kaufbuden anhäufen . . .« Hingegen »ist klar, daß ein grandioser Bau auch grandiose Kosten erfordern wird.« Viel Wasser wird also noch durch den Pregel fließen, bevor die Zukunft beginnt. Aber »wie im Stadtsowjet mitgeteilt wurde, gibt es konkrete Investoren, die bereit sind, für die Projektierung und den Aufbau Millionen von Dollar anzulegen. Die prominente amerikanische Firma ›Sheraton‹ will diesen Komplex betreiben.«

Hat man überhaupt etwas zu verlieren? Der alte Stadtkern von Königsberg ist unwiderruflich dahin, und was werden soll, braucht eine neue Gestalt, sei es selbst die amerikanische mit französischen Spitzen.

»Altpreussen, der am weitesten nach Osten vorgeschobene Grenzposten germanischer Kultur, ist eine urdeutsche Schöpfung. Das Kreuzschwert der Ritter des deutschen Ordens hat es in harten Kämpfen erstritten, der Pflug der deutschen Kolonisten brachte es in Kultur, und deutsche Einwanderer haben ihm germanische Art und Gesittung verliehen.«

Mit diesen Worten beginnt der Reiseführer, ein »Wegweiser durch Königsberg« aus dem Jahre 1910, und beflissen wiederholt es der »Führer« von 1938*. Aber schon der Ursprung der Stadt und ihre Namensgebung weisen über solch eine Verengung deutlich hinaus: »Um die Jahreswende 1254/55 sammelte sich in Elbing ein stattliches Kreuzheer um den Hochmeister Poppo von Osterna, den früheren Landesmeister. Die vornehmsten Kreuzfahrer waren der Böhmenkönig Ottokar II. und sein Schwager, der Markgraf Otto von Brandenburg. Ottokar, mütterlicherseits ein Enkel des Kaisers Friedrich Barbarossa, väterlicherseits ein Abkömmling des alten tschechischen Königsgeschlechts der Przemysliden, war damals auf der Höhe seiner Macht . . . Ottokars Stellung war so bedeutend und sein Aufgebot vermutlich so groß, daß der Hochmeister ihm, abweichend vom sonstigen Brauch, die Führung des Kreuzheeres überließ. Im Januar ritten die Kreuzfahrer von Elbing nach Balga, von dort über das Eis des Frischen Haffs in das Samland, das sie in wenigen Tagen durchzogen und nach damaligem Kriegsbrauch verheerten. Den Rückweg nahmen sie nicht wieder über das Haff, sondern über den Pregel oberhalb der Mündung. Der Hochmeister . . . und König Ottokar waren noch nicht hier gewesen, aber sie erkannten mit dem geschulten Blick des Soldaten, daß die Burg, mit der das eroberte Samland gesichert werden sollte, am besten an dieser Stelle anzulegen war, wo der Fluß infolge der günstigen Lage der Kneiphofinsel schon seit alters überquert wurde und die Prussenfeste auf dem Twangste sich zur Anlage einer Ordensburg anbot . . . Es war ein Akt diplomatischer Höflichkeit, wenn der Hochmeister die Burg, mit deren Errichtung man nach dem

Nachlassen des Frostes begann, nach seinem königlichen Mitstreiter benannte. So wurde ein Tscheche Namenspatron von Königsberg, und die Stadt hat sein Andenken stets in Ehren gehalten.«*

Übrigens dürften die streitbaren Herren, die da übers Eis zu ihrem gottgefälligen oder jedenfalls kirchengesegneten Tun ritten, tüchtig gefroren haben. Die Klimastatistik von Königsberg nennt als mittleren Januarwert minus 3,3 und als den tiefsten jemals gemessenen Thermometerstand minus 35,0 Grad. Zum Vergleich: Am anderen Ende der alten preußisch-deutschen »Reichsstraße 1«, in Aachen, liegt das Januarmittel bei plus 1,9 Grad; der Unterschied von über 5 Grad ergibt fast schon eine andere Klimazone. Im Sommer hingegen ist es im Osten schön warm, und Königsberg rückt mit seinem Julimittel von 17,2 Grad noch vor Aachen mit 16,9 Grad.

Natürlich entwickelte sich Königsberg zu einer deutschen Stadt und blieb es bis 1945. Aber Menschen von vielerlei Herkunft haben hier gelebt und nicht nur ihr Auskommen, sondern Heimat gefunden: Prußen, Litauer und Polen, Niederländer, Engländer und Schotten, Franzosen, Schweizer und manche andere. Nicht zu vergessen die Juden, die vom 19. Jahrhundert bis 1933 eine bedeutende Rolle spielten. Die Volkszählung von 1905 nennt 223700 Einwohner, »darunter 9546 aktives Militär«. Neben der großen Mehrheit von 206000 Protestanten gab es als Minderheiten: Katholiken, Mennoniten, Baptisten, Irvingianer*, Freireligiöse, Dissidenten – und 4415 Juden.* Wenn der berühmteste und hartnäckigste aller Königsberger, Immanuel Kant, von einem »schicklichen Platz zur Erweiterung sowohl der Menschenkenntnis als auch der Weltkenntnis« gesprochen hat*, dann meinte er nicht zuletzt die Vielfalt der Bürger.

Genaugenommen handelte es sich zunächst und für lange Zeit um drei Städte: Im Jahre 1286 erhielten die Bürger der Altstadt ihre Gründungsurkunde nach kulmischem Recht; 1300 folgte der Löbenicht und 1327 der Kneiphof. Erst vier Jahrhunderte später, 1724, hat der »Soldatenkönig« Friedrich Wilhelm I. daraus das einheitliche Königsberg gemacht. Daß die Dreiteilung Reibungen erzeugte, die der Gesamtentwicklung kaum förderlich waren, liegt auf der Hand. Rivalitäten blieben bis ins 20. Jahrhundert spürbar, wie Max Fürst erzählt: »Ich möchte nicht wissen, wie viele Narben sich die drei Bruderstädte beibrachten, noch nachdem sie sich zur Stadt Königsberg zusammengeschlossen haben. Ich weiß nur, wie mißtrauisch wir vom Löbenichtschen Realgymnasium gegen die ›Brüder‹ vom Altstädtischen und vom Kneiphöfischen Gymnasium waren.«* Nach außen gab es ohnehin die Rivalität zu Danzig, das nach Größe und Wirtschaftskraft bis ins 18. Jahrhundert den ersten Rang behauptete.

Vielleicht hing es mit dieser Rivalität nach innen und außen zusammen, daß im Jahre 1455 eine historische Entscheidung fiel. Als sich 1454 der »Preußische Bund« unter der Führung mächtiger Städte wie Danzig, Thorn und Elbing gegen den Deutschen Orden erhob und dem König von Polen unterstellte, schloß sich zunächst auch die Dreistadt dem Bündnis an. Man eroberte die Ordensburg, begann mit ihrem Abriß und huldigte dem polnischen König. Doch am 24. März 1455 brach ein Aufstand der Ordensanhänger – vor allem unter den Handwerkern – gegen die Ordensfeinde – besonders in der Kaufmannschaft – los. In der Altstadt und im Löbenicht siegte der Aufstand, im Kneiphof der Bund. Mit der Hilfe von Ordenstruppen wurde der Kneiphof belagert und schließlich zur Kapitulation gezwungen.

Bitter enttäuscht schrieben die Kneiphöfer an den Danziger Rat: »Wir hätten nicht gedacht, daß der Herr König uns so jämmerlich sollte verlassen haben.« Der allerdings, Kasimir IV., konnte nicht überall sein. Er konzentrierte sich, verständlich genug, auf das Zentrum des Ordens und belagerte die Marienburg. Und so ergab es sich, daß der 8. Juni 1457 zu einem doppelt denkwürdigen Tag wurde: Kasimir IV. zog triumphal in der Marienburg und der Hochmeister Ludwig von Erlichshausen, freilich eher traurig, in Königsberg ein. Damit rückte die Stadt am Pregel zur neuen Ordensresidenz, zur Hauptstadt auf.

Man stelle sich vor, daß der Aufstand vom März 1455 unterdrückt worden wäre. Wohl niemand hätte dann noch verhindern können, daß das gesamte Ordensland an die polnische Krone gefallen wäre. Eine eigene ostpreußische Geschichte hätte es nicht gegeben. So aber ist mit dem Zweiten Thorner Frieden von 1466 nur der westliche Teil zum »Preußen königlich polnischen Anteils« geworden, während das östliche Preußen Ordensland blieb, wenn auch unter der Lehnsherrschaft Polens.

Zur Königsberger Alltagsgeschichte gehörte das Unglück, wie man es in fast jeder Stadtchronik findet. Mehrfach wütete die Pest, am schlimmsten in den Jahren 1709 bis 1711, als fast ein Viertel der Bevölkerung starb. Ebenso gab es die Cholera, die Überschwemmungen und besonders die Feuersbrünste, auch in der neueren Zeit: »Ein Brand, der am 11. November 1764 bei heftigem Westwind auf der altstädtischen Lastadie ausbrach, sprang auf den Löbenicht über und legte ihn und den Sackheim in Asche. Vier Kirchen mit ihren Schulen, das löbenichtsche Rathaus, das Große Hospital, 49 Speicher und 369 Häuser wurden ein Raub der Flammen, dazu das auf den Pregelwiesen lagernde Holz. Der Wiederaufbau war noch im Gange, als eine zweite Feuersbrunst am 25. Mai 1769 alle Häuser und Anlagen der Vorstadt auf dem linken Pregelufer vernichtete, darunter 143 gefüllte Speicher. Der König schärfte dem Oberpräsidenten Domhardt ein, die Königsberger Feuerwehr nach dem Berliner Muster zu organisieren, und im Jahre 1770 wurde eine 60 Seiten umfassende Feuerordnung erlassen.«* Das half leider wenig: »Ein Feuer, das am 10. Mai 1775 im kneiphöfschen Pesthaus ausbrach, vernichtete den ganzen Süden der Stadt zwischen dem Friedländer und dem Brandenburger Tor.«*

Das mittelalterliche Stadtbild schwand unaufhaltsam dahin. Rigorose Abbrüche kamen noch hinzu, ebenso die Verordnung der Baupolizei vom 2. Dezember 1782, die das Fachwerk verbot und nur noch massive Häuser erlaubte.

Aber Königsberg hat auch Glück gehabt. Der Dreißigjährige Krieg, der Deutschland verwüstete und zum Beispiel Magdeburg in Blut und Feuer untergehen ließ, hat Ostpreußen nur am Rande berührt. Die Stadt gedieh zu beträchtlicher Größe; 1701, im Jahre der preußischen Königskrönung, war sie mit etwa 40000 Einwohnern fast doppelt so groß wie Berlin. Das weitere Wachstum blieb freilich gemächlich; im Jahre 1840 zählte man 69502 Einwohner. Erst das Zeitalter der Industrialisierung brachte einen deutlichen Schub: Im Jahre 1910 gab es 244079 und 1939 372300 Einwohner.

Eine wirklich reiche Stadt ist Königsberg allerdings nie gewesen, denn dazu war die Verkehrslage nicht günstig genug. Man denke an die Bedeutung des Rheins für Köln, der Elbe für Hamburg, der Weichsel für Danzig oder der Salzstraße von Lüneburg her für das mittelalterliche Lübeck: Damit ließ sich, bei allem Respekt, der Pregel schwerlich vergleichen. Er mochte für Getreidekähne oder zum Holzflößen taugen, aber ein wirtschaftlich reges oder gar reiches Hinterland erschloß er nicht.

Immerhin hob sich in den guten Zeiten vor dem Ersten Weltkrieg deutlich der Wohlstand, und seit es den sechseinhalb Meter tiefen Seekanal gab, konnten fast alle Schiffe Königsberg erreichen, ohne in Pillau zu leichtern. Im Jahre 1909 liefen 4442 Schiffe ein und aus; hinzu kamen 23782 Flußfahrzeuge. Die Seeschiffe beförderten eine Frachtmenge von 1861314 Tonnen, die Flußfahrzeuge 903806 Tonnen. Stolz berichtete der Reiseführer von 1910:

»Das Wahrzeichen Königsbergs als Handelsplatz des Ostens bildet der bei Cosse am Pregel gelegene, der Königsberger Lagerhaus-Aktiengesellschaft gehörende Silospeicher, welcher die Reinigung und Verladung des Getreides zum Zweck hat. Größtes Unternehmen seiner Art auf dem Kontinent. Er faßt 36000 Tons. In der Stunde können durch die fünf Entladestationen je drei Waggons entnommen werden. Die stündliche Leistung der vier Verladestationen beträgt je bis zu 80 Tons. Außer den Vorrichtungen zum Verladen und Lagern verfügt das Lagerhaus über eine recht ausgedehnte Reinigungsanlage, die es ermöglicht, das Getreide bis nahe zur Vermahlung vorzureinigen. Auch ist eine Wäscherei und Trockenvorrichtung vorhanden. Jährlich passieren das Lagerhaus 200000–250000 Tons Getreide aller Art. Durchschnittlich sind 150 Beamte und Arbeiter in der Anlage beschäftigt.«*

Die imponierende Zahl von 4442 Seeschiffen schrumpft freilich ins Bescheidene, wenn man erfährt, daß im Jahre 1910 von Memel bis Emden 224368 Schiffe in den deutschen Häfen ein- und ausliefen. Für Königsberg blieb damit nur ein Anteil von zwei Prozent. Nein, vom Reichtum sollte man nicht reden; Behaglichkeit wäre der weit bessere Ausdruck. Denn mit dem schnellen Geld hielt man auch die Hektik fern. Das Gesamtbild der Stadt vor ihrer Zerstörung schildert der Reiseführer von 1927:

»Der Anblick von ferne, bei der Ankunft zu Wasser oder zu Lande, ist nicht übel: ein weitausgedehntes Häusermeer, überragt vom gewaltigen Schloß und gekrönt von zahlreichen Türmen. Ein besonders prächtiges Bild gewinnt man bei Ankunft mit dem Flugzeuge. Tritt man näher, bleibt eine leise Enttäuschung nicht aus. Schon der Bahnhof und der nüchterne Bahnhofsplatz wirken unerfreulich, fast ein wenig russisch . . .

Das Angesicht der Stadt ist auch sonst nicht durchweg schön. Auf ungünstigem, teilweise stark sumpfigem Grunde erbaut, fortgesetzt mit Geldschwierigkeiten kämpfend – hat doch die Napoleonische Kriegsschuld noch bis zur Jahrhundertwende schwer auf der Stadt gelastet –, oft von umfangreichen Feuersbrünsten heimgesucht und von mächtigen Herrschern nicht immer freundlich behandelt: da kann man eine ausgesprochen schöne Stadt billigerweise nicht erwarten. Bei den Bauten mußte oft Wohlfeilheit oberstes Gebot sein. Die Baustoffe sind daher vergänglich. An den fern von uns ›wachsenden‹ Werkstein durfte man nur ausnahmsweise denken, bescheidener Ziegel war schon das Höchsterreichbare.

An mittelalterlichen Bauten ist daher Königsberg sehr, sehr arm, sie lassen sich an den Fingern einer Hand herzählen: Schloß, Dom, ein paar sonstige Kirchen, Stadttürme, Mauerreste – das ist alles. Und die nachmittelalterliche Zeit? Sie fehlt für das 16. und 17. Jahrhundert fast gänzlich. Erst Spätbarock, Rokoko und Klassizismus haben zum Teil recht reizvolle Vertreter in Königsberg erstehen lassen. Dann folgt die Wüste des 19. Jahrhunderts, die mit der Öde und zugleich Protzigkeit der 1880er und 1890er Jahre einen bedauerlichen Tiefpunkt erreicht. Erst mit der Jahrhundertwende beginnt ein Wiederaufstieg.

Doch beschauen wir auch die andere Seite: Berg und Tal (rühmt sich doch Königsberg gleich Rom auf sieben Hügeln erbaut worden zu sein) und Wasser, Wasser, Wasser geben

Grundstoff zu reizvollen Stadt- und Landschaftsbildern. Man muß schon bis Hamburg gehen, um gleiche Wasserfülle zu finden. An Abwechslungsreichtum des Stadtbildes können sich daher nicht viele deutsche Städte mit Königsberg messen. Auch baulich hat sich Königsberg in neuester Zeit wesentlich verbessert. Universität, Regierung, Börse (vielleicht die schönste Schöpfung des Bremers Heinrich Müller), ein paar neueste Kliniken und Behördenbauten können sich mit Ehren sehen lassen. Weite Landhausvororte strahlen vom Stadtkern nach allen Seiten aus, der Stadt das Ansehen eines erfreulich aufblühenden Gemeinwesens verleihend . . .

Ein besonderer Vorzug Königsbergs ist die Vielseitigkeit und leichte Erreichbarkeit des am Orte Gebotenen. Gewiß, Berlin, Hamburg, München bieten noch mehr, aber die Erreichbarkeit ist beschränkt. Man muß die Verkehrsmittel schon sehr geschickt auszunutzen verstehen und manchen Groschen daransetzen, um mit nur zwei bis drei Stunden täglichen Weges zwischen Wohnung, Arbeitsstätte und Erholungsgelegenheit auszukommen. In Königsberg dagegen, wo die Citybildung noch nicht so weit gediehen ist wie anderswo, hat man es hübsch bequem; im Umkreise von zehn, ja fünf Minuten, liegt, falls man nicht weit draußen in den Vororten wohnt, so ziemlich alles, was das Herz begehrt, Amtsstätte, Freunde, Theater, Vergnügungsorte, Gaststätten, Ausflugs-Bahnhöfe . . . Die Kälte und Nüchternheit der wie eine Steinwüste wirkenden neuzeitlichen Stadtteile anderer Großstädte tritt hier bei weitem nicht im gleichen Umfange in Erscheinung.

Ziehen wir die Summe: Königsberg ist eine Stadt, in der sich schon behaglich leben läßt, nicht zum wenigsten auch als Fremder, der freundlichen Entgegenkommens sicher sein kann. Ungastlichkeit ist nicht Eigenschaft der Ostpreußen.«*

Nein, gewiß nicht. Doch die erhaltene Nähe von Wohnungen, Arbeitsplätzen, Gaststätten und Kultureinrichtungen, also die sehr dichte Bebauung des Stadtkerns hatte damit zu tun, daß in den Jahren von 1842 bis 1849 – in einer Zeit, als die meisten Städte ihre Wälle niederlegten – eine neue »Festung Königsberg« entstand. »Sie war ein Meisterwerk der damaligen Festungsbaukunst und bot mit ihren neun Toren, ihren

Wällen und Wassergräben, den Bastionen und den baumbestandenen Glacis einen städtebaulich erfreulichen Anblick. Freilich war den Bürgern das Betreten der militärischen Anlagen nicht erlaubt, und je mehr die Stadt über die Wälle hinauswuchs und neue Vororte außerhalb der Tore entstanden, desto mehr engte der Gürtel der Befestigung sie ein und nahm ihr die Atemluft.«*

Erst nach 1918 fand die »Entfestigung« statt, die Königsberg zu einer »Stadt im Grünen« machte. Aber die dichte Bebauung im Inneren des Wehrgürtels dauerte fort und erwies sich als Verhängnis, als in den Nächten vom 26. auf den 27. und vom 29. auf den 30. August 1944 britische Bomber Königsberg angriffen. Im Feuersturm versank die Innenstadt; 4200 Menschen kamen in den Flammen um, fast 200000 wurden obdachlos. Der Ansturm der Roten Armee vom Januar bis zum April 1945 und der Rausch der Sieger vollendeten die Zerstörung.

Und wie sieht es heute aus? Einförmige Plattenbauten, vielstöckig und endlos hingezogen, oft schon wieder verwahrlost, triste Läden mit atemberaubend verschmutzten Kühltruhen, Käufer, die dürftige Waren erstehen und sie kaum bezahlen können, Trampelpfade zwischen Disteln und Dornen über Ödflächen hinweg, Bürgersteige, die ihren Namen schwerlich verdienen, weil man wieder und wieder vor tiefe Einstürze gerät: »Würde ich hier in dieser Stadt von einem Fallschirm abgesetzt und befragt, wo ich mich befinde, so würde ich antworten: vielleicht in Irkutsk. Nichts, aber auch gar nichts erinnert mehr an das alte Königsberg«, schrieb Marion Gräfin Dönhoff 1991.

Ein Vergleich mit Danzig drängt sich auf. Dort waren die Kriegszerstörungen nicht weniger groß, aber mit der sorgsamen, um nicht zu sagen liebevollen Wiederherstellung des Alten rings um die Marienkirche hat man der Stadt ihre Seele zurückgegeben. In Königsberg hat man sie zertreten, wo immer sie sich noch zu regen schien. Nichts sollte mehr an die deutsche Vergangenheit erinnern und aus diesem Nichts etwas radikal Neues erstehen.

Der Schriftsteller Juri Nikolajewitsch Iwanow erzählt seltsame Geschichten. 1928 in Leningrad geboren, kam er am 11. April 1945 nach Königsberg, zwei Tage nach der Eroberung als Mitglied einer Kapelle, in der er bei der Bestattung der Gefallenen die Trommel schlug. »Königsberg brannte, der Rauch und die Asche hingen kilometerhoch über der Stadt. Wir waren am Hansaplatz und gingen zum neuen Schauspielhaus hinüber. Dort sah ich zum ersten Mal im Leben Schiller, dessen ›Räuber‹ ich vor dem Krieg gelesen hatte. Das hatte ich nicht erwartet. Das Denkmal war vollkommen heil. Auf den Sockel hatte jemand in russisch geschrieben: ›Nicht erschießen, das ist ein Dichter.‹«*

Schiller steht noch heute auf seinem Sockel. Aber daß jemand ihn erkannt und mit seiner Mahnung gerettet hat, erwies sich als glückliche Ausnahme, nicht als die Regel. Iwanow erinnert sich, wie er in der Neuen Burgschule wieder zur Schule ging: »Ende September 1945 besuchte uns ein Oberst, der alle in Reih und Glied antreten ließ. Wir standen vor der Schule, an deren Eingang vier Büsten angebracht waren. Der Oberst rief den Direktor der Schule zu sich und befahl, die Köpfe abzuschlagen. Ich habe dabei die Leiter gehalten, die Köpfe warfen wir in einen Bombentrichter. Das Sonderbare war, daß keiner wußte, wer das war.« Es handelte sich um Nikolaus Kopernikus, Immanuel Kant, Johann Gottfried Herder und Lovis Corinth, entworfen von Stanislaus Cauer.*

Exemplarisch muß man nennen, was mit dem Schloß geschah. Wie kein anderer Bau verkörperte es die Geschichte Königsbergs und Ostpreußens. Nach einer ersten, nur provisorischen Anlage entstand seit 1257 die steinerne Ordensburg, die 1260 schon so weit fortgeschritten war, daß sie einer mehrjährigen Belagerung durch die Prußen standhielt. Im Laufe der Zeit wuchs die Burg immer mächtiger empor; seit der Vertreibung aus der Marienburg im Jahre 1457 diente sie als Sitz der Hochmeister. Eine zweite Periode begann 1525, als der letzte Hochmeister in Preußen*, Albrecht von Brandenburg-Ansbach, das Ordensland in ein Herzogtum verwandelte. Was jetzt gebraucht wurde, war nicht mehr eine mittelalterliche Burg, sondern eine dem Fürsten und seinem Hofstaat angemessene Residenz. Und so begann der Um- und Ausbau von der Burg zum Schloß, den Herzog Georg Friedrich seit 1584 mit neuen Akzenten fortsetzte. Eine dritte Periode begann, als der brandenburgische Kurfürst Friedrich III. sich am 18. Januar 1701 als Friedrich I. zum »König in Preußen« krönte. Die Schloßkirche wurde dazu hergerichtet, und im »Moskowitersaal« – mit 83 Metern Länge und 18 Metern Breite für lange Zeit der größte in Deutschland – fand das Krönungsmahl statt. Nach dem Vorbild des Berliner Schloßbaus durch Andreas Schlüter wünschte sich der prunkliebende Monarch nun ein barockes Königsschloß. Friedrich Wilhelm I. aber, der sparwütige Sohn, hatte für derlei »Verschwendung« nichts übrig und ließ die Arbeiten einstellen. Eine einheitliche Gestalt hat das Schloß daher nie gewonnen, doch auf seine Weise und um so eindrucksvoller fügten es die Jahrhunderte zur Einheit zusammen.

Eine Anmerkung sei hier erlaubt: Unter den historischen Räumen des Nordflügels, in Kellergewölben aus der Ordenszeit, befand sich seit 1827 das »Blutgericht«. Gelehrte und Laien stritten um die Herkunft des Namens. Aber es handelte sich um Weinstuben, in denen man Geschichte und Gegenwart sehr romantisch und ganz und gar friedfertig genießen konnte – wie Ernst von Wolzogen 1902 ins Gästebuch schrieb:

> »Hier, wo's von rauchgeschwärzter Mauer
> Herabweht voll Erinnerungsschauer,
> Da freut sich Mann, Weib und Kind,
> Daß statt des Bluts nur Rotwein rinnt,
> Kein Ketzerrichter Ränke spinnt
> Und – Jungfrau'n nicht mehr eisern sind.«

Neuerdings heißt es, daß man unter der Aufsicht von Archäologen graben und die alten Gewölbe freilegen will. Womöglich werden eines Tages wieder Menschen im »Blutgericht« tafeln und trinken; vielleicht wird ihnen dann ein neuer E.T.A. Hoffmann von Gespenstern erzählen und ein neuer Joseph von Eichendorff von seinen Sehnsüchten singen.*

Die Feuerstürme der Bombennächte und der Eroberung haben das Schloß zur Ruine gemacht. Immerhin blieben einige Räume und die Grundmauern erhalten. Manches hätte sich wiederherstellen lassen und die Ruine insgesamt bewahrt wer-

»Das Monstrum« nennen Einheimische den brutalen Betonbau,
der in Königsberg das gesprengte Schloß ersetzen sollte.

den können. Doch nichs geschah. Es heißt, daß ein Besuch des Generalsekretärs Leonid Breshnew das Schicksal des Schlosses besiegelte. Bei einem Stadtrundgang soll er von dem »faulen Zahn« gesprochen haben, der gezogen werden müsse. Trotz Protesten aus der Bevölkerung sprengten 1969 Pioniere, was noch geblieben war. Heute fröstelt man auf einem öden Platz aus Betonplatten, dem ein paar Springbrunnen und Bänke auch nicht mehr helfen.

Wahrscheinlich als Ersatz war das »Rätehaus« gedacht, das wenige Schritte entfernt sich erhebt. »Das Monstrum«, nennt

Königsbergs ehrwürdige Domruine. Die Sicherungsarbeiten, die jetzt durchgeführt werden, sind heftig umstritten.

es Herr Karpow, unser Taxifahrer, und die weitgereiste Marion Dönhoff spricht von »dem häßlichsten Gebäude, das ich je in der Welt gesehen habe«. Denn dieser hochstrebende Betonbau, mit modernistischer Brutalität in ein Nichts von Umgebung gestellt, ist nie bis zur Nutzung gediehen und halb schon wieder verfallen. Man spricht von Rissen oder Absenkungen des Fundaments, die sich nicht mehr beheben lassen. Oder waren Gespenster am Werke? Fast möchte man an eine unterirdische Rache der Schloßgeister glauben, und was man sieht, wirkt wie ein Symbol: Wehe den geschichtsblinden Siegern.

Als Bauwerk von historischem Rang bleibt nun einzig der Dom, ehrwürdig noch oder erst recht als Ruine. Daß wenigstens er sich auf seiner Insel, dem einstigen, sonst völlig leergeräumten Kneiphof erhalten hat, ist wahrscheinlich der Grabstätte Kants zu verdanken, die sich an seiner Seite befindet. Jedenfalls meint Juri Sabuga, ein junger russischer Architekt: »Gäbe es Kant nicht, der Dom wäre längst abgerissen.« Der Philosoph der Aufklärung wurde als ein Ahnherr des Marxismus in Anspruch genommen, und darum wagte man sich an ihn nicht heran.

Um die Zukunft ist inzwischen ein heftiger Streit entbrannt, zwischen Russen wie Deutschen gleichermaßen. Soll man den Dom als Mahnzeichen, als Ruine bewahren oder wieder errichten? Senkt sich der Boden? Welche Gewichte können die 660 Jahre alten Fichtenpfähle überhaupt noch tragen, auf denen man ursprünglich baute? Die Kosten einer Neufundamentierung wären gewaltig; mit ihr, schätzt Diplom-Ingenieur Domscheit, wäre jede Summe zwischen 300 Millionen und einer Milliarde denkbar. Und was bewirken Beton, moderner Zement und die heutigen Ziegel? Fragen über Fragen.

Der »Königsberger Expreß« vom August 1993 meldete: »Da die am Dom Kaliningrads durchgeführten Konservierungs- und Restaurationsarbeiten zu einer weiteren Zerstörung des Gebäudes geführt haben, wurden sie auf Verfügung des Chefs der Administration eingestellt.« Als wir aber Ende September den Dom besuchen, sind eben diese Arbeiten in vollem Gange. Vielleicht sollte man die Fachleute aus Danzig zu Rate ziehen; schließlich haben die polnischen Restauratoren ihr Handwerk gründlich gelernt und gelten als die besten der Welt.*

Spazierwege in der Stadt

Wer das alte Königsberg nicht gekannt hat und dennoch oder eben darum sich auf Kaliningrad einläßt, wird womöglich zu einem anderen Urteil kommen als die Gräfin Dönhoff. Zunächst läßt sich ein Grundriß noch klar erkennen. Einerseits ist es das Wasser, das ihn prägt: die Pregelarme und der Hafen im Süden, der Oberteich im Norden und der Schloßteich weitgestreckt in die Stadtmitte hinein. Andererseits gibt es den Wallring der ehemaligen Festungsanlagen. Spaziert man an ihm entlang, vom Deutschordenring im Westen bis zur Litauer Wallstraße im Osten – und fast immer unter Bäumen –, so gewinnt man einen Eindruck von der Stadt im Grünen. Dabei trifft man wieder und wieder auf das Alte, von der Bastion Sternwarte über Wrangelturm und Dohnaturm bis zum Königstor und zum Sackheimer Tor. Ein Reiseführer zählt mehr als achtzig Denkmäler und bedeutende Bauwerke auf, die erhalten blieben oder restauriert wurden.* Überhaupt kann man sich orientieren; mit einem Stadtplan aus der Vorkriegszeit haben wir die Probe gemacht: Außer im Zentrum rings um das »Rätehaus« war es nicht schwer, sich zurechtzufinden.

Mitunter stößt man auf ein erstaunliches Überdauern, zum Beispiel auf das Ehrenmal vor den fast schon ehrwürdigen Pionierkasernen, die noch immer genutzt werden:

»Unseren gefallenen Kameraden
1914–1918«

steht darauf geschrieben. Jemand hat ein Blumengebinde gebracht, das niemand anrührt. Auf der Rückseite sind die Einheiten verzeichnet, an deren Tote das Ehrenmal erinnert:

»Pionier Bataillon Fürst Radziwill Ostpr. No 1
Samländ. Pionier Bataillon No 18
2. Westpr. Pionier Bataillon No 23
Eisenbahn Regiment No 1
Eisenbahn Bataillon No 4
622 Feldformationen vorst. Truppenteile«

Wir besuchen den Dohnaturm und das sehenswerte Bernsteinmuseum, das in ihm untergebracht ist. Während vor dem Turm der Verkehr tost, beginnt gleich hinter ihm eine grüne Idylle – freilich mit Widerhaken: Für die, die hier ein Picknick veranstalten, hat die fürsorgliche Stadtverwaltung zwar Mülltonnen

Überraschung vor der alten Pionierkaserne:
Ein deutsches Ehrenmal, mit Blumen geschmückt, 1993.

aufgestellt, dann aber vergessen, sie zu leeren – einen ganzen Sommer lang, wie es scheint –, so daß sie längst überquellen und der Abfall sich auf dem Boden ausbreitet, ein Tummelplatz für Ratten.

Spontan entschließen wir uns, den Oberteich zu umrunden. Besonders am Ostufer ist der Fußpfad bisweilen etwas unwegsam; jedenfalls gepflegt kann man ihn schwerlich nennen. Darum sollte es nicht geregnet haben, und ländlich festes Schuhwerk ist zu empfehlen. Auch muß man das Hotel »Tourist« und einige Schrebergärten umgehen. Aber der Weg lohnt sich. Wir gelangen nach Maraunenhof – und befinden uns plötzlich in einem Villenvorort. Im August 1944 wurde er beim ersten britischen Luftangriff schwer getroffen; an den Häusern, die überlebten, bröckelt oftmals der Putz, und das Erbübel des Sozialismus, der Mangel an Farbe zum Streichen der Fensterrahmen und Türen, wird sich wohl noch lange behaupten. Schwer verständlich ist außerdem, daß die Vorgärten meist so ungepflegt wirken.

»*Haben die Leute denn keinen Spaten und keine Heckenschere?*« *möchte Alexander wissen.* Doch sei es wie es sei: Der deutsche Charaker bleibt unverkennbar. »*Hier ließe sich wirklich etwas machen*«, *meint mein Begleiter,* »*und dann sähe es fast wie an der Außenalster aus, wie in Uhlenhorst oder Harvestehude.*« Und das sagt ein Hamburger, dem seine Heimatstadt über alles geht!

Zum Ausgangspunkt zurückgekehrt, stärken wir uns in dem Restaurant und Café, das sich gleich neben dem Dohnaturm im Roßgärter Tor eingerichtet hat. Es ist seltsam zu denken, daß genau dort, wo wir jetzt sitzen und speisen, einst die Fuhrwerke aus- und einfuhren. Übrigens haben sich auf dem Tor die Reliefs der preußischen Heeresreformer Scharnhorst und Gneisenau erhalten.

Den Nachmittag beginnen wir am Hansaplatz. In der finster glorreichen Zeit hieß er Adolf-Hitler-Platz; heute wacht an seiner Seite – noch? – Lenin und wartet auf die Parteiparaden, die es nicht mehr gibt. Etwas verwirrt schaut er drein, doch manchmal besuchen ihn die Unentwegten. »Sie schütten einen Schwall von Kritik auf die hiesige demokratische Verwaltung aus (vor allem sind das der Bürgermeister der Stadt Schipov und der Chef der Administration Matotschkin). Auch Unternehmer und Geschäftsleute, sowie auch Kontakte mit den Geschäftskreisen Deutschlands bleiben von der Kritik nicht verschont.« Aber, so beruhigt uns der »Königsberger Expreß«, »derartige auf Initiative des Veteranensowjets veranstaltete Kundgebungen werden in der Regel weder gut besucht, noch sind sie tonangebend im politischen Leben.«

Hinter Lenins Rücken befand sich zwischen den Weltkriegen das Gelände der Ostmesse. Mit ihr sollten neue oder vielmehr die alten wirtschaftlichen Beziehungen hergestellt werden, die Krieg und Revolution unterbrachen. Neben den baltischen Staaten war die Sowjetunion der bei weitem wichtigste, gerngesehene Gast. Ach, lang ist's her.

Lenin gegenüber liegt das Stadthaus, der Sitz der Stadtverwaltung seit 1927 und bis heute. Ein anderes markantes Gebäude an der Westseite des Platzes ist das Amts- und Landgericht, heute eine Fachhochschule für Fischindustrie und Wirtschaft mit 5000 Studenten. Nebenan das Polizeipräsidium, das der Staatssicherheitsdienst KGB übernahm. Indem wir in den Hansaring einbiegen, treffen wir vor dem älteren Teil des Gerichtsgebäudes auf die Tierplastik »Kämpfende Wisente«, die August Gaul 1912 erschuf.* Im Volksmund hießen sie »Rechtsanwalt« und »Staatsanwalt«. Das leuchtet noch immer ein – oder jetzt erst recht, denn jemand hat die Augen der Wisente wut-rot angemalt. Das Gebäude, das sich anschließt, gehörte der Oberpostdirektion, die vom General- oder Admiralstab der Sowjetmarine beerbt wurde.

Doch wozu weiter die Gebäude benennen? Den einen sind sie ohnehin vertraut, und zu den anderen sprechen sie nicht. Wichtig ist nur, daß wir auch hier in Königsberg statt in »Irkutsk« wandern, durch gepflegte Parkanlagen, die den Hansaring begleiten, an Schiller und dem Schauspielhaus vorüber in die Hufenallee hinein. Rechts der Tiergarten, links der von Walter Simon gestiftete und nach ihm benannte Spiel- und Sportplatz, in den Worten des Fremdenführers von 1927 »eine großartige, gesundheitfördernde Anlage, wie sie wenig andere deutsche Städte besitzen«.* Als im Jahre 1892 der Bankier Simon seiner Vaterstadt das noble Geschenk machte – immerhin sieben Hektar in der allerbesten Lage –, handelte es sich in der Tat um eine bahnbrechende Anlage. Nur so vornehm exklusive Segelklubs wie »Rhe«, gegründet 1855, und »Baltic«, gegründet 1882, schienen den feineren Kreisen angemessen zu sein, dazu vielleicht noch der Königsberger Ruderklub von 1889. Aber sonst hatten der »undeutsche« Sport und die »plebejische« Fußballerei es schwer, sich gegen die Turnertüchtigung durchzusetzen, für die es viele Möglichkeiten gab: Männerturnverein, Turnklub, Turnvereinigung Königsberger Lehrer, Königsberger Turnerbund, Damenturnverein und Damenturnklub.

Zurück zum Walter-Simon-Platz: Seit 1933 galt der edle Stifter nichts mehr, und der »Verderber Ostpreußens«*, Gauleiter Erich Koch, beanspruchte die Namensgebung für sich. Inzwischen kämpft hinter einem protzigen Portal der Fußballverein »Baltika« um Siege und Aufstiegspunkte, leider mit mäßigem Erfolg; in internationalen Begegnungen hat er noch nie eine Rolle gespielt.

Kaum fünf Fußminuten vom Sportgelände entfernt beginnt zur linken Hand wieder ein Park: Luisenwahl. Der Name geht auf den Schulrat Busolt zurück, der das Gelände im Jahre 1776 erwarb – damals weit vor den Toren der Stadt – und es nach seiner Gattin »Louisenwahl« nannte. Doch eine weit berühmtere Dame hat der Frau Schulrätin den Rang abgelaufen, denn hier befand sich bis 1945 das Denkmal der Königin Luise, eine Halbrotunde mit der Marmorbüste der Königin in einem Medaillonbogen, nach einem Entwurf von Christian Daniel Rauch. »Dem Genius Preussens – Der unvergesslichen Königin Luise – Die Königsberger Bürger 1874«, stand da zu lesen. Das Denkmal gibt es nicht mehr, wohl aber, am Rande des Parks, die neuromanische Luisenkirche aus dem Jahre 1901. Vor dem drohenden Abbruch wurde sie mit List gerettet, indem man sie – 1976 – zu einem Puppentheater herrichtete. Wer jemals die Andacht und das Entzücken von Kindern vor Puppenspielen gesehen hat, sollte nicht über die »Entweihung« dieser Kirche klagen. Er sollte den Abbruch als die Alternative bedenken – und sich daran erinnern, daß die Königin Luise noch mehr war als die im Rückblick geheiligte Landesmutter; ihr zumindest, im Kreis ihrer Kinder, hätte es hier gefallen.

Wandert man durch den Park nach Süden, so kommt man zum Kalinin-Vergnügungspark mit allen seinen Attraktionen, sogar einem Riesenrad. Nur wenige Besucher dürften allerdings wissen, daß sie ihre Freizeit auf einstigen Königsberger Friedhöfen verbringen.

Der weitere Weg führt uns nach Amalienau. Das ist wieder ein Villenvorort, der seinen Charakter bewahrt hat. Nicht nur die wechselnden Baustile des Wohlstandes, sondern manch-

Kaliningrad oder Königsberg?
In Vororten zumindest läßt sich noch erkennen, was einmal war.

mal sogar Inschriften verweisen in die Vergangenheit, »Landhaus Ruth« zum Beispiel. Ach, wenn Häuser doch reden und ihre Geschichten erzählen könnten! Im Vergleich zu Maraunenhof scheint Amalienau noch um eine Stufe reicher und vornehmer gewesen zu sein. »Also schon nicht mehr Uhlenhorst oder Harvestehude, sondern Berlin-Grunewald oder Dahlem«, sage ich. Aber auf so etwas antwortet ein Hamburger gar nicht erst.

Unser Spaziergang endet an der Juditter Kirche, die nun wirklich an die Dorfkirche von Dahlem erinnert, und hier erleben wir Erstaunliches. Es ist ein Freitagnachmittag, und junge Paare stehen Schlange, die Bräute im allerschönsten und aufwendigsten Weiß, um sich, ob nun gläubig oder nicht, auf die gute alte Art nach orthodoxem Ritus trauen zu lassen. Seit 1986 »arbeitet« die Kirche wieder, wie die Russen sagen. Ihre Umgebung stellt sich als malerisch verwilderte Idylle dar, und Hühner picken eifrig die Reiskörner auf, die an der Kirchentür über die Brautpaare regneten.

Herr Karpow, der Taxifahrer, mit dem wir uns hier verabredeten, bringt uns dann noch zum »Fort V«. Es gehörte zu einer Kette von Verteidigungswerken, die man zwischen 1872 und 1884 im Vorfeld der Festung Königsberg anlegte. 1945 wurden sie benutzt und erbittert umkämpft. Darum ist hier mit Geschützen von 1945 eine Art von Heldengedenkplatz entstanden – und ein Ritus dazu: Zwei der Brautpaare, die wir schon bei der Juditter Kirche sahen, treffen bald nach uns ein, ein anderes fährt gerade ab. Man stößt mit Champagner an, und Batterien leerer Flaschen zeigen, daß es sich keineswegs um Einzelfälle handelt. Offenbar verträgt sich das orthodoxe Zeremoniell mit dem patriotischen aufs beste, das die Sowjetmacht einführte. Wer übrigens mag, kann sich durchs Gittertor zwängen, mit einem Schaudern in die ebenso finsteren wie feuchten Kasematten vordringen und dem Widerhall lauschen, der Stimmen und Schritte so dumpf und so fremd werden läßt, als seien sie des Todes.

Am Abend spazieren wir über den Deutschordenring zum »Dramatischen Theater«, dem Neuen Schauspielhaus. Dort findet ein Empfang statt, bei dem sich »ganz Königsberg« die Ehre gibt, im besten Sonntagsstaat; fast sind wir die schäbigen Außenseiter. Am schönsten wirkt Seine Heiligkeit, der Mann der Kirche – »hatte sich ein Ränzlein angemäst't, als wie der Doktor Luther«. Nur Seine Exzellenz, unser Botschafter aus Bonn, kann da gottlob mithalten, jedenfalls was den Leibesumfang betrifft, der Leiter der Kulturabteilung des Auswärtigen Amtes.

Anlaß des Empfangs ist die Eröffnung der »Kulturwochen der Bundesrepublik Deutschland in der Baltischen Region«, die außer in Königsberg auch in Memel, Kaunas, Wilna, Riga, Dorpat, Reval und St. Petersburg stattfinden. Gemäß dem Grußwort des Bundesaußenministers »zeugt diese länderübergreifende Konzeption von unserem Wunsch und Willen, das Bewußtsein einer europäischen kulturellen Gemeinsamkeit zu stärken und die Schaffung eines gemeinsamen offenen Kulturraums in Europa zu fördern ... Nicht zuletzt begegnen sich Kunst und Wissenschaft, Wissenschaftler und Künstler in einem historischen Kulturraum zwischen St. Petersburg im Norden und Kaliningrad im Süden, wo jeder Besucher auf zahllose

Spuren einer jahrhundertelangen kulturellen Begegnung und Verbundenheit zwischen Deutschen, Esten, Letten, Litauern und Russen trifft ... Mögen diese Kulturwochen einen weiteren Anstoß geben für ein immer dichteres Netz von Begegnungen der Menschen und des künstlerischen Austausches, das Übereinstimmendes und Unterschiedliches in unser Bewußtsein rückt und Brücken baut auf dem Weg zu einer neuen europäischen Gemeinschaft.«

Nun denn: Glückauf! Aber an diesem Abend geht es weniger gestelzt als im besten Sinne beschwingt zu; es spielt das Bundesjazzorchester, kurz BuJazzO, das seit 1987 besteht und unter der Leitung von Peter Herbolzheimer junge Talente im Alter zwischen 13 und 24 Jahren fördert. Im übrigen wird vieles geboten: Musik aus Leipzig, Bonn, Hannover, Berlin, München, Köln und Limburg, Theater-, Ballett- und Filmabende, Buch- und Kunstausstellungen, Verleger- und Autorengespräche, Lesungen und Kolloquien. Der Beifall klingt herzlich.

Wirklich »Irkutsk«? frage ich mich, als wir heimwandern. Es ist, als steige die Stadt wie aus einem Verlies, mühsam zwar noch und unsicher blinzelnd, aber Stufe um Stufe wieder ins Licht hinauf. Ein paar Daten: 1967 wird die Universität (wieder) eröffnet. 1974 folgt das Kant-Museum, dessen Seele Olga Feodossewna Krupina ist, in liebevollem Spott »die Witwe Kants« genannt. 1976 wird das Puppentheater in der Luisenkirche eingerichtet, 1979 das Bernstein-Museum im Dohnaturm. 1980 öffnen sich das Dramentheater und der Konzertsaal der Philharmonie. Inzwischen gibt es das Künstlerhaus im früheren Albrechtstift beim Park von Luisenwahl, eine Kunstgalerie, das Museum für Kunst und Geschichte und seit 1991 das Museum für Geschichte und Alltag im Friedländer Tor, das aus privater Initiative entstand; es gibt das Literaturtheater in der Börse und manches mehr. Und es gibt interessante Schriftsteller und Maler. Das Jahr 1991 brachte die Öffnung nach außen, das Jahr 1992 die Heimkehr Immanuel Kants, von der noch zu reden sein wird, wie für 1993 von der Eröffnung des Deutsch-Russischen Hauses. Und jetzt also das Bundesjazzorchester ...

Nein, bei allem Respekt: Irkutsk stelle ich mir anders vor.

Fahrten durchs Land

Wo vieles zerstört wurde, empfinden wir als Glück, was uns blieb. Das gilt zum Beispiel für die Alleen. Nirgendwo habe ich solch mächtige Doppelreihen alter Linden gesehen wie westlich von Königsberg an der ehemaligen Reichsstraße 1. Schon Anfang Oktober ist es ein novembertrüber Tag, nebelverhangen, als wir ihre Gewölbe durchfahren. Keine Spiele von Schatten und Licht, keine leuchtenden Farben. Gleichwohl oder eben darum gibt es den Zweiklang aus dunkler Kraft und verzaubertem Filigran, wie Spukgeschichten und Gespenster ihn lieben – eine Gotik der Natur, von Menschen gemacht. Ihre Baumeister sind längst dahin, aber jetzt erst, nach vielen Generationen, scheint ihr Werk vollendet.

Mit Nikolaus Ehlert, den wir noch vorstellen werden, besuchen wir Balga/Weseloje, einen düsteren Ort. Hier, auf einer ins Frische Haff ragenden Halbinsel und zum Wasser hin durch die Steilküste geschützt, entstand seit dem Jahre 1239 eine gewaltige Ordensfestung, die vielleicht stärkste überhaupt, Sitz eines Komturs und des Vogtes von Natangen. Heute liegt unter einem hohen Walddach verborgen, was sich erhalten hat: Teile der Komturei, Fundamente der Hauptburg und ein paar Mauerreste der Vorburg. Aber was man sieht oder im Klettern ertastet, läßt noch immer die Größe und Wucht der Anlage ahnen. Etwas abseits erkennt man die Ruine einer Dorfkirche.

Doch wohin ist das Dorf entschwunden, das 1939 immerhin 750 Einwohner besaß? Nur der Flieder, wenn er Ende Mai rätselhaft mitten im Wald erblüht und duftet, erzählt noch von ihm. Denn die Bewohner liebten ihn, und er stand in ihren Vorgärten. Aber gnädig schweigt die Natur vom Untergang; nur unsere Erinnerung kann ihn beschwören.

Als am 12. Januar 1945 die Rote Armee ihre große Winteroffensive begann, erreichte sie sehr rasch den Raum von Elbing und schon am 26. Januar bei Tolkemit das Haff. Für das zentrale Ostpreußen waren damit alle Fluchtstraßen abgeschnitten. Im Raum zwischen Braunsberg, Zinten und dem Haff stauten sich die Treckkolonnen. Genau hier entstand, was die

Auch im nördlichen Ostpreußen,
so traurig verwahrlost es sonst aussehen mag,
sind uns die alten Alleen geblieben.

Wehrmachtberichte als ostpreußische »Südfront« bezeichneten, bald zum Kessel von Heiligenbeil eingeengt. Abertausenden blieb nur der Weg über das Eis des Haffs zur Nehrung hinüber; Tausende starben im Feuer der Tiefflieger oder versanken in den trügerisch wieder überfrorenen Eislöchern, die die Bomben rissen. Zuletzt blieb vom Kessel bloß noch die Halbinsel, auf der Balga liegt, verzweifelt gegen den übermächtig angreifenden Feind verteidigt. »Am Frischen Haff wird mit äußerster Erbitterung um den Besitz des Kahlholzer

Horns gekämpft«, sagte der Wehrmachtsbericht vom 28. März; das war dann die Nordspitze der Halbinsel, kaum drei Kilometer von Balga entfernt. Das Ende muß man wohl eher als Abschlachten denn als Schlacht bezeichnen.

Wochen später, als längst alles vorüber war, sah Juri Iwanow die Stätte des Grauens. »Zunächst waren wir in Heiligenbeil gewesen, dann sind wir hierher nach Balga gefahren und standen nun vor den Mauern dieses gewaltigen Schlosses mit seinem tiefen Schloßgraben. Es war sehr warm. Man konnte kaum atmen. Der ganze Innenhof, der Graben, der Park und das Schloß waren mit Leichen übersät. Die bei Heiligenbeil und auf dieser kleinen Halbinsel eingeschlossenen Deutschen . . ., insgesamt mehrere zehntausend Mann, hatten bis zur letzten Patrone gekämpft.«* Der Wehrmachtbericht allerdings, als spräche er von einer beinahe planmäßigen und erfolgreichen Operation, hatte am 29. März gemeldet: »Am Kahlholzer Horn lösten sich unsere Nachtruppen nach Bergung sämtlicher Verwundeter vom Gegner und setzten zur Frischen Nehrung über.« In Wahrheit warteten Tausende vergeblich auf rettende Fährboote. Sie wurden niedergemäht, und niemand blieb, der sich ums Begraben noch kümmerte. Bis heute findet man am Haffstrand bei Balga die Menschenknochen.

Zum Abschluß aller Kämpfe ist es übrigens erst mit der Kapitulation gekommen. Der Wehrmachtbericht vom 9. Mai 1945 schloß mit den Worten: »Die Toten verpflichten zu bedingungsloser Treue, zu Gehorsam und Disziplin gegenüber dem aus zahllosen Wunden blutenden Vaterland.« Doch am Anfang hieß es: »In Ostpreußen haben deutsche Divisionen noch gestern die Weichselmündung und den Westteil der Frischen Nehrung bis zuletzt tapfer verteidigt, wobei sich die 7. Infanterie-Division besonders auszeichnete. Dem Oberbefehlshaber, General der Panzertruppe von Saucken, wurden als Anerkennung für die vorbildliche Haltung seiner Soldaten die Brillanten zum Eichenlaub mit Schwertern zum Ritterkreuz des Eisernen Kreuzes verliehen.«

Als Iwanow Balga besuchte, lebten in der Dorfkirche noch drei Menschen: der Pfarrer, eine Frau mit Rotkreuzbinde und ein junger, verstörter Offizier. »Über dem Schloßturm kreisten zwei Falken. Es war Frühling und sie besserten ihr Nest aus. Der Pfarrer sagte irgendwas über die Falken, ach ja, daß man sagt, daß wenn sie ihr Nest bauen, mit der Zeit alles wieder so wird, wie es einmal war. Als wir am Abend um das Lagerfeuer saßen, sagte Fedja: ›Ich glaube, in der Gruppe von Sascha Lobow gibt es einen Karabiner mit Zielfernrohr‹ und rief: ›Lobow, habt ihr ein Scharfschützengewehr?‹ . . . Wenig später krachten Schüsse. Dann kam Fedja zurück und sagte: ›Ich habe sie alle erledigt. Damit hier nicht wieder ein teutonisches Nest entsteht!‹ – Wen ›alle‹? Die Vögel? Oder die drei? Ich wollte ihn damals danach fragen, aber ich fragte ihn nicht, auch später nicht. Warum nicht? Ich hatte Angst, daß er nicken würde: ›Ja, alle! Und jetzt gib Ruhe!‹«*

Am anderen, wieder sonnigen Tag fahren wir mit Professor Beloglazow, Ehlerts Freund, nach Preußisch Eylau. Und schon wieder Ströme von Blut, wieder ein Ort des Schreckens, »wo der Kriegsmut der Franzosen und Russen und die tapfere Haltung der Preußen unter dem braven, entschlossenen Lestocq einen Kampf erzeugte, der an Menschenverlust den blutigsten Ereignissen der Weltgeschichte gleichkommt. Gegen 60000 Tote und Verwundete deckten die weite Schneefläche der Walstatt; beide Teile sprachen den Sieg an, und die Anstrengung und Erschöpfung war so groß, daß der Krieg eine viermonatliche Unterbrechung erlitt.«* Er *litt* also – der Krieg, nicht die Menschen, von denen weiter nicht die Rede ist. Aber die Schlacht fand am 7. und 8. Februar 1807 statt, im genügenden Abstand gottlob, so daß uns ihre Bilder nicht mehr berühren.

Heute heißt die Kleinstadt Bagrationowsk, nach dem russischen Fürsten Bagration, der hier als General russische Truppen kommandierte*; auf dem Marktplatz ist seine Büste zu sehen. Wäre man ein Pedant, so müßte man eigentlich anmerken, daß der russische Oberbefehlshaber Levin Bennigsen hieß. Doch als Deutscher – in Braunschweig geboren und in Banteln bei Hannover gestorben – paßte er nach 1945 nicht zu einer neu-russischen Stadt. Immerhin: Da Russen und Preußen Verbündete waren, wie dann wieder im Schicksalsjahr 1813, hat sich am Rande der Stadt, auf einem baumumstandenen Hügel, das deutsche Erinnerungsmal erhalten.

Bagrationowsk liegt hart an der Grenze zum polnischen Ostpreußen, und bei der Rückfahrt begegnen uns viele polnische Autos, jedes mit einem großen Heringsfaß auf dem Dach. Offenbar handelt es sich um ein blühendes Geschäft. Im übrigen löst sich eine Rätselfrage, die uns schon seit Tagen bewegte. Wieder und wieder sehen wir nämlich Schrebergärten, aber nicht am Rande der Städte oder Dörfer, sondern irgendwo weitab auf einem Acker, oft allerdings stark vernachlässigt und verkrautet. Sergei Beloglazow klärt uns auf, denn er selbst hat solch ein Stück Land gepachtet, 27 Kilometer von Königsberg entfernt, und will dort am nächsten Tag seine Kartoffeln ernten.

Viele Betriebe verfügen über größere Flächen, um ihren Angestellten zur Selbstversorgung zu helfen, auch die Universität für ihre Professoren. Nur liegt das Areal weitab und so ungünstig, daß man es kaum erreichen kann. Außerdem verfügt nicht jeder Professor über ein Auto. Noch schlechter ergeht es heute vielen Rentnern, die Bus oder Bahn nicht mehr bezahlen können. So also erklärt sich die Verkrautung. Nur bei Cranz, dicht unter der Ostsee, sehen wir eine beinahe prächtige Anlage, in der aus Gartenlauben richtige Häuser geworden sind. »Das wurde für die Parteibonzen angelegt«, bekommen wir zu hören – »Wandlitz« auf russisch.

»Warum sieht man keine Fahrräder?« möchte Alexander wissen. »Warum müssen alle Königsberger in diese schrottreifen, immer überfüllten Straßenbahnen drängen?«

Ja, warum eigentlich so wenige Fahrräder? Schließlich handelt es sich um das mit Abstand preiswerteste und umweltfreundlichste Verkehrsmittel, das jemals erfunden wurde. Die Chinesen haben es schon zu Maos Zeiten so robust und vielmillionenfach gebaut, daß man mit ihm nicht nur Menschen, sondern Lasten aller Art befördern kann und inzwischen sogar Verkehrsstaus erzeugt.

Sergei seufzt so tief, wie er es gern und meist ohne erkennbaren Anlaß tut: »Alle träumten vom Auto, auch die sozialistischen Planer.« Aber für die meisten blieb es beim Traum. Vielleicht sollten darum die geschäftstüchtigen Herren, die nach Königsberg reisen, um Autosalons zu eröffnen, erst einmal diese Bedarfslücke entdecken und als »joint venture« mit der Massenproduktion von Fahrrädern beginnen. Es dürfte sich lohnen.

Gleich mehrere Fahrten unternehmen wir ins Samland nördlich und nordwestlich von Königsberg, eine der reizvollsten Landschaften Ostpreußens zwischen der Ostsee, dem Frischen und dem Kurischen Haff. Mit ihren Schluchten und Bergen stellt sie sich sehr abwechslungsreich dar; die Samländer sprachen gar von »Gebirgen«. Und warum denn nicht? Schließlich strebt der Galtgarben zur stolzen Höhe von 112 Metern über das Meer empor; wie unser Reiseführer – aus dem Jahre 1926 – sagt, »steht er als das Wahrzeichen des Landes da und macht sich durch seine äußere Gestaltung schon auf weite Entfernungen bemerkbar«*. Auch die Küste stellt sich nicht einförmig dar. »Von dem flachen Strande bei Pillau allmählich aufsteigend, hebt sich der nordwärts verlaufende Kliffrand stetig empor, um an der Nordwestecke im Wachbudenberg seinen höchsten Punkt zu erreichen. Von dort ab vollzieht sich sodann wiederum eine langsame Senkung der Nordküste, die, unterbrochen von vielfachen, gerade dieses Strandgebiet kennzeichnenden Schluchtenbildungen, fortschreitet, bis sie bei Cranz wiederum nahezu am Niveau des Meeres anlangt.«*

Cranz war der Badevorort der Königsberger, der sich mit der Bahn in einer halben Stunde erreichen ließ. Darum wurden schon vor dem Ersten Weltkrieg in einer einzigen Sommersaison neben 15000 Hotel- und Pensionsgästen 200000 Tagesgäste gezählt. Die Bahn und das Badeleben gibt es noch immer, doch das heutige Selenogradsk ist ein traurig heruntergekommener Ort; selbst an der Strandpromenade sieht man neben Neubauten die Ruinen.

Anders Swetlogorsk, wohl weil es sich um ein Kurreservat des Militärs und der Geheimdienste handelte. Hier können wir uns noch dem Führer von 1926 anvertrauen: »Rauschen, einst das lieblichste Idyll der gesamten samländischen Küste, bei dem gerade der ungetrübte Genuß der herrlichen Natur seine zahlreichen Freunde fesselte und immer wieder anzog, hat mit der Zeit einen ungeahnten Aufschwung genommen und aus der so reizvollen ländlichen Schönen ist, wenn man so sagen darf, eine mondäne Beauté geworden. Freilich in der sogenannten ›Unterwelt‹ erinnert noch manches an das Rauschen früherer Tage, und das Bild, das der Mühlenteich mit seiner malerischen Umgebung gewährt, ist so ziemlich das alte, an dessen Schönheit sich Tausende von Besuchern erfreut haben und noch erfreuen. In der ›Oberwelt‹ dagegen hat das Bad immer mehr eine moderne Ausgestaltung und damit neue Reize gewonnen. Immer größer ist hier die Zahl der Villen geworden, neben denen sich elegante Hotels erheben, und das Ganze wird gekrönt durch den schlanken Turm des im modernen Stile errichteten Warmbades.«* Ein besonderer Reiz liegt darin, daß man mitten im Ort wie im Walde unter Fichten und Kiefern spaziert.

Zwischen der »Oberwelt« von Rauschen-Düne und der Strandpromenade vermitteln eine Serpentinenstraße, ein Fahrstuhl und eine Seilbahn. In der Tiefe angekommen, überrascht uns das Café und Restaurant »Seestern«. Im heutigen Ostpreußen dürfte es einzig in seiner Art sein, jedenfalls haben wir ein zweites noch nicht getroffen: Der Besitzer und Wirt ist ein Deutscher, und seine Tochter bedient uns. Ihr Vater erzählt, daß er in Rauschen seinen Urlaub verbrachte, den Ort ins Herz schloß, aber an einer Magenvergiftung erkrankte und sich sagte: Da lohnt es sich, ein eigenes, einwandfreies Restaurant zu eröffnen.

Natürlich wäre noch von anderen Badorten zu reden, etwa von Neukuhren, Georgswalde, Warnicken oder Groß Kuhren. Wer jeden Trubel meiden wollte, konnte sich einst für schlichte Fischerdörfer entscheiden, zum Beispiel für Sorgenau. »Es war kein altes Dorf, es gab keine Holzhäuser, wie wir sie im Heimatmuseum auf der Kurischen Nehrung, in der Niederung oder in Masuren fanden. Es waren einfache Häuser, meistens weiß gekalkt; vor den Fischerhütten waren Gärten mit Blumen: Fingerhut, Stiefmütterchen, hauptsächlich Sonnenblumen. Und wenn sie riesengroß waren, nannte man sie Sonnenglanze. Ein einfacher Holzzaun darum und eine knarrende Gartentür, da brauchte man keine Klingel. Wer bekannt war, und wer war im Dorf nicht bekannt und verwandt, ging über den Hof hintenherum ins Haus, dann stand man gleich in der

Küche. Einstöckige und zweistöckige Häuser, wahrscheinlich außen Ziegelwände, innen jedes Jahr frisch gekalkt, Balkendecke und Verschalung, in einem Zimmer waren auch Tapeten.«*

In den Ferienwochen begnügten sich die Fischer mit einem Raum, vermieteten die anderen Zimmer samt Küche, kochten selbst im Hof oder im Schuppen und stellten für ihre Gäste Badebuden auf. Wahrlich eine Idylle, und »die Eitelkeit der Kinder der Badegäste zeigte sich darin, im verschlissensten und ausgebleichtesten Kleid zu gehen«; im Rückblick möchte man meinen: späteren Anti-Moden um Jahrzehnte vorweg. »Neue Kinder, die hinzukamen, waren ›affig‹, bis sie in Kleidung und Gebaren wie wir waren, und das geschah bald.«*

Ach, von vielem müßte man erzählen, etwa von Palmnicken, wo der Bernstein im Tagebau gewonnen wird, in deutscher wie russischer Zeit. 1957 betrug die Produktion 172 Tonnen, erreichte zwanzig Jahre später mit 780 Tonnen einen Höhepunkt und stagniert inzwischen bei etwa 700 Tonnen pro Jahr. Und dann wäre natürlich von der Kurischen Nehrung zu reden, »diesem einzigartigen, kaum irgendwo auf der Erde seinesgleichen findenden Gebilde der Natur, dessen vielfältige Reize und wundersame Stimmungen auf jedermann eine nachhaltige Wirkung ausüben müssen«*. Eine Schranke versperrt die Straße; zur Durchfahrt braucht man eine besondere Genehmigung, über die Herr Ehlert verfügt. Es heißt, daß man um den Naturschutz besorgt ist und den Massenzustrom abwehren will. Wahrscheinlicher ist, daß es sich um die Ausläufer militärischen Wichtigtuns handelt – wobei inkonsequent oder konsequent genug auch harte Währungen die Wächteraugen verschließen und die Schranke öffnen.

Wie in Worte kleiden, was schon hundertfach gerühmt worden ist? Angesichts der gewaltigen Dünenlandschaft verliert Alexander die Fassung »*Das stellt die Insel glatt in den Schatten.*« Gemeint ist Sylt, und für den Hamburger Patrioten will das wirklich etwas heißen. Selbst ich muß zugeben, daß meine heimische Lonske-Düne – auf der »Nehrung« des Lebasees – ein wenig ins Hintertreffen gerät. Und das will erst recht etwas heißen.

Aber es wird Zeit, von etwas anderem zu sprechen. Je öfter und weiter wir durchs Land fahren, desto düsterer gerät der Gesamteindruck. Nur selten sehen wir halbwegs ordentlich bestellte Felder. Weithin begegnen wir einer heruntergewirtschafteten, vernachlässigten, um nicht zu sagen zur Steppe oder Prärie verkommenen Weite, durch die ab und an Kuhherden ziehen, manchmal von Hirten zu Pferde begleitet.

»Wo bin ich eigentlich?« fragt einmal Alexander. »Ist es ein Traum oder Alptraum? Ich komme mir vor wie in einem Wildwestfilm.«

Nur sind dort die Cowboys malerischer gekleidet als ihre Kollegen in Wild-Ost. Um es drastisch auszudrücken: Auch im südlichen, polnischen Ostpreußen mag uns manches stören. Doch im Vergleich mit dem russischen Gebiet wirkt es wie ein sorgsam gepflegter Paradiesgarten. Oder im historischen Vergleich: Gerade das nördliche Ostpreußen war immer eine Kornkammer, die einen Überschuß an Getreide für den Export erzeugte. Die Kaliningradskaja Oblast aber kann sich nicht mehr selbst ernähren; sie muß Getreide einführen.

Womöglich noch mehr verstören die Dörfer. Wiederum im Vergleich: Im polnischen Süden bleibt trotz allen Wandels und manchmal auch Verfalls ihre deutsche Vergangenheit ebenso erkennbar wie die europäische Gegenwart. Hier nicht mehr. Denn ihre Kennzeichen, die Kirchen, sind entweder zu Ruinen verfallen oder ganz verschwunden. Ähnliches gilt für die Gehöfte. Weil es keine Bauern mehr gab, sondern nur noch staatliche oder halbstaatliche Großbetriebe, die Sowchosen und Kolchosen, brauchte man die Ställe und Scheunen nicht mehr, es sei denn als Steinbrüche oder Bretter- und Brennholzlieferanten. Was wir also sehen, sind neben Resten der Vergangenheit Ansammlungen meist kleiner Häuser aus Ziegeln oder Holz, häufig mit Blech eingedeckt, die zusätzlich befremden, wenn sie russisch-blau oder in anderen starken Farben gestrichen wurden: »Irkutsk« auf dem Lande.

Wie die Felder so die Wälder. Im günstigen Falle bleiben sie sich selbst überlassen und gedeihen in natürlichem Wildwuchs, wie zum Beispiel bei Balga. Exemplarisch zeigt sich das Ergebnis in der Rominter Heide*, die heute durch die russischpolnische Grenze zerschnitten wird. Im südlichen Drittel gibt es eine vorbildliche Forstwirtschaft, im Norden – nichts, sofern man von einem Berufsjäger und seinen Gehilfen absieht, die »Fleisch machen«. Der Sachverhalt wirkt sich auch auf die Jagd aus; nur fünf Hirsche und ein Elch stehen pro Saison für den Abschuß durch Gäste zur Verfügung, der vierte Teil dessen, was in dem kleineren polnischen Gebiet möglich ist. Als Sieger im Überlebenskampf haben sich vorerst die Biber erwiesen, die die Rominter Heide zurückeroberten und sie weithin teils unter Wasser setzten, teils versumpfen ließen, so daß vielfach der Wald abstirbt. Als »Straßen« muß man auf einigen Strecken die ehemaligen Bahndämme benutzen, weil sie etwas erhöht liegen. Es heißt, daß man den Bibern demnächst an den Pelzkragen gehen will. Aber vielleicht sollte man sie gewähren lassen. Denn immerhin haben sie ein ganz einzigartiges Biotop geschaffen; dank ihres Fleißes ist wieder zur Gegenwart geworden, was einst »die Wildnis« genannt und durch die Arbeit vieler Generationen zur Zivilisation umgeschaffen wurde.

Übrigens sind viele Dörfer, kleinere Siedlungen und Einzelgehöfte verschwunden; von den 176 Orten und Siedlungen, die es in der Rominter Heide und um sie herum einmal gab, existieren noch 18. In einem topographischen Kartenwerk des nördlichen Ostpreußen sind die verschwundenen Ansiedlungen mit Kreuzen markiert; es läßt sich erkennen, wie diese Kreuze sich südlich von Trakehnen, südöstlich von Pillkallen und östlich von Stallupönen nicht nur häufen, sondern dort vorherrschen.*

Die knarrende Stufe oder Ehlerts Traum

»Nein, nein, so darf das nicht weitergehen! Es ist abscheulich, ein Alptraum«, sagt plötzlich Alexander, als wir am Tag unserer Abreise aus Königsberg am »Monstrum« des Rätehauses vorüber noch einmal durch die Innenstadt wandern und Windstöße uns bis zum Zähneknirschen in Staubwolken hüllen.

»*Was meinst du, was ist abscheulich? Und was ist dein Alptraum?*«

»*Dies alles hier, diese verdammte Stadt, diese ganze verkommene* Kaliningradskaja Oblast! *Ich meine, ich verstehe sogar: Hier versammelten sich die deutschen Armeen, hier begann der Angriff auf die Sowjetunion. Vielleicht gab es darum ein Recht der Sieger, das Recht ihrer zwanzig Millionen Toten, zu sagen: Das nehmen wir euch weg, da bauen wir jetzt* unser ›*Fort V*‹, *damit das nie, nie wieder geschieht . . . Aber fast ein halbes Jahrhundert ist das jetzt her, und jetzt sind* wir *dran, um zu sagen: Ihr habt eure Chance gehabt, und ihr habt sie verspielt. Wer ein Land so herunterwirtschaftet, verliert sein Recht, es zu besitzen. Also gebt es zurück, wartet ab – nicht fünfzig, sondern bloß zwanzig oder zehn Jahre – und seht zu, was* wir *daraus machen!*«

Es ist seltsam, fast unheimlich: Mit der Unbefangenheit und dem Temperament seiner Jugend spricht Alexander aus, was ich auch schon gefühlt, aber bis zu diesem Augenblick verdrängt, wegzensiert und in eine wachsende Mißstimmung gegen mich selbst umgebogen habe, in dem Bewußtsein: Ich bin doch kein Revanchist.

Was sollte denn werden, wenn wir gleichsam die Situation von 1939 wiederherstellen wollten? Wie würden die Polen reagieren, wie die Dänen, die Niederländer, die Franzosen und Engländer, die den Anlaß zum Krieg nicht vergessen haben? Welche Ängste und Aggressionen müßten wir bei den Völkern ringsum gegen uns aufrühren!

Aber handelt es sich nur um Hirngespinste? Ich erschrecke, wenn ich im Rundschreiben 1/92 der »Aktion ›Deutsches Königsberg‹« lese:

»Sehr geehrte Damen und Herren, seit dem Frühjahr 1991 unterstützen wir aktiv die Ansiedlung von Rußlanddeutschen im nördlichen Ostpreußen. Wie Sie sicherlich wissen, ist das nördliche Ostpreußen mit Königsberg durch die Unabhängigkeit der baltischen Staaten zu einer Enklave geworden. Das Gebiet war bis 1990 militärisches Sperrgebiet, seine Bevölkerung besteht aus russischem Militär und deren Familien. Auf Dauer kann Rußland sich diese etwa 500 km vom russischen

Mutterland entfernt liegende Enklave wirtschaftlich nicht erlauben. In Politik und Geschichte gibt es aber kein Machtvakuum. Man hört daher bereits litauische und vor allem polnische Stimmen, die dieses Gebiet ihrem Staat einverleiben wollen. Von seiten des offiziellen Bonn sind keinerlei Aktivitäten zugunsten Deutschlands zu erwarten. Wir haben deshalb 1991 eine private Initiative gestartet, durch Ansiedlung Rußlanddeutscher in Nordostpreußen neue Fakten für eine deutsche Perspektive unserer Ostprovinz zu schaffen ...

Der erste Schritt unserer Aktivitäten hat voll gegriffen. Der Nachweis von leerstehendem Wohnraum hat sich als der entscheidende Schlüssel erwiesen, die Lawine in Bewegung zu setzen ... Die Zuwanderung von Rußlanddeutschen hat seit ca. November 1991 trotz der schlechten Witterung eine erstaunliche Dynamik gewonnen. Es sind bis Februar 1992 ca. 20000 Rußlanddeutsche zugewandert, so daß jetzt von ungefähr 40000–60000 auszugehen ist ...

Ostpreußen legt uns allen eine schwere und ernste Pflicht auf, der sich keiner entziehen darf. Bisher haben die heute lebenden Rußlanddeutschen aus ihrem Deutschtum nur Nachteile gehabt. Das muß sich jetzt umkehren! Diese wundervollen Menschen müssen wissen, daß die ganze Heimat hinter ihnen steht. Lassen wir sie unsere Treue spüren. Bedenken Sie: Der polnische Staat hat begonnen, im Kreis Gumbinnen riesige landwirtschaftliche Flächen zu pachten. Sie wollen überall Polen ansiedeln, der polnische Imperialismus ist schon wieder auf dem Vormarsch. Und Bonn schweigt. Die Ansiedlung der Rußlanddeutschen wird allein unser Werk sein, das Werk des Volkes, nicht der Regierung. Ich bitte Sie daher um Ihre Hilfe. .. Laßt unsere rußlanddeutschen Landsleute in Ostpreußen jetzt wissen, daß es ein Glück bedeutet, ein Deutscher zu sein. – Mit freundlichen Grüßen Ihr Dietmar Munier.«*

Da kommt vieles zusammen: weit übertriebene Zuwanderungszahlen*, der Anklagezustand, in den die Bundesregierung wegen Landes- oder Volkstumsverrats versetzt wird, die abwegige Behauptung von einer reinen Militärbevölkerung – was offenbar nahelegen soll, daß man ihren Abzug erkaufen könnte, wie den aus der ehemaligen DDR –, die Panikmache mit dem polnischen Imperialismus. Vor allem werden im Appell an unsere Hilfsbereitschaft die deutschstämmigen Übersiedler aus Kasachstan, denen Unterstützung gewiß zu wünschen ist, als Figuren eines Machtspiels mißbraucht, für das am Ende sie wieder zu zahlen hätten. Es mag sich um ein krasses Beispiel handeln; andere reden vorsichtiger und verhüllter.* Aber allzuoft läßt sich der Eindruck kaum abweisen, daß man eines günstigen Tages die Hülle fortwerfen und dann sagen könnte: »Grüß Gott, hier sind wir nun wieder.« Als die guten Menschen, die wir immer waren und bleiben, werden wir jedoch großherzig sein: »Wenn eines Tages eine politische Lösung aufkommt, und die wirtschaftlichen Schwierigkeiten der Region legen eine solche zwingend nahe, wird selbstverständlich niemand vertrieben, sondern wird zusammen mit Deutschen seinen Platz in Ostpreußen behalten.«*

Aber der Teufel steckt im Detail, und ein Beispiel mag zur Anschauung helfen. Der Schriftsteller Juri Iwanow hat wahrscheinlich mehr als jeder andere dazu beigetragen, seine Landsleute an Königsbergs deutsche Vergangenheit zu erinnern. In Pillkoppen auf der kurischen Nehrung besuchen wir sein Landhaus – und stoßen auf ein schmiedeeisernes Denkmal. In deutscher Schrift und Sprache steht darauf geschrieben: »Den ehemaligen Bewohnern von Pillkoppen zum Gedenken.« Diesem Vorbild dürfte es zuzuschreiben sein, daß man vor der Dorfkirche von Rossitten ähnliches lesen kann. Auf dem heute natürlich russischen Friedhof von Pillkoppen gibt es zumindest einen Platz, der Vergangenes beschwört, mit drei kleinen Gräbern. Der Überlieferung nach wurden hier Kinder beigesetzt, die einst im Haff ertranken. Daran wiederum erinnern auf dem Denkmal in Iwanows Garten drei Möwen.

Auch mit dem Waldfriedhof von Rossitten hat man sich neuerdings Mühe gegeben; unter anderem wurden die Grabstätten von Franz Epha und Johann Thienemann hergerichtet. Epha war ein Pionier der Dünenbefestigung, Thienemann der »Vogelprofessor«, der die Vogelwarte einrichtete und bekannt machte.

In Königsberg allerdings hat Iwanow eine neue Erfahrung

gemacht: »Der ehemalige Besitzer seines Hauses in der Steffeckstraße teilte ihm vor kurzem klipp und klar mit: ›Wir werden zurückkommen.‹ Als Beweis für die alten Eigentumsverhältnisse tat der Mann kund, daß die vierte Stufe zum ersten Stock des Hauses knarrt. ›Wenn ich nun die Treppe hinaufsteige‹, erzählt Juri Iwanow, ›lausche ich immer, ob die Stufe knarrt. Sie knarrt jedesmal.‹«*

Was geht es mich an? Auf einmal sehr viel. Gerade noch hätte ich wie der Pharisäer im Lukas-Evangelium sagen können: »Ich danke dir, Gott, daß ich nicht bin wie die andern Leute, Räuber, Ungerechte, Ehebrecher oder auch wie dieser Zöllner.« Aber Alexanders Ausbruch hat alles verändert: Ich bin wie sie. Was soll ich tun, wie reagieren und reden? Die Frage beschäftigt mich nicht für Stunden oder Tage, sondern für Wochen und Monate; bis heute bin ich mit ihr nicht ans Ende gekommen. Was folgt, enthält den bloß vorläufigen Versuch einer Antwort.

Zunächst einmal sollte man wohl sorgsam sein und weitere Fragen stellen: Wer sind eigentlich die Menschen, die jetzt hier leben?

Für die Bevölkerung des nördlichen Ostpreußen wird für 1991 eine Zahl von 871000, inzwischen – 1993 – knapp über 900000 angegeben; nach der Volkszählung von 1939 betrug sie 1165000. In Königsberg lebten 1991 400600 Einwohner, mit Militärangehörigen 430000, 1939 372300 Einwohner. Dramatisch wirken die Unterschiede von einst und jetzt kaum, und 1939 hätte gewiß niemand von einem menschenleeren Land gesprochen, das auf sein »Retablissement« wartet – wie 1711 nach den Jahren der Pest. Allerdings hat eine Verstädterung stattgefunden, so daß man besonders in den östlichen Gebieten jenseits von Gumbinnen oft lange fahren kann, ohne Menschen zu treffen. Mit 77,6 Prozent bilden Russen die überwiegende Mehrheit; es folgen Weißrussen, Ukrainer, Litauer und viele andere Nationalitäten der ehemaligen Sowjetunion. Die Zahl der Deutschstämmigen bleibt umstritten. Amtlich war noch 1993 von 5000 die Rede, wahrscheinlich eine Untertreibung, um von Dunkelziffern nicht zu reden. Die Wahrheit dürfte eher bei den 13000 zu suchen sein, die eine andere

Quelle für 1991* nennt; bei einer Fortschreibung bis zur Gegenwart käme man auf vielleicht 20000.

Weit wichtiger als Nationalitäten sind indessen die Generationen. Die Älteren waren anderswo zu Hause und wanderten seit 1945 zu, sei es freiwillig oder gezwungen, oft aus Gebieten, die der Krieg zerstört hatte. Sie fühlten sich fremd, und sie blieben fremd; sie fanden sich damit ab, daß sie in einem Gebiet ohne Vorgeschichte lebten. »Ich frage einen Waldhüter: ›Was ist das für eine Pflanze?‹ Der Waldhüter lächelt in seiner Antwort schuldbewußt: ›Bei uns im Altaigebirge habe ich so etwas nie gesehen.‹«*

Ganz anders die Jüngeren, bis über das vierzigste Lebensjahr hinauf, die inzwischen die Mehrheit bilden. Sie wurden in Königsberg oder Pillkoppen geboren, und sie wollen eine Heimat haben. Darum sind sie zu Spurensuchern geworden. In der Gegenwehr gegen eine verordnete Geschichtslosigkeit entsteht manchmal geradezu ein Kult des Vergangenen, und Zeichen aus der Zeit vor 1945 werden wie Reliquien gehandelt, bis zu Bierdeckeln hinunter. Vadim Chrappa hat den Unterschied der Generationen geschildert:

»Bei unseren Eltern ist noch alles in Ordnung. Sie haben irgendwo irgendeine Heimat, an die sie sich gut erinnern und die sie uns aufzwingen wollen. In der Kindheit nehmen sie uns irgendwohin mit nach Weißrußland oder an die Wolga oder jenseits des Urals und geben sich dort alle Mühe, uns die Liebe und Treue zu den Birkenwäldern, zu vergoldeten Kuppeln und Zwiebeltürmen, zu Bastschuhen und den jeweiligen sprachlichen Besonderheiten einzuimpfen ... eben zu all dem, was ihnen, unseren Eltern, teuer und uns fremd ist. Indem wir heranwachsen und uns instinktiv diesen Zwangsimpfungen widersetzen, werden wir immun. Je stärker der Druck auf jeden von uns, desto größer die Wahrscheinlichkeit, daß sich diese Immunität zu einer Feindschaft gegenüber allem auswächst, was dort im Osten, jenseits der Grenze unseres winzigen Gebietes, existiert ...

Wir sprechen, schreiben und denken russisch. Aber wir können keine uns aufgezwungenen Traditionen oder von irgend jemandem erdachte Geschichte annehmen. Es gibt nur eine

Geschichte, wie es auch nur eine Heimat gibt. Wir haben eine Heimat. Sie ist hier bei diesem rauhen Bernsteinmeer, in dieser unglücklichen, ausgeplünderten Stadt, untrennbar verbunden mit ihrem Geschick, ihrer Vergangenheit und ihrer Zukunft. Gebt uns unsere Geschichte zurück. Man braucht ihr nicht die Arme abzudrehen und ihr Gesicht zu entstellen. Gebt sie uns so, wie sie ist. Wir werden selbst herausfinden, was an ihr richtig und was falsch ist. Wir werden selbst entscheiden, worauf wir stolz sein können und wessen wir uns schämen müssen.«*

Das heißt allerdings, mit anderen Worten: In rasch wachsender Mehrheit leben in Königsberg nicht Fremde, von denen man sich loskaufen könnte, sondern Königsberger – so wie in Berlin die Berliner und in Holstein heute die Holsteiner leben, die 1945 im oft bitteren Gegeneinander als Einheimische und Flüchtlinge begannen. Diese Königsberger werden ihre Heimat nicht nur gegen die Generation ihrer Eltern verteidigen. Um noch einmal Juri Iwanow das Wort zu geben: »Wie die Stadt auch heißen wird, sie wird immer Königsberg bleiben. Aber unser Königsberg, nicht ein deutsches Königsberg.«*

Doch wie soll die Zukunft aussehen? Zunächst ist das eine wirtschaftliche Frage. Alle reden von der Freihandelszone, wie F. W. Christians als Sprecher der Deutschen Bank sie vorgeschlagen hat, und manche träumen vom Hongkong, Singapur oder Luxemburg an der Ostsee*, mit ein wenig Kuwait als Dreingabe, weil man neuerdings Öl gefunden hat. Offiziell gibt es diese Zone bereits, unter dem schönen Namen »Jantar« – »Bernstein«, aber mit bisher bemerkenswert geringem Ergebnis. Was soll der Name auch nützen, wenn zum Beispiel die Zollbehörden ihre Anweisungen aus Moskau empfangen und sich so verhalten, wie sie es immer schon taten? (Man lese im ersten Teil dieses Kapitels noch einmal den Bericht vom Autoimport.) Im Grunde ist Rußland stets zentralistisch regiert worden, von den Zaren ebenso wie von den Kommunisten. Alle wohlklingenden Autonomie-Titel glichen den berühmten oder berüchtigten Potemkinschen Fassaden, weil die Angst vor dem Loslassen größer war als der Mut, regionale Kräfte zu fördern.

Kann sich das, wird es sich ändern? Wir wissen es nicht. Absehbar ist allerdings, daß jeder Versuch, von außen her Einfluß zu nehmen und einen bleiernen Fuß in die Tür zu setzen, die Ängste aufrühren und Schranken nicht öffnen, sondern schließen wird. Denn es ist eine alte Erfahrung: Angst verriegelt die Menschen, seien es Einzelpersonen, Gruppen oder Völker, und sehr rasch schlägt solche Angst in die Aggression um. Jede Hilfe mit Hintergedanken muß darum früher oder später scheitern. Ihre Arglist wird auf die Entwicklung wirtschaftlicher Beziehungen ebenso zurückschlagen, wie auf den Pensionär, der in seiner alten Heimat wieder zu Hause sein will – oder auf die deutschstämmigen Siedler aus Kasachstan. Erst wo man sich sicher fühlt, kann die Öffnung gelingen. Übrigens wäre an die deutsch-polnischen Beziehungen zu erinnern. Seit durch feierlichen Vertrag die Grenze an der Oder und Neiße unantastbar geworden ist, wird vieles möglich, was vorher undenkbar schien.

Vielleicht wäre es an der Zeit, daß Deutschland und Rußland in Bezug auf das nördliche Ostpreußen einen entsprechend eindeutigen Vertrag schließen. Dann – und erst dann – könnte die Bundesregierung manches beginnen, wovor sie bisher zurückschreckt, und sie müßte sich nicht länger als feige und untätig beschimpfen lassen. Sie könnte zum Beispiel in Königsberg ein Konsulat und ein Goethe-Institut einrichten, und sie könnte Stiftungen unterstützen, wie sie das in Polen tut. Auch der Jugendaustausch bekäme eine Chance, wie die wissenschaftliche Zusammenarbeit und vieles sonst.

Wahrscheinlich würde es sich auch um eine wichtige Voraussetzung für das Gelingen der »Jantar«-»Bernstein«-Freihandelszone handeln. Um auf sie noch einmal zurückzukommen und ein Modell anzudeuten: Neben dem russischen Gouverneur als Regierungspräsidenten könnte auf der einen Seite das Parlament stehen, das die Interessen der Bevölkerung vertritt. Auf der anderen Seite könnte ein baltischer Wirtschaftsrat gebildet werden, in dem jeder Ostseestaat seinen Sitz und eine Stimme hat – also Dänemark und Schweden, Finnland, Estland und Lettland ebenso wie Litauen, Polen und Deutschland. Ein solcher Rat sollte erstens die Ängste bannen helfen, daß *ein* Land übermächtigen Einfluß gewinnt. Zweitens sollte er gegen russisch-nationalistische Verengungen seine Stimme erheben. Drittens und vor allem könnte jedes Mitglied des Rates im eigenen Land die Wirtschaft ansprechen und beraten.

Aber wird das genügen? Nein, gewiß nicht. Die Politik mag Wege ebnen, und die Wirtschaft ist wichtig. Doch am Anfang und am Ende kommt es immer auf Personen und Institutionen an, die Menschen verbinden und darauf hinwirken, daß Vertrautheit unser Fremdsein überwindet. Und hier ist nun der Ort, um von Nikolaus Ehlert zu reden: Eher klein von Gestalt, ein wenig rundlich und ein wenig vornübergebeugt, die blitzenden Augen hinter Brillengläsern verborgen, kommt er in kurzen schnellen Schritten daher, mit einer umgehängten Tasche rätselhaften Inhalts versehen. Von seiner Mutter her ein Königsberger, spricht er russisch so gut wie deutsch. Eigentlich ist er ein Pensionär, über sein siebzigstes Lebensjahr schon hinaus. Doch jetzt erst, so scheint es, hat er seine Lebensaufgabe gefunden, als Begründer und Leiter des Deutsch-Russischen Hauses in Königsberg. Gebaut wurde dieses Haus aus Mitteln der »Stiftung Königsberg«, die drei Herren aus der westdeutschen Wirtschaft als gebürtige Ostpreußen gegründet haben. Der Fertigbau, »in der zweiten Hälfte 1992 vor den staunenden Augen der Nachbarn und Kinder wie aus einem Spielzeugkasten hochgezogen«, liegt im Osten der Stadt, hinter dem Sackheimer Tor an einem idyllischen Ort. Denn zum Gelände gehört der Kupferteich, der einst ein beliebter Badeplatz war. Daran erinnert noch heute ein Sprungturm, dem Vernehmen nach zum Training für die Olympischen Spiele von 1936 erbaut. Fast genau dort, wo sich das Badehaus befand, steht unter alten Bäumen jetzt das Deutsch-Russische Haus. Ehlert selbst hat es im »Königsberger Expreß« vorgestellt.

»Bereits die Bezeichnung ›Deutsch-Russisches-Haus‹ ist nicht ohne Spitzfindigkeit. Das Deutsche darin bezieht sich sowohl auf die Rußlanddeutschen wie auf alle Besucher aus Deutschland, das Russische auf die gleichen Rußlanddeutschen, die von der Staatsangehörigkeit her russische Bürger sind, aber überdies auf alle anderen Einheimischen. Ob Vorträge, Ausstellungen, Begegnungen und demnächst der

Deutschunterricht, das Angebot richtet sich an alle, und erfreulicherweise ist das Haus auch verstanden und angenommen worden. Die überwiegende Zahl der Besucher spricht schlicht von einem Haus der deutsch-russischen Freundschaft – eine Bezeichnung, die sicher nicht aufgekommen wäre, wenn man dem Unternehmen mißtrauisch oder feindselig gegenübergestanden hätte. – Diesem spontanen Bonus versucht das Haus auch gerecht zu werden. Es ist fast sofort zu einem Gesprächs- und Beratungszentrum für fast alle lokalen Institutionen geworden, von der Universität, die für das Haus ein zentraler Partner ist, bis zu allen Schulen oder sogar Kindergärten, die Hilfe, Beratung, aber auch die Vermittlung von Partnern in Deutschland suchen. Besonders zum musikalischen Leben der Stadt hat sich eine ganz enge Beziehung ergeben. Die meisten lokalen Musikensembles aller Sparten und sogar das komplette Sinfonieorchester haben im Haus bereits ein- oder mehrmals gastiert. Zur Zeit bemühen wir uns, regelmäßige Programme für Touristen auszuarbeiten, ein Vorhaben, das noch auf Koordinationsschwierigkeiten zwischen den Reiseveranstaltern stößt, sicher aber zu den interessantesten und erregendsten Tätigkeitsfeldern des Hauses gehören wird.«

So weit und so gut. Doch auch hier steckt der Teufel im Detail. Solch ein Haus will ja nicht nur erbaut sein, sondern es verursacht Folgekosten. Russische Germanistikstudentinnen als Aushilfskräfte können eine qualifizierte Sekretärin schwerlich ersetzen, um von anderen Mitarbeitern nicht zu reden; Fax- und Kopiergeräte fehlen; Buchgeschenke, die den Eindruck erwecken, als hätten sich die edlen Spender aufatmend von dem Kitsch und dem Krempel getrennt, den sie ohnehin loswerden wollten, bilden keine Bibliothek, wie sie tatsächlich und dringend gebraucht wird, und so fort und fort. Ehlert, spartanisch eingerichtet, arbeitet bis zu sechzehn Stunden am Tag und an sieben Tagen der Woche, aber er kann nicht alles selbst tun. Außerdem sitzt er zwischen Baum und Borke. »Eintracht«, die Organisation der Rußlanddeutschen, fordert das Haus als Dienstleistungsunternehmen für sich, aber jede Bevorzugung muß Mißtrauen wecken und am Ende böses Blut machen. Natürlich kann es nicht ausbleiben, daß dem Leiter des Hauses eben diese Bevorzugung in der einen oder anderen Richtung unterstellt wird, die er vermeiden möchte, und daß mancher ihn »umstritten« nennt. In bitteren Stunden möchte er den Kram hinwerfen, und nach einem Mitarbeiter, der sein Nachfolger werden könnte, hält er ohnehin Ausschau. Denn Ehlert hat einen Traum.

Damit wir das Mitträumen lernen, fährt uns Herr Ehlert auf der »Reichsstraße 1« an der Südküste des Frischen Haffs entlang in einen kleinen Ort mit dem sprechenden Namen *Brandenburg*, heute Uschakowo, 1939 mit 1600 Einwohnern. Wie »Königsberg« dem tschechischen König, so ist »Brandenburg« einem vornehmen Kreuzfahrer zu verdanken, Otto III. von Brandenburg. Im Jahre 1266 kam er mit seiner Streitmacht hierher und ließ eine Ordensburg anlegen. Als Ruinen gibt es Teile der Anlage bis heute, dazu ein sehr verfallenes Schloß mit noch erkennbar schönen gotischen Räumen. In dieser Schönheit ist Ehlerts Traum zu Hause: eine Stätte der deutsch-russischen Begegnung. Und welch eine Lage, direkt über dem Ufer des Frischen Haffs, mit einem kleinen Hafen an der Mündung des Flüßchens Frisching gleich zur Seite! In der Ferne erkennt man das samländische Ufer und Schiffe, die nach Pillau fahren; Königsberg liegt 21 Kilometer entfernt. Man träfe sich also abseits der Großstadt, aber doch so nahe zu ihr, daß Gäste oder ein Orchester leicht herüberkommen und noch in der Nacht wieder zurückfahren könnten. Andere Gäste könnten womöglich von der polnischen Seite her, aus Elbing, für ein Wochenende mit dem Schiff eintreffen. Und wer wollte, dürfte segeln. Schriftsteller oder Maler, zu einem längeren Aufenthalt geladen, fänden eine Chance zur Konzentration, aber sie müßten die Einsamkeit nicht fürchten, weil eben Königsberg nahe wäre.

Alexander, an Baufragen höchst interessiert, meint freilich, daß man fast alles bis auf den Grund abtragen und neu errichten müßte, und wahrscheinlich würde Herr Diplomingenieur Domscheit das bestätigen. Doch alle Erfahrungen besagen, daß man sich nicht mit dem Zweitbesten begnügen darf, wenn eine Stätte der Begegnung Erfolg haben und den verwöhnten Herren der Wirtschaft ebenso zusagen soll wie den nicht minder verwöhnten Leuchten der Kunst und der Wissenschaft. Und je nüchterner das Gewerbe, desto größer die Sehnsucht nach romantischer Verklärung. Kurz: Das Geld, das man hier investierte, würde für die Zukunft der deutsch-russischen Beziehungen womöglich weit reichere Frucht tragen als eine fragwürdige Wiederherstellung des Königsberger Doms.

Leider stoßen Traum und Wirklichkeit oft unsanft zusammen, und bei unserer weiteren Fahrt nach Balga liefert Ehlerts Theorie oder jedenfalls Fahrpraxis, vor Untiefen Gas zu geben, um nicht steckenzubleiben, umgehend die Probe: Der Mercedes schlägt krachend auf. Am Abend stellt sich heraus, daß die Ölwanne beschädigt wurde. Was tun, wenn es weit und breit keine Fachwerkstatt gibt? Nur keine Panik: Ehlerts Freund Sergei Beloglazow hat einen Bekannten, einen Reparaturkünstler, der in seiner Garage mit Flaschenzug und Schweißgerät hantiert. Nach zweieinhalb Tagen zeigt sich die Ölwanne geheilt – und gleich noch mit einer Stahlplatte geschützt –, weil, wie der Künstler lächelnd anmerkt, »Mercedes seine Autos für zivilisierte Straßen, aber nicht für Rußland baut«.

Vielleicht darf solch eine Geschichte als Beweis für die Tatsache gelten, daß wir in ungereimten Welten leben, in Widersprüchen wie diesem: »Seid realistisch, träumt das Unmögliche!«

Rosen für Immanuel Kant

»Es war ein richtiges Volksfest, heiter und beschwingt: Eine bunte Menschenmenge – Alte und Junge, Russen und Deutsche – wogte ungezwungen und fröhlich durcheinander.« So berichtet Marion Gräfin Dönhoff aus Königsberg, von einem Sommertag des Jahres 1992. Immanuel Kant war – dank Marion Dönhoff – heimgekehrt in seine Stadt, auf den angestammten Denkmalsockel, von dem man ihn 1944 herabholte und zum Schutz vor den Kriegswirren vorsorglich aufs Land, auf den Dönhoffschen Familienbesitz verschickte, wo er spurlos entschwand. Er war heimgekehrt aus einer Berliner Werkstatt, wo der Bildhauer Harald Haacke nach einem noch vorhandenen, kleinen Modell das Original nachbildete, das einst Daniel Christian Rauch* geschaffen hatte.

Unter Bäumen an der Ostseite des Paradeplatzes, seinen Dreispitz in der Hand, scheint Kant nun die »neue« Universität zu grüßen, die noch immer akademisch genutzt wird; freilich wirkt sie arg ramponiert. Und fast kann man sich wieder vorstellen, wie es hier einmal aussah.

»Der Paradeplatz, dem man den alten schönen Namen Königsgarten recht bald wiedergeben sollte, hat sich aus dem ehemaligen Lustgarten der preußischen Herzöge entwickelt«, heißt es im Reiseführer von 1927. »In der königlichen Zeit war er dann länger als ein Jahrhundert tatsächlich ein nüchterner Parade- und Exerzierplatz.«* Die Anlage mit Bäumen, Büschen und Rasenflächen entstand im Jahre 1885. Immerhin gab es zur Erbauung nicht nur Kants bis zum Ersten Weltkrieg noch »jeden Sonntag von 12 bis 1 Uhr Militärkonzerte«. Der Universität gegenüber befand sich die berühmte Verlagsbuchhandlung von Gräfe und Unzer, hinter Kants Rücken das Stadttheater, wo der teuerste Logenplatz 4,50 Mark kostete. In der Mitte des Platzes ragte um stolze elf Meter das Denkmal Friedrich Wilhelms III. empor, von August Kiss geschaffen, 1851 enthüllt und im Reiseführer von 1910 angemessen beschrieben: »Der König, hoch zu Ross, mit dem Lorbeerkranz im Haar, ist in voller Manneskraft dargestellt, umflossen von dem faltigen Königsmantel.«* Eine Inschrift sagte von dem herzlich unbedeutenden, in seinem Amt überforderten König: »Sein Beispiel, seine Gesetze machten uns stark zur Befreiung des Vaterlandes, ihm danken wir des Friedens Segnungen.«

Das Königsdenkmal wurde natürlich getilgt, aber dafür kann man gegenüber, an der Westseite des Platzes, in eine Unterwelt hinabsteigen, in den Befehlsbunker des letzten deutschen Kommandanten von Königsberg, des Generals Otto Lasch. Am Abend des 9. April 1945, als die sowjetische Armee bereits ins Stadtzentrum vorgedrungen war, hat er unter den Bedingungen einer ehrenvollen Kapitulation, die dann nicht eingehalten wurden, einen sinnlosen Widerstand beendet.

»Die tapfere Besatzung von Königsberg konnte es nicht verhindern, daß der Feind mit überlegenen Kräften bis zum inneren Festungsring vordrang. Schwere Straßenkämpfe sind im Gange.« Das meldete der Wehrmachtbericht am gleichen Tag. Und nach zweitägigem Schweigen am 12. April: »Die Festung Königsberg wurde nach mehrtägigen Kämpfen durch den Festungskommandanten, General der Infanterie Lasch, den Bolschewisten übergeben. Trotzdem leisten Teile der pflichttreuen Besatzung, in mehrere Kampfgruppen aufgesplittert, den Bolschewisten noch erbittert Widerstand. General der Infanterie Lasch wurde wegen feiger Übergabe an den Feind durch das Kriegsgericht zum Tode durch den Strang verurteilt. Seine Sippe wird haftbar gemacht.« Dem Gauleiter Koch allerdings, der sich trotz seiner Durchhalteparolen längst aus dem Staub gemacht hatte, wurde erst im Nachkriegspolen der Prozeß gemacht; neunzigjährig starb er 1986 im Gefängnis des ostpreußischen Wartenburg/Barczewo.

1992 ist Immanuel Kant auf seinen angestammten Denkmalsockel zurückgekehrt.

Man kann in den kleinen, an einen langen Korridor gelagerten Bunkerräumen noch einiges von ihrer deutschen Ausrüstung sehen, seien es Schreibmaschine oder Telefon, vor allem jedoch die sowjetischen Siegespanoramen im Spielzeugformat, samt Fotos, Tabellen und Texten. Um die Eroberung heroischer erscheinen zu lassen, wird die Stärke der Verteidiger kraß übertrieben, als hätten sie über beinahe ebensoviele Soldaten und Geschütze verfügt wie die Angreifer. In Wahrheit gebot am Morgen des 6. April, als der Sturm losbrach, Marschall Tschernjakowski über 250 000 Mann und über eine gewaltige Übermacht an Artillerie, Panzern und Flugzeugen, General Lasch dagegen noch über rund 35 000 Mann, durchweg abgekämpfte Einheiten mit wenigen schweren Waffen und wenig Munition.*

Steigen wir aus dieser Unterwelt schleunigst wieder ans Sonnenlicht und zu Kant empor: Wenn es jemals einen Königsberger nicht bloß von Geburt, sondern aus Überzeugung gegeben hat, dann ihn. Nur in seinen acht Jahren als Hauslehrer hat er, notgedrungen, die Vaterstadt für ein paar Jahre verlassen, und auch dies nur um wenige Meilen. Ähnlich hat er später allenfalls ein paar Ferienwochen beim Oberförster Wobser in Moditten verbracht. Das lag gottlob gleich hinter Juditten, keine zehn Kilometer von Königsberg entfernt. Die ostpreußischen Grenzen hat der große Mann nie überschritten und jede Berufung an eine auswärtige Universität und jede Einladung abgelehnt, die ihn zum Reisen genötigt hätte; nicht einmal in Danzig ist er gewesen. Ganz vergeblich war es daher, daß der Hauslehrer Johann Gottlieb Fichte im Namen der Gräfin Krockow Kant darum bat, als geehrter Gast auf Schloß Krockow – noch jenseits von Danzig! – einen Sommeraufenthalt zu verbringen.

Vielleicht hängt es mit der Abneigung gegen das Reisen zusammen, daß der Herr Professor jeden Reisebericht förmlich verschlang, der ihm unter die Hände kam, und daß seine erfolgreichsten Vorlesungen der Anthropologie und Geographie galten; wir würden von Völker- und Länderkunde sprechen. Seine Anschauungskraft genügte: »Er schilderte zum Beispiel eines Tages in Gegenwart eines gebornen Londoners die Westminsterbrücke nach ihrer Gestalt und Einrichtung, nach Länge, Breite und Höhe und den Maßbestimmungen aller einzelnen Teile so genau, daß der Engländer ihn fragte, wieviel Jahre er doch in London gelebt und ob er sich besonders der Architektur gewidmet habe, worauf ihm versichert wurde, daß Kant weder die Grenzen Preußens überschritten hätte, noch ein Architekt von Profession wäre. Ebenso detailliert soll er sich mit Brydone über Italien unterhalten haben, so daß dieser sich ebenfalls erkundigte, wie lange er sich in Italien aufgehalten hätte.«* Warum sich dann noch der Mühsal des Hinfahrens und einer enttäuschenden Realität aussetzen?

Oder wie Kant selbst es gesagt hat: »Eine große Stadt, der Mittelpunkt eines Reichs, in welchem sich die Landescollegia der Regierung desselben befinden, die eine Universität (zur Cultur der Wissenschaften) und dabei noch die Lage zum Seehandel hat, welche durch Flüsse aus dem Innern des Landes sowohl, als auch mit angrenzenden entlegenen Ländern von verschiedenen Sprachen und Sitten einen Verkehr begünstigt, – eine solche Stadt, wie etwa Königsberg am Pregelflusse, kann schon für einen schicklichen Platz zur Erweiterung sowohl der Menschenkenntnis als auch der Weltkenntnis genommen werden, wo diese, auch ohne zu reisen, erworben werden kann.«*

Nicht jeder freilich hat das so sehen wollen. Friedrich etwa, den die Welt bald schon den Großen nannte, schrieb 1739 als Kronprinz, unwirsch, auf Befehl des strengen Herrn Vaters aus dem geliebten Rheinsberg fortgerissen zu sein: »Da wäre ich denn in der Hauptstadt eines Landes, wo man im Sommer gebraten wird, und wo im Winter die Welt vor Kälte springen möchte. Es kann besser Bären aufziehen als zu einem Schauplatz der Wissenschaften dienen ... Müßiggang und Langeweile sind, wenn ich nicht irre, die Schutzgötter von Königsberg; denn die Leute, die man hier sieht, und die Luft, die man hier atmet, scheinen einem nichts anderes einzuflößen.«

Vielleicht hängt es mit diesem Jugendärger zusammen, daß Friedrich, der sonst doch unermüdlich Inspektionsreisen unternahm, in der zweiten Hälfte seiner Regierungszeit Ostpreußen und Königsberg niemals mehr besucht hat, angeblich aus Empörung darüber, daß sich seine Untertanen im Siebenjährigen Krieg leichten Herzens der Besatzungsmacht hingegeben und 1758 ohne Bedenken der Zarin gehuldigt hatten – die Königsberger ausgerechnet an seinem Geburtstag, dem 24. Januar.

Doch warum eigentlich nicht? Die Neigung, heroisch unterzugehen, statt sich weltklug zu retten, ist erst später in Mode gekommen, und »dem Umstand, daß die Zarin Ostpreußen nicht als erobertes Land, sondern als einen Teil ihres Reiches behandelte, ist es zu verdanken, daß die Russen entgegen ihrem sonstigen Brauch weder Königsberg geplündert noch Menschen deportiert haben«.* Handel und Wandel und die Lebenslust blühten auf, statt daß sie verkümmerten. Zwar mußte man die Lasten der Besatzungsmacht tragen, aber man verdiente auch an ihr, und von den rigorosen Steuern des bedrängten Preußenkönigs blieb man ebenso verschont wie von den Schrecken des Krieges. Am Ende ist es sogar Friedrich zugute gekommen, daß wenigstens eines seiner Länder unverwüstet geblieben war.

Viele der »feindlichen« Offiziere erwiesen sich ohnehin als Deutsch-Balten; manche besuchten die Vorlesungen des Magisters Kant, der die »Allerdurchlauchtigste Großmächtigste Kayserin« Elisabeth als ihr »allerunterthänigster Knecht« darum bat, ihm eine durch den Tod des Inhabers erledigte Professur zu übertragen. Das geschah freilich nicht, doch keineswegs aus Mißgunst, sondern weil jemand sich mit älteren Ansprüchen bewarb.

Alte und Junge, Russen und Deutsche ungezwungen und fröhlich durcheinander: Das also hat es schon einmal gegeben. Und vielleicht nur Kant kann bewirken, daß es wieder gelingt. In der sowjetischen Zeit ist er über Hegel und Marx sozusagen als der Urgroßvater Lenins respektiert worden, der er gewiß nicht war. Doch immer scheint noch etwas anderes, Bedeutenderes im Spiel zu sein, eine Ahnung vom Freiheitsversprechen des Geistes, heute erst recht. Die folgende Geschichte verdanke ich Wolfgang Leonhard: Er betreute eine Gruppe russischer Studenten aus Königsberg und fragte sie, wie Kaliningrad künftig heißen solle. Vielleicht Kantstadt?

»Nein, nein, auf gar keinen Fall!«

»Warum denn nicht? Es wäre ein schöner Name.«

Die Grabstätte Kants auf der Kneiphofinsel,
gleich neben der Domruine.

»Natürlich. Aber unsere Stadt ist so heruntergekommen ... Sie ist des großen Kant nicht mehr würdig.«

Nur wenige Schritte vom Paradeplatz entfernt stand einst das Schloß. Auch dort wird seit kurzem wieder an Kant erinnert. Eine Bronzetafel, in eine Mauerrundung eingelassen, zitiert in deutscher und russischer Sprache aus der »Kritik der praktischen Vernunft«:

»Zwei Dinge erfüllen das Gemüt mit immer neuer und zunehmender Bewunderung und Ehrfurcht, je öfter und anhaltender sich das Nachdenken damit beschäftigt: Der gestirnte Himmel über mir und das moralische Gesetz in mir.«

Wir wandern weiter, zum Pregel hinunter und über die Honigbrücke zur Dominsel hinüber. Dort, auf dem Kneiphof, stand einst die Wirkungsstätte des Gelehrten, die alte Universität. Aber nichts ist geblieben als die Domruine – und unversehrt an ihrer Seite das Grabmal Kants, wie es von Friedrich Lahrs entworfen und 1924, zum zweihundertsten Geburtstag des Philosophen, feierlich geweiht wurde. »Immanuel Kant, 1724 –1804«, steht da geschrieben. Jemand hat einen Farbbeutel oder ein Tintenfaß gegen die Inschrift geschleudert, wie Martin Luther wider den Teufel. Doch auf dem Sarkophag liegen Blumen, darunter ein Strauß roter Rosen. Ich möchte Alexander aus dem unsterblichen Text vorlesen, den ich mitgebracht habe und der 1784 in der »Berlinischen Monatsschrift« veröffentlicht wurde: »Beantwortung der Frage: Was ist Aufklärung?« Weil eine Bank sich nicht anbietet, ziehen wir uns auf die Kaimauer zurück.

»*Aufklärung ist der Ausgang des Menschen aus seiner selbst verschuldeten Unmündigkeit. Unmündigkeit* ist das Unvermögen, sich seines Verstandes ohne Leitung eines anderen zu bedienen. *Selbstverschuldet* ist diese Unmündigkeit, wenn die Ursache derselben nicht am Mangel des Verstandes, sondern der Entschließung und des Mutes liegt, sich seiner ohne Leitung eines andern zu bedienen. Sapere aude! Habe Mut, dich deines *eigenen* Verstandes zu bedienen! ist also der Wahlspruch der Aufklärung.«*

Fünf Sätze nur, Sätze als Signale zum Aufbruch. Niemals zuvor oder seither ist so knapp und so klar gesagt worden, was Aufklärung meint. Und immer hat der Lehrer Kant seinen Schülern, den Hörern oder Lesern, nahezubringen versucht, daß sie bei ihm keine Philosophie und erst recht kein Dogma, sondern das Philosophieren, keine Denkrichtung, sondern das eigene Denken erlernen sollten. Den Ehrentitel eines »Selbstdenkers« hat dem Mann aus Königsberg der Berliner Aufklärer und Vorkämpfer der Judenemanzipation Moses Mendelssohn verliehen. Kant fährt fort:

»Faulheit und Feigheit sind die Ursachen, warum ein so großer Teil der Menschen, nachdem sie die Natur längst von fremder Leitung freigesprochen (naturaliter maiorennes), dennoch gerne zeitlebens unmündig bleiben; und warum es anderen so leicht wird, sich zu deren Vormündern aufzuwerfen. Es ist so bequem, unmündig zu sein. Habe ich ein Buch, das für mich Verstand hat, einen Seelsorger, der für mich Gewissen hat, einen Arzt, der für mich die Diät beurteilt, usw.: so brauche ich mich ja nicht selbst zu bemühen. Ich habe nicht nötig zu denken, wenn ich nur bezahlen kann; andere werden das verdrießliche Geschäft schon für mich übernehmen. Daß der bei weitem größte Teil der Menschen (darunter das ganze schöne Geschlecht) den Schritt zur Mündigkeit, außer dem daß er beschwerlich ist, auch für sehr gefährlich halte: dafür sorgen schon jene Vormünder, die die Oberaufsicht über sie gütigst auf sich genommen haben. Nachdem sie ihr Hausvieh zuerst dumm gemacht haben, und sorgfältig verhüteten, daß diese ruhigen Geschöpfe ja keinen Schritt außer dem Gängelwagen, darin sie sie einsperreten, wagen durften: so zeigen sie ihnen nachher die Gefahr, die ihnen drohet, wenn sie es versuchen, allein zu gehen. Nun ist diese Gefahr zwar eben so groß nicht, denn sie würden durch einigemal Fallen wohl endlich gehen lernen; allein ein Beispiel von der Art macht doch schüchtern und schreckt gemeiniglich von allen ferneren Versuchen ab.«

Wendet man den Text ins Politische – was Kant hintergründig stets mitbedachte –, so liest er sich im Rückblick beinahe so, als wolle er uns die deutsche Geschichte bis weit ins 20. Jahrhundert hinein deuten.

»Es ist also für jeden Menschen schwer, sich aus der ihm beinahe zur Natur gewordenen Unmündigkeit herauszuarbeiten. Er hat sie sogar liebgewonnen, und ist vor der Hand wirklich unfähig, sich seines eigenen Verstandes zu bedienen, weil man ihn niemals den Versuch davon machen ließ. Satzungen und Formeln, diese mechanischen Werkzeuge eines vernünftigen Gebrauchs oder vielmehr Mißbrauchs seiner Naturgaben, sind die Fußschellen einer immerwährenden Unmündigkeit. Wer sie auch abwürfe, würde dennoch auch über den schmalesten Graben einen nur unsicheren Sprung tun, weil er zu dergleichen freier Bewegung nicht gewöhnt ist. Daher gibt es nur wenige, denen es gelungen ist, durch eigene Bearbeitung ihres

Geistes sich aus der Unmündigkeit heraus zu wickeln, und dennoch einen sicheren Gang zu tun.

Daß aber ein Publikum sich selbst aufkläre, ist eher möglich; ja es ist, wenn man ihm nur Freiheit läßt, beinahe unausbleiblich. Denn da werden sich immer einige Selbstdenkende, sogar unter den eingesetzten Vormündern des großen Haufens, finden, welche, nachdem sie das Joch der Unmündigkeit selbst abgeworfen haben, den Geist einer vernünftigen Schätzung des eignen Werts und des Berufs jedes Menschen, selbst zu denken, um sich verbreiten. Besonders ist hierbei: daß das Publikum, welches zuvor von ihnen unter dieses Joch gebracht worden, sie hernach selbst zwingt, darunter zu bleiben, wenn es von einigen seiner Vormünder, die selbst aller Aufklärung unfähig sind, dazu aufgewiegelt worden; so schädlich ist es, Vorurteile zu pflanzen, weil sie sich zuletzt an denen selbst rächen, die, oder deren Vorgänger, ihre Urheber gewesen sind. Daher kann ein Publikum nur langsam zur Aufklärung gelangen. Durch eine Revolution wird vielleicht wohl ein Abfall von persönlichem Despotism und gewinnsüchtiger oder herrschsüchtiger Bedrückung, aber niemals wahre Reform der Denkungsart zustande kommen; sondern neue Vorurteile werden, eben sowohl als die alten, zum Leitbande des gedankenlosen großen Haufens werden.«

Die letzten Sätze klingen wiederum so, als seien sie ihrer Zeit voraus an bitteren Erfahrungen der neueren Geschichte abgelesen.

»Wenn denn nun gefragt wird: Leben wir jetzt in einem *aufgeklärten* Zeitalter? so ist die Antwort: Nein, aber wohl in einem Zeitalter der *Aufklärung*. Daß die Menschen, wie die Sachen jetzt stehen, im ganzen genommen, schon imstande wären, oder darin auch nur gesetzt werden könnten, in Religionsdingen sich ihres eigenen Verstandes ohne Leitung eines andern sicher und gut zu bedienen, daran fehlt noch sehr viel. Allein, daß ihnen jetzt doch das Feld geöffnet wird, sich dahin frei zu bearbeiten, und die Hindernisse der allgemeinen Aufklärung, oder des Ausgangs aus ihrer selbstverschuldeten Unmündigkeit, allmählich weniger werden, davon haben wir doch deutliche Anzeigen. In diesem Betracht ist dieses Zeitalter das Zeitalter der Aufklärung, oder das Jahrhundert *Friederichs*. Ein Fürst, der es seiner nicht unwürdig findet, zu sagen: daß er es für *Pflicht* halte, in Religionsdingen den Menschen nichts vorzuschreiben, sondern ihnen darin volle Freiheit zu lassen, der also selbst den hochmütigen Namen der *Toleranz* von sich ablehnt: ist selbst aufgeklärt, und verdient von der dankbaren Welt und Nachwelt als derjenige gepriesen zu werden, der zuerst das menschliche Geschlecht der Unmündigkeit, wenigstens von Seiten der Regierung, entschlug, und jedem frei ließ, sich in allem, was Gewissensangelegenheit ist, seiner eigenen Vernunft zu bedienen.«

Eine erstaunliche Huldigung. Denn zu Friedrichs Aufklärung gehörte die Menschenverachtung. An seinen Briefpartner d'Alembert schrieb der König: »Denken wir uns eine beliebige Monarchie mit zehn Millionen Einwohnern. Davon ziehen wir zunächst die Bauern, Fabrikarbeiter, Handwerker und Soldaten ab. Bleiben etwa 50 000 Männer und Frauen. Davon ziehen wir 25 000 Frauen ab; der Rest bildet den Adel und den höheren Bürgerstand. Prüfen wir nun, wie viele davon geistig träge, stumpf und schwachherzig oder ausschweifend sind, so wird die Rechnung ungefähr ergeben, daß von einem sogenannten zivilisierten Volke kaum tausend Personen gebildet sind – und auch da, welche Unterschiede der Begabung!« Deshalb ist es »verlorene Mühe, die Menschheit aufklären zu wollen, ja, oft ist es ein gefährliches Unterfangen. Man muß sich damit begnügen, selbst weise zu sein, wenn man es vermag, aber den Pöbel dem Irrtum überlassen und nur danach trachten, ihn von Verbrechen abzubringen, die die Gesellschaftsordnung stören.«

Welch eine Ferne zu Kant, von dem sein Biograph Jachmann gesagt hat: »Er schätzte den Wert des Menschen nicht nach seinem bürgerlichen Marktpreise ab, sondern nach der sittlichen Würde, zu der ein jeder berufen ist. Daher behandelte er auch den Niedrigsten aus dem Volke mit einer der Menschheit gebührenden Achtung.«*

In Friedrichs düsterer Perspektive blieb Aufklärung an die eine, außerordentliche Person des Herrschers gebunden; sie konnte sich nicht zur politischen Kultur des Staatsvolkes entfalten. Ohne wesentlichen Widerstand hat der Nachfolger auf dem Thron, Friedrich Wilhelm II., sie beiseite gestoßen und engherzige Religions- und Zensurgesetze erlassen. Auch Kant wurde von ihnen betroffen – und ist zurückgewichen. Dennoch oder eben darum hat er 1795 in seiner Schrift »Zum ewigen Frieden« als »Ersten Definitivartikel« den Satz geprägt: »Die bürgerliche Verfassung in jedem Staat soll republikanisch sein.«

Alexander unterbricht meine Begeisterung: »Siehst du dort drüben am Gebüsch das kleine Mädchen mit dem hübschen Kleid und der großen Schleife im Haar? Vielleicht acht Jahre ist es alt.«

»Ja, was ist mit ihm?«

»Noch keine Stunde sitzen wir hier, und in dieser Zeit hat es den Rosenstrauß vom Grab schon zweimal stibitzt, um ihn den Besuchern zu verkaufen. Warte bloß ab.«

Wahrhaftig: Nur Minuten vergehen, eine Gruppe deutscher Touristen biegt um die Ecke, das Mädchen eilt herbei, den Rosenstrauß in der Hand, macht einen artigen Knicks und weist auf das Grabmal. Jemand zückt seine Geldbörse, kauft den Strauß und legt ihn neben den anderen Blumen nieder, vom Kind angerührt und dem großen Philosophen zu Ehren. Als die Gruppe dann verschwunden ist, nimmt das Mädchen den Strauß wieder an sich und drückt sich ins Gebüsch.

Alexander lacht: »Was hätte dein Kant wohl dazu gesagt?«

Wahrscheinlich hätte er geschmunzelt. Immer wollte er jüngere Menschen um sich sehen, und er mochte die Kinder: »Bis zum Entzücken liebenswürdig erschien der große Mann noch in seinem Greisenalter durch sein liebreiches Betragen gegen ganz junge Kinder.«* Oder er hätte Anlaß gefunden, einen seiner weltweisenden Sätze zu formulieren:

»Aus so krummem Holze, als woraus der Mensch gemacht ist, kann nichts ganz Gerades gezimmert werden.«*

Später, als wir die Rosengeschichte Nikolaus Ehlert erzählen, rechnet der nach: »Wenn der Vater als Arzt, als Professor oder als Ingenieur arbeitet, dann vergrößert die Kleine das Familieneinkommen mindestens um das Zehnfache.« Voraussetzen muß man allerdings, was keineswegs als gesichert gelten darf: daß nicht die Mafia es ist, die das Mädchen abgerichtet hat und ihm fast das ganze Geld wieder wegnimmt.

Freundschaft und Pflicht

»Erzähle mir von Kant«, sagt Alexander abends in unserer Schiffsklause. »Wie sah er aus, was tat er, was für ein Mensch war er?«

Ich versuche mein Bestes; gottlob habe ich mich für die Reise nach Königsberg mit einem Buch gerüstet; es enthält die Lebensbeschreibungen, die drei Zeitgenossen und Freunde noch im Todesjahr des Philosophen, 1804, veröffentlicht haben.* Um einem gleich das Wort zu geben und mit dem Äußeren zu beginnen:

»Kants Körper war gewiß nicht zu einer achtzigjährigen Lebensdauer bestimmt. Er hat der Natur das Leben abgezwungen. Das ganze Gebäude seines Körpers war so schwach, daß nur ein Kant es so viele Jahre unterstützen und erhalten konnte. Es scheint als hätte die Natur bei der Bildung dieses seltenen Erdenbürgers alles auf seinen geistigen Teil verwandt; ja als hätte sie ihm die schwache Hülle zu mehrerer Stärkung seines Geistes mitgegeben. Sein Körper war kaum fünf Fuß (etwa 157 Zentimeter) hoch; der Kopf im Verhältnis zu dem übrigen Körper sehr groß; die Brust sehr flach und beinahe eingebogen; der rechte Schulterknochen hinterwärts etwas herausgedehnt. Die übrigen Teile des Körpers hatten untereinander ein gehöriges Ebenmaß. Sein Knochenbau war äußerst schwach, schwächer aber noch seine Muskelkraft. Der ganze Körper war mit so wenigem Fleisch bedeckt, daß er seine Kleider nur durch künstliche Mittel halten konnte.«*

Dabei war Kant bis ins hohe Alter nie krank und hat in Jahrzehnten keine Verabredung oder Vorlesung versäumt. Im Bewußtsein der eigenen Schwäche war die Gesundheit mit genauer Selbstbeobachtung erkauft: »Es hat vielleicht nie ein Mensch gelebt, der eine genauere Aufmerksamkeit auf seinen

Körper und auf alles, was diesen betrifft, angewandt hat als Kant; aber höchst merkwürdig ist es, daß zu dieser genauen Aufmerksamkeit ihn nicht hypochondrische Grillen, sondern vernünftige Gründe bewogen. Ihn interessierte die Erreichung eines hohen Alters; er hatte eine ganze Liste von alt gewordenen Menschen im Gedächtnis, er führte die noch ältern Männer aus den höheren Ständen in Königsberg an und freute sich, daß er nach und nach avancierte und nicht mehr viel Ältere vor sich habe; er ließ sich viele Jahre hindurch von dem Königsbergschen Polizeidirektorio die monatlichen Sterbelisten einreichen, um danach die Wahrscheinlichkeit seiner Lebensdauer zu berechnen ... In der festen Hoffnung, immer noch ein neues Lebensjahr zu erreichen, trug er selbst zur Erreichung desselben durch vernünftige Aufmerksamkeit auf seinen Körper bei, ohne doch durch ängstliche Besorgnisse über die Schwächlichkeit desselben diesem Zwecke gerade entgegenzuarbeiten; denn so schwach und empfindlich sein Körper war, so stark und unerschütterlich war auch seine Seele.«*

Entscheidend war ein präzise geregelter Tagesablauf; Kants Abneigung gegen das Reisen hing wohl wesentlich mit der Befürchtung zusammen, ihn unterwegs nicht einhalten zu können. »Fünf Minuten vor fünf Uhr morgens, es mochte Sommer oder Winter sein, trat sein Diener *Lampe* in die Stube mit dem ernsten militärischen Zuruf: *Es ist Zeit!* Unter keiner Bedingung, auch in dem seltenen Fall einer schlaflosen Nacht, zögerte *Kant* nur einen Augenblick, dem strengen Kommando den schnellsten Gehorsam zu leisten. Oft tat er bei Tische mit einer Art von Stolz an seinen Diener die Frage: *Lampe, hat er mich in dreißig Jahren nur an einem Morgen je zweimal wecken dürfen?* ›Nein, hochedler Herr Professor‹, war die bestimmte Antwort des ehemaligen Kriegers. Mit dem Schlage fünf saß *Kant* an seinem Teetische, trank, wie er es nannte, *eine* Tasse Tee, die er aber in Gedanken und um sie warm zu erhalten, so oft nachfüllte, daß wenigstens zwei, wo nicht mehrere, aus ihr wurden. Dabei rauchte er die einzige Pfeife für den ganzen Tag mit einem zu diesem Behufe längst gebrauchten Hut auf dem Kopfe ... Bei dieser Pfeife überdachte er abermals, wie abends vorher am Ofen, seine Dispositionen, und ging gewöhnlich um 7 Uhr zu seinen Vorlesungen und von diesen an seinen Schreibtisch. Um 3/4 auf 1 Uhr stand er auf, rief der Köchin zu: *Es ist dreiviertel!*«* – und wartete nun ungeduldig auf die Freunde, die er zu Tisch geladen hatte, und auf den Beginn des Essens um ein Uhr. Denn das Mittagessen war seine einzige Mahlzeit.

Dieses Essen und die begleitenden Gespräche konnten drei oder auch vier Stunden dauern. Am späteren Nachmittag folgte ein Spaziergang, bei schlechtem Wetter mit dem begleitenden und beschirmenden Diener Lampe; Kant war einer der ersten, der das Spazierengehen als deutsche Bürgergewohnheit einführte.

Der Tag endete für Kant um zehn Uhr abends, wieder präzise geregelt: »Eine Viertelstunde vor dem Schlafengehen entschlug er sich so viel als möglich alles scharfen Nachdenkens, und jeder auch nur kleine Anstrengung erfordernden Kopfarbeit, um nicht durch sie aufgestört und zu munter zu werden, denn die kürzeste Verzögerung des Einschlafens war ihm höchst unangenehm. Zum Glück begegnete sie ihm selten. Ohne seinen Bedienten kleidete er sich in seinem Schlafzimmer ganz allein aus, doch immer nur in der Art, daß er in jedem Augenblicke, ohne verlegen zu werden, oder bei seinem Aufstehen andere verlegen zu machen, erscheinen konnte. Dann legte er sich auf seine Matratze und hüllte sich in eine Decke ein; im Sommer in eine baumwollene, im Herbst in eine wollene; beim Eintritt des Winters bediente er sich beider zusammen und in der strengsten Kälte nahm er eine Federdecke von Eiderdaunen … Durch vieljährige Gewohnheit hatte er eine besondere Fertigkeit erlangt, sich in die Decken einzuhüllen. Beim Schlafengehen setzte er sich erst ins Bett, schwang sich mit Leichtigkeit hinein, zog den einen Zipfel der Decke über die eine Schulter unter dem Rücken durch bis zur andern und durch eine besondere Geschicklichkeit auch den andern unter sich, und dann weiter bis auf den Leib. So emballiert und gleichsam wie ein Kokon eingesponnen, erwartete er den Schlaf. Oft pflegte er zu seinen Tischfreunden zu sagen: *Wenn ich mich so ins Bett gelegt habe, so frage ich mich selbst: ›kann ein Mensch gesunder sein, als ich?‹* Seine Gesundheit war nicht bloß eine

Immanuel Kant
nach einem zeitgenössischen Kupferstich.

gänzliche Abwesenheit alles Schmerzes; sie war die wirkliche Empfindung und der wahre Genuß des höchsten Wohlbefindens; er schlief daher auch sogleich ein. Keine Leidenschaft machte ihn munter, kein Kummer hielt seinen Schlaf auf, kein Schmerz weckte ihn.«*

Alexander staunt – und schaudert: »War der Mann denn ein Roboter? Oder ein Uhrwerk, das sich selbst aufzog?«

Jedenfalls hat sein Freund, der Kriminalrat und Bürgermeister Theodor Gottlieb von Hippel*, ein Lustspiel geschrieben, das mit großem Erfolg aufgeführt wurde, weil jeder die Anspielungen verstand: »Der Mann nach der Uhr.« In erster Linie war allerdings ein anderer Freund Kants gemeint, der Engländer Joseph Green, der den Preußen womöglich noch übertraf, wie eine Geschichte belegt: »Kant hatte eines Abends dem Green versprochen, ihn am folgenden Morgen um acht Uhr auf einer Spazierfahrt zu begleiten. Green, der bei solcher Gelegenheit schon um dreiviertel mit der Uhr in der Hand in der Stube herumging, mit der funfzigsten Minute seinen Hut aufsetzte, in der fünfundfunfzigsten seinen Stock nahm und mit dem ersten Glockenschlage den Wagen öffnete, fuhr fort und sah unterwegs Kant, der sich etwa zwei Minuten verspätet hatte, ihm entgegenkommen, hielt aber nicht an, weil dies gegen seine Abrede und gegen seine Regel war.«* Übrigens wurde Kant bei einer anderen Gelegenheit von einem adeligen Herrn zwar pünktlich zur Spazierfahrt abgeholt, aber entgegen der Abrede erst gegen zehn Uhr abends nach Hause gebracht. Er kehrte »voll Angst und Unzufriedenheit« heim und beschloß, sich solch waghalsigen Abenteuern niemals mehr auszusetzen.

»Das sollten für dich gleich zwei Lehren und warnende Beispiele sein!« stichele ich. Denn mit vielen seiner Altersgenossen teilt Alexander die Neigung, es mit der Zeit und mit Verabredungen nicht so genau zu nehmen; zur Reise von Altona über Kiel nach Königsberg schlenderte er knapp eine Minute vor Abfahrt des Zuges herbei, während ich fast schon die Fassung verlor. Doch das Jungchen grinst bloß: »Meinen eigenen Tyrannen spielen? Ich werde mich hüten.«

Wenn etwas für Kant noch wichtiger war als seine Gesundheit, dann die persönliche Unabhängigkeit. Denn wie soll man auf eigenen Füßen stehen und selbst denken, wenn die Umstände es gebieten, sich zu ducken und anzupassen?

Zunächst kam es auf die finanzielle Unabhängigkeit an. Sie hatte der Herr Magister sich schwer genug erkämpfen müssen. Jahre hindurch verfügte er als Privatdozent nur über das Kolleggeld, das seine Hörer ihm zahlten. Während heute Professoren schon über acht Wochenstunden klagen – die freilich nicht mehr vergütet werden –, brachte er es auf zwanzig Lehrstunden. 1765 übernahm er zusätzlich die mit 62 Talern jährlich sehr karg bezahlte Stellung eines Unterbibliothekars an der Königsberger Schloßbibliothek. Erst 1770, als er über die Hälfte seines für die damalige Zeit langen Lebens schon hinaus war, erreichte er eine Professur. Doch es gab noch keine festen Pensionsregelungen, und durch allerhöchste Ungnade konnte man Amt und Einkommen wieder verlieren. Darum blieb Kant so sparsam, wie er immer gewesen war, und hinterließ bei seinem Tode neben dem eigenen Haus das beträchtliche Vermögen von 17 000 Talern.

»Aber Kants Grundsätze in Ansehung der Glücksgüter? – Nie, in frühern oder spätern Jahren ward es mir oder irgend einem merkbar, daß er dem Reichtum nachjage. Schuldenfrei seinen Gang durchs Leben zu machen, und dies, um von andern Menschen, hier in Hinsicht auf Geld, so wie überhaupt in allen Beziehungen – unabhängig sein und bleiben zu können, dies war Maxime, die er für jeden Edeldenkenden ganz unentbehrlich hielt und uns in seinen Vorlesungen, auch sonst bei aller Gelegenheit dringend empfahl. Haushälterisch sollten wir alle sein – dies prägte er uns ein und er war's in dem edelsten Sinne des Worts.«* Von Geiz kann man in der Tat nicht sprechen; sobald er es vermochte, hat Kant seine Verwandten still, aber nachhaltig unterstützt, und der Diener Lampe, obwohl er schließlich wegen Trunksucht entlassen werden mußte, erhielt eine großzügige Rente.

Übrigens ereignete sich die Entlassung, als Kant schon sehr alt war und sein Gedächtnis ihn mehr und mehr im Stich ließ. Daher notierte er in einem Heft, was er unbedingt behalten wollte, darunter den Satz: »Der Name *Lampe* muß nun völlig *vergessen* werden.«

Die Unabhängigkeit sollte auch gegenüber Menschen gewahrt werden. Hier ist wohl der Grund dafür zu suchen, daß Kant sich nie an eine Leidenschaft verloren hat und lebenslang Junggeselle geblieben ist. Die Schwestern und ihre Familien, die in Königsberg lebten, hat er sich sorgsam vom Leibe gehalten und in Jahrzehnten nicht gesehen; erst den Greis, der fast niemanden mehr erkannte, hat eine der Schwestern pflegen helfen. Selbst gegenüber den Freunden, sie mochten ihm im Grunde seines Herzens noch so nahe sein, suchte und wahrte er die Distanz. »Liebe Freunde, es gibt keine Freunde«, pflegte er zu sagen und blieb hartnäckig beim »Sie«. Nur im Falle des Arztes Johann Gottlieb Trummer ließ sich das »Du« nicht mehr aus der Welt schaffen, weil er ein Schulfreund gewesen war.

Alexander seufzt und sagt, wie der Schüler im »Faust«: »Mein Abscheu wird durch Euch vermehrt ... ein knochentrockner Typ muß das gewesen sein, in Gedanken eingesponnen, wie nachts in den Kokon seiner Decken.«

Nein, keineswegs. Zwar »auch Kant hatte seine Schwachheitsschatten als Mensch, die aber seinen lichten Seiten nichts von ihrer Klarheit und Sichtbarkeit nehmen konnten und werden. Die mehrsten waren nicht seine Schuld, sondern Folgen der menschlichen Natur, wenn sie ein hohes Alter erreicht, denen mithin weder seine Geistesgröße noch der hohe Grad der Kraft seiner Ausbildung, ja selbst seine Herzensgüte nicht den zwar langsamen, aber doch mächtigen Eintritt verwehren konnte. Er hatte 80 Jahre in seinem Lebenskreis gewandelt; was Wunder also, wenn er im Zirkel endlich an den Punkt zurückkam, von dem er ausgegangen war!«* Er selbst wußte, was ihm geschah: »Meine Herren«, sagte er zu seinen Tischgästen, »ich bin alt und schwach, Sie müssen mich wie ein Kind betrachten.«

Doch in seinen jüngeren Jahren und weit bis ins Alter hinein war Kant nicht in seinem Gedankenkokon eingesponnen, sondern unbezähmbar wißbegierig auf alles, was in der großen weiten Welt oder in der kleinen von Königsberg geschah. »Saß er nun einmal an der Suppe, und fand er das Suppenfleisch recht mürbe, so war ihm ungemein wohl (wo nicht, so schalt er, und war etwas verdrüßlich) und dann sagte er: ›Nun, meine Herren und Freunde! Lassen Sie uns auch etwas sprechen! Was gibt's guts Neues?‹«*

Dabei war Kant mit Witz und Geistesgegenwart ebenso gerüstet wie mit der Fähigkeit, anschaulich zu erzählen, und er liebte die Geselligkeit. Darum liebte die Gesellschaft ihn; die Honoratioren der Stadt rechneten es sich zur Ehre, zum Gewinn und Vergnügen an, ihn unter ihren Gästen zu sehen. Man muß nicht geradezu von einem Dandy sprechen, aber sorgfältig kleidete der Magister sich nach der Mode – und mahnte seine Schüler, es ebenfalls zu tun: »So tadelte er, wenn junge Leute hinter ein affektiert schlichtes Äußere ihre wirklichen

Vorzüge verbergen wollten, weil wir nach seiner Meinung keinem Menschen das Urteil über uns erschweren oder gar zu unserm Nachteil irreleiten müssen, und weil es ein stolzes Verlangen verrate, daß Menschen, ungeachtet der von uns geflissentlich angenommenen rauhen und unpolierten Schale, doch den gesunden Kern in uns aufsuchen sollen ... Er war aus vielfältiger Erfahrung überzeugt, daß viele edeldenkende und geschickte Jünglinge durch ein solches unpoliertes und geniemäßiges Äußere ihr ganzes Lebensglück verscherzen und sich für die bürgerliche Gesellschaft unbrauchbar machen. Und dies war es eben, was seinem menschenfreundlichen Herzen wehe tat.«* Was wohl hätte dann Kant zu den jungen Leuten unserer Tage gesagt, die auf ihre Schlampigkeit stolz sind?

Der Witz und die Anschaulichkeit kamen auch den Vorlesungen zugute und sicherten eine für die damaligen Verhältnisse große Hörerschaft, zu denen sich neben den Studenten bald Bürger, Beamte oder Offiziere gesellten. Einer der jungen Leute, der zwischen 1762 und 1764 in Königsberg studierte, Johann Gottfried Herder aus Mohrungen, hat im Rückblick gesagt: »Ich habe das Glück genossen einen Philosophen zu kennen, der mein Lehrer war. Er, in seinen blühendsten Jahren, hatte die fröhliche Munterkeit eines Jünglings, die, wie ich glaube, ihn auch in sein greisestes Alter begleitet. Seine offene, zum Denken gebaute Stirn war ein Sitz unzerstörbarer Heiterkeit und Freude; die gedankenreichste Rede floß von seinen Lippen; Scherz und Witz und Laune standen ihm zu Gebot, und sein lehrender Vortrag war der unterhaltsamste Umgang ... Menschen, Völker, Naturgeschichte, Naturlehre, Mathematik und Erfahrung waren die Quellen, aus der er seinen Vortrag und Umgang belebte, nichts Wissenswürdiges war ihm gleichgültig: keine Kabale, keine Sekte, kein Vorteil, kein Namensehrgeiz hatte je für ihn den mindesten Reiz gegen die Erweiterung und Aufhellung der Wahrheit. Er munterte auf und zwang angenehm zum Selbstdenken; Despotismus war seinem Gemüte fremd.«*

Unordnung allerdings irritierte den Professor, wie Jachmann berichtet: »Er faßte bei seinem Vortrage gewöhnlich einen nahe vor ihm sitzenden Zuhörer ins Auge und las gleichsam aus dessen Gesicht, ob er verstanden wäre. Dann konnte ihn aber auch die geringste Kleinigkeit stören, besonders wenn dadurch eine natürliche oder angenommene Ordnung unterbrochen wurde, die dann gleichfalls die Ordnung seiner Ideen unterbrach. In einer Stunde fiel mir seine Zerstreutheit ganz besonders auf. Am Mittag versicherte mir Kant, er wäre immer in seinen Gedanken unterbrochen worden, weil einem dicht vor ihm sitzenden Zuhörer ein Knopf am Rocke gefehlt hätte.«*

Zum Wesentlichen, zum Lebenskern gehörte bei Kant, daß er zur Freundschaft begabt war, allen seinen Ängsten vor der Nähe und vor Bindungen zum Trotz. Meist wuchsen die Freundschaften unmerklich heran, oft aus einem Verhältnis zwischen dem akademischen Lehrer und seinem Schüler. Denn Kant liebte es mit einer Art von Vaterstolz, Jüngere um sich zu haben – vorausgesetzt freilich, daß sie zum Selbstdenken, zur geistigen Unabhängigkeit fähig waren. Ein Beispiel liefert Christian Jacob Kraus, 1753 im ostpreußischen Osterode geboren. Von Kant gefördert, rückte er 1782 zum Professor der praktischen Philosophie und Kameralwissenschaften auf; es wird noch von ihm zu reden sein. Viele Jahre hindurch gehörte er zum engsten Kreis von Kants Tafelgästen. Bisweilen aber begann eine Freundschaft auch stürmisch, wie im Falle des 1727 geborenen Kaufmanns Joseph Green:

»Zur Zeit des Englisch-Nordamerikanischen Krieges ging Kant eines Nachmittags in dem Dänhofschen Garten spazieren und blieb vor einer Laube stehen, in welcher er einen seiner Bekannten in Gesellschaft einiger ihm unbekannter Männer entdeckte. Er ließ sich mit diesem in ein Gespräch ein, an welchem auch die übrigen Männer teilnahmen. Bald fiel ihr Gespräch auf die merkwürdige Zeitgeschichte. Kant nahm sich der Amerikaner an, verfocht mit Wärme ihre gerechte Sache und ließ sich mit einiger Bitterkeit über das Benehmen der Engländer aus. Auf einmal springt ganz voll Wut ein Mann aus der Gesellschaft, tritt vor Kant hin, sagt, daß er ein Engländer sei, erklärt seine ganze Nation und sich selbst durch seine Äußerungen für beleidigt und verlangt in der größten Hitze eine Genugtuung durch einen blutigen Zweikampf. Kant ließ sich durch den Zorn des Mannes nicht im mindesten aus der

Fassung bringen, sondern setzte sein Gespräch fort und fing an, seine politischen Grundsätze und Meinungen und den Gesichtspunkt, aus welchem jeder Mensch als Weltbürger, seinem Patriotismus unbeschadet, dergleichen Weltbegebenheiten beurteilen müsse, mit einer solchen hinreißenden Beredsamkeit zu schildern, daß Green – dies war der Engländer – ihm ganz voll Erstaunen freundschaftlich die Hand reichte, den hohen Ideen Kants beipflichtete, ihn wegen seiner Hitze um Verzeihung bat, ihn am Abende bis an seine Wohnung begleitete und ihn zu einem freundschaftlichen Besuch einlud. Der nun auch schon verstorbene Motherby, ein Associé von Green, war Augenzeuge dieses Vorfalls gewesen und hat mir oft versichert, daß Kant ihm und allen Anwesenden bei dieser Rede wie von einer himmlischen Kraft begeistert erschienen wäre und ihr Herz auf immer an sich gefesselt hätte.

Kant und Green schlossen nun wirklich eine vertraute Freundschaft . . . In der Gesellschaft dieses geistreichen, edelgesinnten und sonderbaren Mannes fand Kant so viel Nahrung für seinen Geist und für sein Herz, daß er sein täglicher Gesellschafter wurde und viele Jahre hindurch mehrere Stunden des Tages bei ihm zubrachte. Kant ging jeden Nachmittag hin, fand Green in einem Lehnstuhl schlafen, setzte sich neben ihn, hing seinen Gedanken nach und schlief auch ein; dann kam gewöhnlich Bancodirektor Ruffmann und tat ein Gleiches; bis endlich Motherby zu einer bestimmten Zeit ins Zimmer trat und die Gesellschaft weckte, die sich dann bis sieben Uhr mit den interessantesten Gesprächen unterhielt. Diese Gesellschaft ging so pünktlich um sieben Uhr auseinander, daß ich öfters die Bewohner der Straße sagen hörte: es könne noch nicht sieben sein, weil Herr Professor Kant noch nicht vorbeigegangen wäre . . .

Greens Tod (im Jahre 1787) veränderte auch Kants Lebensweise so sehr, daß er seit dieser Zeit nie mehr eine Abendgesellschaft besuchte und dem Abendessen gänzlich entsagte. Es schien, als wenn er diese Zeit, die einst der vertrautesten Freundschaft geheiligt war, zum Opfer für den abgeschiedenen Busenfreund bis an sein Lebensende in stiller Einsamkeit verbringen wollte.«*

Den Mittelpunkt der Geselligkeit bildete freilich immer die Tafelrunde, die um Punkt ein Uhr mittags begann: »Nun, meine Herren . . .« In der Regel waren zwei oder drei, manchmal bis zu fünf Gäste geladen, aber keinesfalls mehr, wie ein bekanntes Bild es irreführend zeigt* – ärgerlich genug, denn von einem Historienmaler sollte man zumindest erwarten, daß er Genauigkeit mit der Anschauung verbindet, die er uns vermittelt. Jedenfalls »auf sechs Personen war sein Tisch und seine ganze Ökonomie nur eingerichtet«*. Es gab nur sechs Silberbestecke, in weisem Ausblick auf die Ökonomie des Gesprächs; Kant wußte, daß es sich in einem größeren Kreis nicht mehr konzentriert, sondern zersplittert. Wasianski hat geschildert, wie es bei der Tafelrunde zuging:

»Der Tag, den man bei ihm aß, war ein Festtag für seine Tischfreunde. Angenehme Belehrungen, doch ohne daß er sich das Ansehen eines Lehrers gegeben hätte, würzten das Mahl und verkürzten die Zeit von 1 Uhr bis 4, 5, öfters auch später, sehr nützlich und ließen keine Langeweile zu. Er duldete keine Windstille, mit welchem Namen er die etwaigen Augenblicke benannte,in denen das Gespräch minder lebhaft war. Er wußte stets allgemeine Unterhaltung zu schaffen, jedem seine Liebhaberei abzumerken und mit Teilnahme davon zu sprechen . . . Fast nie hatte die Unterhaltung auf Gegenstände der kritischen Philosophie Bezug. Er verfiel nicht in den Fehler der Intoleranz gegen diejenigen, die mit ihm kein gleiches Lieblingsstudium hatten, wie dieses wohl bei manchem anderen Gelehrten der Fall sein möchte. Seine Unterhaltung war populär dargestellt, daß ein Fremder, der seine Schriften studiert hätte, dem er aber von Person unbekannt geblieben wäre, aus seinem Gespräche wohl schwerlich hätte schließen können, daß der Erzählende *Kant* sei. Lenkte sich das Gespräch auf Gegenstände der Physiologie, Anatomie oder der Sitten gewisser Völker, wurden dabei solche Dinge erwähnt, die der Leichtsinn wohl zur Schlüpfrigkeit hätte mißbrauchen können, so wurde davon nur mit einem Ernste gesprochen, der es verriet, daß es nicht nur bei ihm der Fall sei, sondern daß er es auch von seinen Tischfreunden als sicher voraussetzte: Sunt castis omnia casta. (Dem Reinen ist alles rein.)

Bei der Wahl seiner Tischfreunde beobachtete er außer den sonst gewöhnlichen Maximen noch zwei andere: Zuerst wählte er sie aus verschiedenen Ständen: Dienstmänner (Beamte), Professoren, Ärzte, Geistliche, gebildete Kaufleute, auch junge Studierende, um der Unterhaltung Mannigfaltigkeit zu verschaffen. Zweitens waren seine gesamten Tischfreunde jüngere Männer als er, oft sehr viel jünger. Er schien bei letzteren die doppelte Absicht zu haben: durch die Lebhaftigkeit des kraftvollern Alters mehr Jovialität und heitere Laune in die Gesellschaft zu bringen, sodann auch soviel als möglich, sich den Gram über den früheren Tod derer, an die er sich gewöhnt hatte, zu ersparen.«*

Unwillkürlich fordert solch eine Beschreibung zum Vergleich mit der anderen, weit berühmteren Tafelrunde heraus, die über Jahre hinweg beinahe gleichzeitig in Sanssouci stattfand. Der Schriftsteller Stefan Heym hat einmal unvermutet geschwärmt: An Friedrichs Tisch hätte er sitzen mögen, denn der sei doch ein Intellektueller von Format gewesen.* Gewiß, für jedes Mitglied seiner Tafelrunde war die Fähigkeit zum geistreichen Gespräch überlebenswichtig, wobei es schlagfertig mit dem Degen des Witzes zu fechten galt. Und bedeutende Gegenstände des Weltgeschehens, der Geschichte, der Philosophie und – wahrscheinlich weit mehr als bei Kant – der Kunst sind erörtert worden, vom Schauspiel bis zur Musik. Aber zwei Elemente kamen ins Spiel, die bei Kant ausgeschlossen blieben, zunächst die schlüpfrige Anspielung.

Voltaire hat die Tafelrunde von Sanssouci im Glanz seiner Spottlust geschildert: »Soupiert wurde in einem kleinen Saal, wo als kuriosester Schmuck ein Bild hing, zu dem er seinem Maler Pesne – einem unserer besten Koloristen – den Vorwurf gegeben hatte. Es war eine prächtige Priapee [unzüchtige Darstellung]. Junge Männer, Frauen umarmend, waren darauf abgebildet, Nymphen unter Satyrn, Amouretten im Spiel der Enkolpe und Gitone, ein paar Figuren, denen am Anblick dieser Liebesspiele die Sinne schwinden, schnäbelnde Turteltauben, Böcke und Widder, Ziegen und Schafe bespringend. Die Mahlzeiten verliefen meist nicht weniger philosophisch. Wäre jemand plötzlich eingetreten, hätte dieses Bild gesehen und uns zugehört, er hätte geglaubt, die sieben Weisen Griechenlands unterhielten sich im Bordell.«

Das andere Element war die Bosheit. In ihm bewegte sich nicht bloß Voltaire, sondern auch Friedrich sozusagen wie ein Fisch im Wasser und brauchte Konkurrenz schwerlich zu fürchten, was wiederum Voltaire ihm später vorgehalten hat: »Sie haben einen gehässigen Fehler. Sie erfreuen sich an der Herabsetzung ihrer Mitmenschen.« Aber niemand konnte das Friedrich heimzahlen, weil er der König war – es sei denn mit Krieg, wie die Damen, die er einmal »die drei Erzhuren Europas« genannt hatte: die Kaiserin Maria Theresia, die Zarin Elisabeth und die Madame Pompadour.

Mit dem Glanz von Sanssouci durfte sich Kants bürgerlich bescheidene, um nicht zu sagen gemütliche Tafelrunde allerdings so wenig messen wie der Diener Lampe mit Bediensteten bei Hofe. Dafür wurden die Teilnehmer mit dem doppelten Reichtum entschädigt, den das gute Gespräch begründet: daß es klüger macht und Freundschaften stiftet. Wer also die Wahl gehabt hätte, ohne sich vom Ruhm Friedrichs oder vom Karriereehrgeiz verleiten zu lassen, der hätte sich doch wohl für die Tafelrunde von Königsberg statt für Potsdam entscheiden sollen.

Alexander meldet Zweifel an: »Womöglich haben Friedrich und Kant viel mehr gemeinsam, als wir denken. Beide waren hartnäckige Junggesellen, nicht wahr? Frauen jedenfalls haben sie zu ihren Tischgesellschaften und zur Freundschaft nicht zugelassen, weder hier noch in Potsdam. Beide, wenn ich das aus der Schule noch zusammenkriege, suchten Ersatz und fanden die Pflicht. Bei Friedrich gibt es einen berühmten Ausspruch ... Aber wie hieß er nur?«

»Es ist nicht nötig, daß ich lebe, wohl aber, daß ich meine Pflicht tue.«

»Ja, diese Pflichterfüllung, koste sie, was sie wolle, und sei es das Leben! Und Kant hat von der Pflicht geschwärmt, wie ein Teenager von seinem Star.«

»Pflicht! du erhabener großer Name ...«

»Außerdem – ich erinnere mich dunkel – hat Kant bewiesen, daß wir Gott nicht beweisen und von ihm nichts wissen

können. Wir dürfen bloß glauben. Aber was dieser Glaube dann praktisch meinte, das war eben die Pflicht.«

Woran sich Alexander dunkel erinnert, hat schon Heinrich Heine auf seine Weise geschildert: »Immanuel Kant ... hat den Himmel gestürmt, er hat die ganze Besatzung über die Klinge springen lassen, der Oberherr der Welt schwimmt unbewiesen in seinem Blute, es gibt jetzt keine Allbarmherzigkeit mehr, keine Vatergüte, keine jenseitige Belohnung für diesseitige Enthaltsamkeit, die Unsterblichkeit der Seele liegt in den letzten Zügen – das röchelt, das stöhnt – und der alte Lampe steht dabei, mit seinem Regenschirm unterm Arm, als betrübter Zuschauer, und Angstschweiß und Tränen rinnen ihm vom Gesicht. Da erbarmt sich Immanuel Kant und zeigt, daß er ein guter Mensch ist, und er überlegt, und halb gutmütig und halb ironisch spricht er: ›Der alte Lampe muß einen Gott haben, sonst kann der arme Mensch nicht glücklich sein – das sagt die praktische Vernunft – meinetwegen – so mag auch die praktische Vernunft die Existenz Gottes verbürgen.‹«*

Alexander lacht: »Jetzt wissen wir endlich, warum Lampe seinen Kummer im Schnaps ertränkte ... Im Ernst: Haben nicht beide, der alte Fritz von außen mit seinem Krückstock und der alte Immanuel von innen mit seiner Moral, uns dazu erzogen, daß wir uns an die Pflicht halten sollten – und an nichts außerdem?«

Es ist wahr: Je weiter von Friedrich und von Kant entfernt, desto mehr hat man in ihrem Namen die Pflichterfüllung zum Inbegriff des preußisch-deutschen Wesens verklärt. Wie Sebastian Haffner gesagt hat: »Die Pflicht gegen den Staat kam zuerst. Mit diesem Religionsersatz ließ sich leben, und sogar ordentlich und anständig leben – solange der Staat, dem man diente, ordentlich und anständig blieb. Die Grenzen und Gefahren der preußischen Pflichtreligion haben sich erst unter Hitler gezeigt.«*

»Und mit dem sind wir dann marschiert und marschiert, im Namen der befohlenen und gehorsamst erfüllten Pflicht, bis alles in Scherben fiel, bis nach Stalingrad und nach Auschwitz.«

Mag sein. Aber was geschah, ist nicht *mit* Kant, sondern nur *gegen* ihn möglich geworden. Sein kategorischer Imperativ der Pflichterfüllung lautet: »Handle so, daß die Maxime deines Willens jederzeit zugleich als Prinzip einer allgemeinen Gesetzgebung gelten könne.« Der Nachdruck liegt auf »allgemein«. Niemand, kein einzelner, kein Staat und kein Volk, welcher Heimat, welcher Herkunft oder Hautfarbe, welchen Glaubens auch immer, darf ausgeschlossen werden. Was bloß dem einen nützt, dem anderen aber schadet oder gar ihn verfemt und vernichtet, das kann nicht geboten sein und darf keinen Gehorsam finden. Es wird als das Verbrechen kenntlich, das es ist. Kants Pflichtbegriff ist also menschheitlich, weltbürgerlich angelegt. Nicht von ungefähr heißt eine seiner Schriften: »Idee zu einer allgemeinen Geschichte in weltbürgerlicher Absicht«. Und eine andere, von da aus als unendliche Aufgabe entwickelt: »Zum ewigen Frieden«. Wer im Dritten Reich Kant richtig gelesen und sogar beherzigt hätte, der wäre zur Pflicht geführt worden, Widerstand zu leisten.

Längst sind die Mitternacht und die Geisterstunde vorüber, als wir unser Königsberger Schiffsgespräch beenden. In den wenigen Stunden, die bis zum Morgen verbleiben, träume ich seltsam: Im Mondlicht spaziert an der Domruine ein zierlicher alter Mann vorüber, altmodisch gekleidet, mit dem Dreispitz auf dem Kopf. Er hält Rosen in der Hand. Eine Stimme sagt: »Er ist vom Denkmalsockel auf dem Paradeplatz heruntergestiegen und sucht die alte Universität.« Hinterdrein torkelt ein zweiter Mann, schwenkt seine Schnapsflasche und grölt: »O du wunderschöner deutscher Rhein, du sollst ewig . . .« Der Gesang bricht ab, als beide in den Bannkreis einer Laterne geraten. Der Betrunkene wirft die Flasche nach ihr, mit dem Ruf: »Gott sei bei uns! Die Lampen müssen nun völlig vergessen werden.« Es klirrt und wird dunkel; nur das Mondlicht bleibt. Aber wie Luftballons läßt der zierliche alte Mann seine Rosen aufwärts entschweben. Es wird wieder hell, weit heller als zuvor, denn in mein Fenster scheint schon die Sonne.

Demonstrationen zur Freiheit

Als Kant am 12. Februar 1804 starb, war es um ihn seit langem still geworden. Bereits 1797 hatte er seine Vorlesungen eingestellt und seit Jahren nichts mehr veröffentlicht. Auch die Spaziergänge lagen weit zurück; nur ein kleiner Kreis von Freunden bekam den alten Mann noch zu sehen. Wen also ging dieser Tod etwas an?

Die überraschende Antwort lautete: jeden Bürger von Königsberg. Die Nachricht sprach sich wie ein Lauffeuer herum, als die Hartungsche Zeitung – oder mit dem korrekten Titel »Königlich Preußische Staats-, Kriegs- und Friedenszeitungen« – meldete: »Heute Mittags um 11 Uhr starb an völliger Entkräftung im 80sten Jahr seines Alters Immanuel Kant. Seine Verdienste um die Revision der speculativen Philosophie kennt und ehrt die Welt. Was ihn sonst auszeichnete, Treue, Wohlwollen, Rechtschaffenheit, Umgänglichkeit – dieser Verlust kann nur an unserm Ort empfunden werden, wo also auch das Andenken des Verstorbenen am ehrenvollsten und dauerhaftesten sich erhalten wird.«

Was folgte, hat Wasianski geschildert: »Alles eilte hinzu, die letzte Gelegenheit zu benutzen, um einst sagen zu können: Ich habe *Kant* gesehen. Viele Tage lang wurde zu ihm gewallfahrtet ... Vom Morgen bis zum finstern Abend war das Zimmer bald mehr, bald weniger mit Besuchenden angefüllt.«*

Da Kants Körper fast bis zum Skelett ausgezehrt war und strenge Kälte herrschte, konnte man sich mit der Beerdigung Zeit lassen. Sie fand erst sechzehn Tage später statt, am 28. Februar. Weithin ruhte die Arbeit, alle Glocken der Stadt läuteten, Tausende folgten dem Trauerzug, und Abertausende säumten die Straßen. Ein solches Geleit hatte es in Königsberg noch nie gegeben; es war, als werde ein König zu Grabe getragen.

Wie soll man diese Anteilnahme einer ganzen Stadt deuten? Gewiß die wenigsten konnten sich unter der »Revision der speculativen Philosophie« etwas vorstellen. Neugier kam natürlich ins Spiel, wie stets und überall; man wußte, daß es sich um einen berühmten Mann handelte, der zu Königsberg gehörte wie kein zweiter. Aber reicht das zur Erklärung aus? Liest man die zeitgenössischen Berichte, so drängt sich unwiderstehlich der Eindruck auf, daß es sich um eine *Kundgebung* handelte, obwohl von niemandem geplant und verabredet. Offenbar ging eine Ahnung davon um, daß der Handwerkersohn aus der Sattlergasse das Recht und die Fähigkeit des Menschen zum Mündigwerden vorgelebt und gelehrt – und damit auf seine Weise verkörpert hatte, was die Zeit bewegte, seit es weitab im Westen die amerikanische Unabhängigkeitserklärung und die französische Erklärung der Menschen- und Bürgerrechte gab. Bündig ausgedrückt: In einer Gesellschaft der Ständeschranken und in einem Staat, in dem einzig die beamtete Obrigkeit etwas zu sagen hatte, handelte es sich um eine Demonstration zur Freiheit, eingekleidet in die Verehrung für das Leben, von dem man Abschied nahm.

Die Anteilnahme an der Bewegung der Zeit hat übrigens Kant selbst in einer späten Schrift, dem »Streit der Fakultäten« von 1798, formuliert: »Die Revolution eines geistreichen Volkes, die wir in unseren Tagen haben vor sich gehen sehen, mag gelingen oder scheitern; sie mag mit Elend und Greueltaten dermaßen angefüllt sein, daß ein wohldenkender Mensch sie, wenn er sie zum zweitenmale unternehmend glücklich ausführen hoffen könnte, doch das Experiment auf solche Kosten zu machen nie beschließen würde, – diese Revolution, sage ich, findet doch in den Gemütern aller Zuschauer (die nicht selbst in diesem Spiele mit verwickelt sind) eine *Teilnehmung* dem Wunsche nach, die nahe an Enthusiasm grenzt, und deren Äußerung selbst mit Gefahr verbunden war, die also keine andere als eine moralische Anlage im Menschengeschlecht haben kann.«

Die Probe kam wenige Jahre später mit dem napoleonischen Sturm. Die Schlacht bei Jena und Auerstedt am 14. Oktober 1806 sah nicht nur die Niederlage der ruhmreichen preußischen Armee, sondern sie führte zum schnellen Zusammenbruch des alten friderizianischen Staates. Denn schmähliche Kapitulationen schlossen sich an, und Verzagtheit kam ebenso auf wie die Schadenfreude. Als der Sieger in Berlin einzog, wurde er mit Beifall begrüßt.

Was anfangs für Ostpreußen sehr fern schien, rückte schnell näher. Im Dezember trafen der Hof und die Regierung in Königsberg ein, Napoleon stieß nach, und schon am 3. Januar 1807 floh die kranke Königin Luise mit ihren Kindern weiter nach Memel. Die unentschieden blutige Schlacht bei Preußisch Eylau gewährte eine Atempause, doch bei Friedland siegten wieder die Franzosen; am 16. Juni marschierte Marschall Soult in Königsberg ein. Der Friedensschluß mit seinen drückenden Bedingungen folgte am 9. Juli. Königsberg blieb zwar nur 39 Tage besetzt, aber die Stadt mußte die unerhörte Kriegskontribution von 12 Millionen Francs zahlen. Die Ablösung dieser Schulden dauerte bis zum 1. Januar 1901.

Für zwei Jahre, vom Januar 1808 bis zum Dezember 1809, war Königsberg dann der Sitz von Hof und Regierung. Man mag das einen historischen Zufall nennen, aus der Tatsache begründet, daß Berlin noch von den Franzosen besetzt war. Aber für den Neubeginn im Zeichen der Reformen war es entscheidend wichtig. Damit nämlich schlug die politische Stunde Immanuel Kants. Statt auf die Berliner Ministerialbürokratie war man auf die Beamten angewiesen, die Kants Vorlesungen gehört und in seinem Sinne den Geist der Aufklärung in sich aufgenommen hatten.

Bloß als Beispiel: Der Freiherr vom Stein als leitender Minister wohnte im Hause des Polizeidirektors Johann Gottfried Frey. Frey wurde sein engster Mitarbeiter und leitete den Entwurf zur Städtereform mit einem Satz ein, wie er kantischer schwerlich hätte formuliert werden können: »Zutrauen veredelt den Menschen, ewige Vormundschaft hemmt sein Reifen, Anteil an den öffentlichen Angelegenheiten gibt politische Wichtigkeit, und je mehr diese an Umfang gewinnt, wächst das Interesse für Gemeinwohl und der Reiz zur öffentlichen Tätigkeit, welche den Geist der Nation erhebt, zur Erwerbung gemeinnütziger Kenntnisse, ja selbst eines unbescholtenen Rufes anfeuert und dadurch den Egoismus und die Frivolität zügelt.«

Zutrauen, um nicht zu sagen Verwegenheit brauchten vor allem die Reformer selbst. Der schwankende König hemmte mehr, als er half, die Besatzungsmacht blieb stets mißtrauisch, die Finanzlage war verzweifelt, und keinerlei Volksbewegung gewährte eine Hilfe. Wieder am Beispiel der von Frey entworfenen Reform: »Die Städteordnung von 1808 ist ausschließlich der Initiative des höheren Beamtentums entsprungen, und ihre Einführung stieß überall im Lande auf Verwunderung, Bedenken und Beschwerden der verschiedensten Art – so gut wie nirgends auf freudige Zustimmung. Bürgerliches Selbstbewußtsein gab es – außerhalb des Beamtentums – nur im Bereich der Literatur, der Wissenschaft, Dichtung, Tagesschriftstellerei ... Unzweifelhaft ist also durch die Reformtat Steins ein mächtiger Anstoß zur Belebung städtischer Selbstverwaltung in das ganze deutsche Staatsleben gekommen. Ihre Kühnheit wird erst dann recht sichtbar, wenn man sich im einzelnen anschaulich macht, wie völlig überrascht und hilflos das Bürgertum der ostelbischen Kleinstädte, aber selbst der wenigen großen Residenzen und Handelsstädte, der neu geschenkten, nicht erkämpften, ja nicht einmal erbetenen Freiheit gegenüberstand.«*

Schwärmerei wäre freilich unangebracht, und Nüchternheit bleibt geboten: »Die praktische Wirkung der Reformpläne und der Reformen auf den politisch moralischen Zustand des preußischen Volkes ... muß um so geringer veranschlagt werden, als auf fast allen Gebieten, ausgenommen die Heeresreform, im Jahre 1812 der Stand der Entwicklung hinter die Ende des Jahres 1808 erreichte Linie zurückgedrängt war und die kaum geweckten Hoffnungen einer um so größeren Enttäuschung gewichen waren.«* Aber in dieser Feststellung steckt auch, was nur selten gewürdigt wird: die Linie vom Ende des Jahres 1808 war eben nicht irgendwo, sondern in Königsberg erreicht worden; was folgte, sah sich wieder den in Berlin mächtigen Interessen ausgesetzt.

Neben Kant wurde vor allem sein Schüler, Freund und vieljähriger Tischgast Christian Jakob Kraus wichtig. Der Professor für Kameralwissenschaften lehrte, daß der Staat nicht selbst wirtschaften und den Bürgern ihr Tun oder Lassen vorschreiben, sondern auch ökonomisch seiner Vormundschaft entsagen und Freiheit schaffen sollte. Gewerbefreiheit nach innen und Freihandel nach außen waren die Mittel, um Wohlstand zu schaffen. Begründer dieser Lehre war der Schotte Adam Smith*, und Kraus importierte sie nach Ostpreußen.

Daß der Schotte hier einen fruchtbaren Boden fand, hatte einen ebenso einfachen wie handfesten Grund: Ostpreußen exportierte Getreide und Holz nach England. (Nicht zufällig gab es in Königsberg die britischen Kaufleute, wie Kants Freunde Joseph Green und Robert Motherby, übrigens seine Vermögensverwalter.) Um so härter wurde das Land dann von der Kontinentalsperre getroffen, die Napoleon gegen das verhaßte, militärisch unangreifbare Inselreich verhängte. »Der gewohnte Absatz der landwirtschaftlichen Erzeugnisse, besonders von Getreide und Wolle nach England, schrumpfte; die Getreidepreise stürzten in Ostpreußen 1806–1810 um 60 bis 80 Prozent; in Memel verfaulten riesige Holzmengen, die für England bestimmt gewesen waren.«*

Es hing nicht nur, aber auch und durchaus wesentlich mit diesen wirtschaftlichen Bedingungen zusammen, daß die ostpreußischen Stände am 5. Februar 1813 höchst eigenmächtig zusammentraten, nachdem General Yorck mit den Russen die Konvention von Tauroggen abgeschlossen hatte und am 8. Januar mit seinen Truppen in Königsberg eingerückt war. Unter der entschlossenen Leitung des Grafen Alexander zu Dohna-Schlobitten, einem der führenden Reformer und von 1808 bis 1810 preußischer Innenminister, beschloß der Landtag am 7. Februar die Aufstellung einer Landwehr. Praktisch lief das bereits auf die Kriegserklärung an Napoleon hinaus, zur Empörung und zum Schrecken des wie immer zaudernden Königs. Königsberg geriet indessen, nach dem Zeugnis Ernst Moritz Arndts, in einen »Ozean stürmischer Bewegung«, und es nimmt dieser Bewegung nichts fort, sondern hilft sie zu erklären, wenn man daran erinnert, daß im Hintergrund die von den Reformern durchgesetzte Gewerbe- und Handelsfreiheit stand, deren Früchte man endlich einbringen wollte. Eine nur auf den ersten Blick abenteuerliche Rechnung ging glänzend auf, wie der Historiker Reinhart Koselleck formulierte: »Die preußische Beamtenschaft hat bewußt für Adam Smith gegen Napoleon optiert, um den einen durch den anderen zu vertreiben.«*

Der Begeisterung beim Aufbruch in den Freiheitskampf von 1813 folgte bald bittere Enttäuschung. Das königliche Verfassungsversprechen vom 22. Mai 1815, das eine »Landesrepräsentation«, also ein preußisches Parlament ankündigte, blieb uneingelöst. Nicht bloß das; im Zeichen der »Heiligen Allianz« schloß sich Preußen eng und ängstlich an die konservativen Hauptmächte Österreich und Rußland an; mit »Demagogen«-Verfolgung und Zensur wirkte es daran mit, alle freiheitlichen Bestrebungen zu unterdrücken. Nicht Staatsbürger waren erwünscht, sondern gehorsame Untertanen, wie eine Episode anschaulich macht:

Im Jahre 1837 hatten Universitätsprofessoren, die »Göttinger Sieben«, gegen den Verfassungsbruch des Königs von Hannover protestiert und waren entlassen worden. An einen von ihnen, Professor Albrecht, richteten die Bürger von Elbing eine Grußadresse. Denn Albrecht war ein Sohn ihrer Stadt. Daraufhin schrieb der preußische Innenminister von Rochow den Vorwitzigen ins Stammbuch: »Es ziemt dem Untertanen, seinem Könige und Landesherrn schuldigen Gehorsam zu leisten . . ., aber es ziemt ihm nicht, die Handlungen des Staatsoberhauptes an den Maßstab seiner beschränkten Einsicht anzulegen und sich in dünkelhaftem Übermute ein öffentliches Urteil über die Rechtmäßigkeit derselben anzumaßen.«

Daraus ist rasch das geflügelte Wort vom »beschränkten Untertanenverstand« geworden. Mehr und mehr erschien nun Preußen als ein Hort der Reaktion – wie Heinrich Heine das mit seiner ganzen Schärfe beschrieben hat:

»Es ist wahr, noch vor kurzem haben viele Freunde des Vaterlandes die Vergrößerung Preußens gewünscht und in seinen Königen die Oberherren eines vereinigten Deutschland zu sehen gehofft, und man hat die Vaterlandsliebe zu ködern gewußt, und es gab einen preußischen Liberalismus, und die Freunde der Freiheit blickten schon vertrauensvoll nach Berlin. Was mich betrifft, ich habe mich nie zu solchem Vertrauen verstehen wollen. Ich betrachtete vielmehr mit Besorgnis diesen preußischen Adler, und während andere rühmten, wie er kühn in die Sonne schaue, war ich desto aufmerksamer auf seine Krallen. Ich traute nicht diesem Preußen, diesem langen frömmelnden Gamaschenheld mit dem weiten Magen und dem großen Maule und mit dem Korporalstock, den er erst in Weihwasser taucht, ehe er damit zuschlägt. Mir mißfiel dieses philosophisch christliche Soldatentum, dieses Gemengsel von Weißbier, Lüge und Sand. Widerwärtig, tief widerwärtig war mir dieses Preußen, dieser Tartüffe unter den Staaten.

Endlich, als Warschau fiel, fiel auch der weiche fromme Mantel, worin sich Preußen so schön zu drapieren gewußt, und selbst der Blödsichtigste erblickte die eiserne Rüstung des Despotismus, die darunter verborgen war. Diese heilsame Enttäuschung verdankt Deutschland dem Unglück der Polen!

Die Polen! Das Blut zittert mir in den Adern, wenn ich das Wort niederschreibe, wenn ich daran denke, wie Preußen gegen diese edelsten Kinder des Unglücks gehandelt hat, wie feige, wie gemein, wie meuchlerisch . . .«*

Heine spielt hier auf den großen polnischen Aufstand von 1831 gegen die Zarenherrschaft an, bei dessen Niederschlagung Preußen, ein Übergreifen fürchtend, zumindest Hilfsdienste leistete. Die Polen, die dann vor der Verfolgung flüchteten, wurden als Freiheitshelden gefeiert – etwa auf dem Hambacher Fest vom 27. Mai 1832 –; Preußen aber erschien als Komplize der Gewaltherrschaft.

In einem freilich irrt der Dichter: Es gab einen preußischen Liberalismus noch immer, vielmehr kräftiger denn je. Es gab ihn im Rheinland, und es gab ihn in Königsberg und Ostpreußen. Liberale Gesinnung herrschte in der Universität, in der Kaufmannschaft, in der führenden Hartungschen Zeitung, auch bei großen Teilen des Landadels. Als Vertreter des ostpreußischen Liberalismus sind zwei Männer exemplarisch zu nennen.

Theodor Schön*, 1773 in Schreitlauken, Kreis Tilsit, geboren, war noch ein Schüler Kants und dann neben Frey der bedeutendste Mitarbeiter des Freiherrn vom Stein gewesen. 1816 wurde er zum Oberpräsidenten von Westpreußen, 1824 auch Ostpreußens ernannt.* Als den wahren Landesvater, den »pater borussiae« hat man ihn allgemein verehrt.

Mitkämpfer und Gegenspieler Schöns war der Arzt Johann Jacoby, 1805 in Königsberg als Sohn eines jüdischen Kaufmanns geboren. Er vertrat einen radikalen, letztlich auf Demokratie zielenden Liberalismus; im Alter hat er sich der Sozialdemokratie angeschlossen. Das ist ihm nicht vergessen und verziehen worden, bis zur Gegenwart nicht; einen »Fanatiker der demokratischen Bestrebungen« nennt ihn die Brockhaus Enzyklopädie von 1970. Doch es spricht für den Geist der Aufklärung, der in Königsberg noch herrschte, daß Jacoby dort als Radikaler und als Jude eine politische Rolle spielen konnte – wie Juden überhaupt: Neben Jacoby standen seine Freunde Raphael Kosch und Ferdinand Falkson. Außerdem ist an Eduard Simson zu erinnern, Mitglied und seit Dezember 1848 Präsident der Frankfurter Nationalversammlung.

Nach seiner Thronbesteigung im Jahre 1840 kam Friedrich Wilhelm IV. nach Königsberg, um die Huldigung der Stände entgegenzunehmen. Hohe Erwartungen empfingen ihn. Der Landtag, den Schön am 5. September eröffnete, nahm mit großer Mehrheit eine Entschließung an, in der er die Einlösung des Verfassungsversprechens von 1815 zwar nicht forderte, aber erbat. Doch der König entzog sich, kehrte nach Berlin zurück und ließ dann wissen, daß er keinesfalls zustimme. Die Enttäuschung entlud sich in Schöns Denkschrift »Woher und wohin?«, die er an Freunde und auch an den König schickte. Ohne sein Wissen wurde diese Schrift dann in Straßburg gedruckt und mit einem gehässig antipreußischen Vorwort versehen. So wurde sie bekannt – und Schön wenig später entlassen.

Noch mehr Aufsehen erregte Jacoby mit seinen »Vier Fragen, beantwortet von einem Ostpreußen«. Diese Fragen und die knapp gefaßten Antworten lauteten:

»I. Was wünschen die Stände? Gesetzmäßige Teilnahme der selbständigen Bürger an den Angelegenheiten des Staates.

II. Was berechtigte die Stände zu solchem Verlangen? Das Bewußtsein eigener Mündigkeit und ihre am 22. Mai 1815 faktisch und gesetzlich erfolgte Mündigsprechung.

III. Welcher Bescheid ward den Ständen? Anerkennung ihrer treuen Gesinnung, Abweisung der gestellten Anträge und tröstende Hindeutung auf einen künftigen unbestimmten Ersatz.

IV. Was bleibt der Ständeversammlung zu tun übrig? Das, was sie bisher als Gunst erbeten, nunmehr als erwiesenes Recht in Anspruch zu nehmen.«*

Besonders der Schluß trug Jacoby eine Anklage wegen Hochverrats und die Verurteilung zur Festungshaft ein; in zweiter Instanz wurde er jedoch freigesprochen. Ein Abschnitt aus seiner Schrift sei hier noch angeführt, weil er die preußischen Zustände sehr genau umreißt:

»Man darf dreist behaupten, daß unser Vaterland an sittlicher und geistiger Bildung seiner Bewohner keinem Lande Europas nachstehe. Selbst von den eifrigsten Gegnern, von Franzosen und Engländern, wird Preußen mit seinen sieben Universitäten, 20 085 Schulen und seiner volksbildenden Militärverfassung, als ein bisher unerreichtes Vorbild gründlicher Volkserziehung gepriesen. – Wo hat die deutsche Literatur eine reichere Quelle, wo einen einträglicheren Markt als in Preußen? Wo wird jeder wahre Fortschritt der Zeit mit größerem Interesse begrüßt, jedes politische Ereignis vorurteilsfreier beurteilt als in Preußen? Welche Nation hat im Unglücke soviel sittliche Kraft, im Glücke und mitten unter allgemeiner Völkergärung soviel Mäßigung offenbart, als die preußische? ... Erst vor wenigen Tagen sprach Friedrich Wilhelm IV. in Königsberg öffentlich zu seinem Volke, und die Art wie er sprach, die Aufnahme, die seine Worte fanden, waren eine herrliche Anerkennung, ein lautes Zeugnis für die Bildungsstufe des Volkes. – Und welchen Anteil an der Regierung hat dieses an Sitte und Intelligenz so hochstehende Volk? Errötend müssen wir gestehen: kaum den allergeringsten.«*

Wäre übrigens Jacobys Schrift anonym geblieben, so hätte das »dreist« am Anfang des Textes doch den Ostpreußen verraten. Denn landesüblich war damit nicht »Dreistigkeit« gemeint, sondern eine Bekräftigung im Sinne von »unbedingt« oder »ohne jeden Zweifel«.

Ein Höhepunkt der liberalen Bewegung war die große Versammlung von Pillau am 8. Juni 1845. Tausende kamen, und einstimmig nahm man den Antrag Jacobys an, den König um eine gesamtpreußische Verfassung zu bitten. Daß dann die Revolution von 1848 in Königsberg ohne Widerstand siegte, versteht sich beinahe von selbst. Zwar bildete man eine Bürger- und eine Studentenwehr, aber da der Feind sich nirgendwo zeigte, verlief sich diese Streitmacht bald wieder. Das beinahe wichtigste Ergebnis blieb es, ein Musikkorps zu bilden, das an jedem zweiten Sonntag Platzkonzerte gab. An den anderen Sonntagen spielte das Musikkorps des königlichen Infanterieregiments No. 1. Nur ein Zwischenfall war zu verzeichnen, freilich eher als Posse:

»Es verbreitete sich das Gerücht, daß ein königlicher Kurier mit einer Depesche nach Petersburg eingetroffen sei. Was konnte sie anderes enthalten als ein Hilfegesuch des Königs an seinen Schwager, den Zaren Nikolaus, den Hort der Reaktion? Eine erregte Menge versammelte sich vor dem Postgebäude am Altstädtischen Markt und verlangte durch eine Deputation, der auch Jacoby angehörte, vom Postdirektor die Auslieferung der Depesche. Da diese schon weiter expediert worden war, jagten einige Bürger dem Postreiter nach und nahmen ihm die Depesche ab. Der Respekt der Revolutionäre vor dem Postgeheimnis war aber so groß, daß niemand die Depesche zu öffnen wagte. Als auch der Oberpräsident und der Kommandierende General es ablehnten, die Depesche an sich zu nehmen, blieb sie uneröffnet liegen. Niemand weiß, wo sie geblieben ist und was in ihr gestanden hat. Nach einem Gerücht soll der Brief modische Ratschläge an eine Großfürstin enthalten haben.«*

Das Ende der Aufklärung

Unsere Abende in der Königsberger Schiffsklause sind mehr und mehr zum historischen Seminar geworden, und geduldig hat Alexander mir zugehört. Aber plötzlich rebelliert er: »Etwas kann da nicht stimmen! Ich habe gelesen, daß die Ostpreußen mit fliegenden Fahnen zu Hitler übergelaufen sind, daß sie ihn gewählt haben – mehr, viel mehr als wir Hamburger. Ausgerechnet die Stadt und das Land Immanuel Kants: Das darf nicht wahr sein! Und wenn es wahr ist, wie soll man es erklären?«

Um Zeit zu gewinnen, sage ich erst einmal: »Das ist eine gute Frage.«

Eine schwierige ist es ohnehin, und viel zu einfach macht es sich, wer alles verleugnet: »Er [der Nationalsozialismus] hat in Königsberg keine Vorläufer und Wegbereiter gehabt, auch nicht im geistigen Leben, dessen Nährboden Liberalismus, Demokratie und Patriotismus waren, geistige Haltungen, die dem Nationalsozialismus wesensfremd waren. Deshalb hat Königsberg zu der Entscheidung, die am 30. Januar 1933 in Berlin fiel, nichts beigetragen.«* Königsberg vielleicht nicht, wie sollte es auch, aber Ostpreußen? Wer waren denn die Freunde und Einflüsterer Hindenburgs, dem man zuvor mit Bedacht das Gut Neudeck geschenkt hatte? Waren es nicht der Befehlshaber im Wehrkreis Ostpreußen – mit dem Sitz in Königsberg –, General Werner von Blomberg, und sein Chef des Stabes Walter von Reichenau, die dann aus der Reichswehr die Wehrmacht Hitlers gemacht haben? Und wo hielt der Militärpfarrer Ludwig Müller seine nationalistischen und antisemitischen Predigten – der Mann, der als »Reichsbischof« die dem Nationalsozialismus verschworenen »Deutschen Christen« führte?

Die Wahrheit ist jedenfalls, daß die NSDAP bei der Märzwahl 1933 im Wahlkreis Ostpreußen mit einem Stimmenanteil von 56,5 ihr Spitzenergebnis erzielte, dicht gefolgt nur von Pommern mit 56,3 Prozent. Hamburg hingegen lag bei 38,9 Prozent und Berlin mit 31,3 Prozent noch darunter. Im Reichsdurchschnitt erzielte die Partei 43,9 Prozent. Der Sachverhalt wirkt noch rätselhafter, wenn man feststellt, daß fünf Jahre zuvor, bei den Reichstagswahlen von 1928, Ostpreußen nicht den ersten, sondern mit 0,8 Prozent den letzten Platz einnahm.

Jeder Versuch einer Erklärung muß vielschichtig ansetzen. Es gab langfristige Entwicklungen, die in einem Jahrhundertprozeß von der Aufklärung und vom Liberalismus fortführten, und es gab die Einflüsse des Augenblicks. Ebenso muß man allgemeine, in ganz Deutschland geltende Umstände von den besonderen, nur im Osten und in Ostpreußen wirksamen unterscheiden.

Zwei große Weichenstellungen des 19. Jahrhunderts haben für die neuere deutsche Geschichte schicksalhafte Bedeutung gewonnen: Die Bürgerrevolution, die Freiheit und Einheit verbinden wollte, ist gescheitert; »nicht durch Reden und Majoritätsbeschlüsse werden die großen Fragen der Zeit entschieden – das ist der Fehler von 1848 und 1849 gewesen – sondern durch Eisen und Blut.« So hat es Bismarck 1862 gesagt – und bewiesen: Die Reichsgründung stellte sich als Triumph des staatsmännischen Genies und der preußischen Militärmacht dar. So gewöhnte man sich daran, auf den »großen Mann« und den alten, leistungstüchtigen Obrigkeitsstaat zu vertrauen. Die liberale Bewegung hatte ihn bekämpft; jetzt erfuhr er eine nachhaltige Wiederaufwertung. Bismarck wurde im übrigen nicht müde, dem Bürgertum die Angst vor der »roten Gefahr«, vor den angeblich »vaterlandslosen Gesellen« der Arbeiterbewegung unter die Haut zu reiben und damit die Botschaft durchzusetzen: Mehrheiten, Parteien und Parlamente bergen die Gefahr; einzig der alte, schlagkräftige Staat vermag sie abzuwehren.

Man kann die politische Umerziehung der Deutschen durch Bismarck kaum hoch genug einschätzen – und wohl nur so, wie der Theologe und Philosoph Ernst Troeltsch sie geschildert hat: »Ihr Kern war gerade der, daß das Wesen des Staates Macht ist, daß er sein festes Knochengerüst hat an einem schlagfertigen Heere, daß er der beständig drohenden Gefahr von außen und innen nur durch ebenso vorsichtigen als rücksichtslosen Machtgebrauch begegnen kann, und daß hierfür nichts so hinderlich ist, wie die Prinzipien und die Theorie ... Es ist ein Ideal der Vorurteilslosigkeit und Unbefangenheit, das alles nur dem einen politischen Grundgedanken der dauernden, jedem Gegner überlegenen Macht unterordnet. Und dieses Ideal ist uns nach den langen Jahren politischen Elends, theoretischer Staatsideale, pathetischer Resolutionen und unfruchtbarer Forderungen der öffentlichen Zeitungsmeinung als der ungeheure Fortschritt erschienen, der uns die ersten Lebensbedingungen des Staates erst zum Verständnis gebracht hat.«*

Der geistige Umschwung, der in der Zeit der Reichsgründung begann, wird damit so knapp wie genau geschildert. Als Folge allerdings ist »die Prinzipienlosigkeit unter uns selbst zur

Theorie geworden, die wir wohl auch mit etwas nietzschescher Herrenmoral oder darwinistischem Kampf ums Dasein versetzen, und die sich nur allzuleicht mit den Idealen der kurzangebundenen Schneidigkeit und bürokratischen Amtshoheit verbinden, von denen der Nachwuchs der regierenden Klassen weithin erfüllt ist«.*

Wenn einst Immanuel Kant der große Erzieher zur Aufklärung gewesen war – nicht zuletzt im Zeichen seiner »theoretischen Staatsideale« vom ewigen Frieden –, dann erwies sich ein Jahrhundert später Heinrich von Treitschke als der überragend wirksame Lehrer einer ganzen Generation. Nochmals Ernst Troeltsch: »Die Auffassung von Staat und Gesellschaft steht heute im Zeichen des Realismus. Ethische und kulturelle Ziele des Staates, wie sie die von Kant, Fichte und Hegel erzogene Generation verehrte, gelten als doktrinäre Kunstwerke der Studierstube oder als abstrakte Prinzipienreiterei ... Die Geheimnisse der Politik sind die Geheimnisse der Kunst, Macht zu bilden, zu befestigen, auszubreiten, gegen drohende Veränderungen zu schützen, aber nicht die Geheimnisse einer Staatstheorie oder politischen Ethik ... Wie hat uns als jungen Studenten seiner Zeit das Herz geklopft, wenn uns Heinrich v. Treitschke mit seiner glühenden Rhetorik so den Staat beschrieb und die ethischen und juristischen Doktrinäre des Staatsbegriffes mit wenig wählerischem Spotte übergoß. Mit einer Art Wollust der Entsagung haben wir auf die dem jugendlichen Sinn so nahe liegenden theoretischen und ethischen Ideale verzichtet, und mit dem nicht minder jugendlichen Bedürfnis, irgend etwas gründlich zu verachten, haben wir in unseren Gesprächen seinen Spott noch zu überbieten gesucht.«*

Man kommt nicht umhin zu sagen: Treitschke war der geistige Wegbereiter einer skrupellosen Machtpolitik, so wie er auch ein Wegbereiter des modernen Antisemitismus war. Aber ein Unglück kommt selten allein: Zum geistigen Wandel gesellte sich der wirtschaftliche. Im Zeichen der Industrialisierung verlagerten sich die Gewichte vom Osten nach Westen; was dabei »Kohle und Eisen« gewannen, verloren »Roggen und Rübe«. Nicht nur arme Leute wanderten aus ihrer »kalten Heimat«, aus Ost- und Westpreußen, aus Pommern, Posen und

Schlesien ins Ruhrgebiet oder nach Berlin, sondern auch Führungsansprüche: Die »Schlotbarone« und Bankiers traten neben den ostelbischen Grundbesitz. Der Wandel war ohnehin überfällig, denn ein Industriestaat konnte schwerlich noch patriarchalisch nach Gutsherrenart regiert werden.

Kaum jemand hat den Sachverhalt so schneidend formuliert wie der liebevolle Schilderer des märkisch-preußischen Adelslebens, Theodor Fontane: »Preußen – und mittelbar ganz Deutschland – krankt an unseren Ostelbiern. Über unseren Adel muß hinweggegangen werden; man kann ihn besuchen wie das ägyptische Museum und sich vor Ramses und Amenophis verneigen, aber das Land ihm zu Liebe regieren, in dem Wahn: dieser Adel sei das Land, – das ist unser Unglück und solange dieser Zustand fortbesteht, ist an eine Fortentwicklung deutscher Macht und deutschen Ansehns nach außen hin nicht zu denken. Worin unser Kaiser die Säule sieht, das sind nur tönerne Füße. Wir brauchen einen ganz andren Unterbau.«*

Daß man nach dem Beharrenden sucht und konservativ wird, wenn einem die Winde des Wandels ins Gesicht blasen, ist verständlich. Und so scheint die Frage fast schon beantwortet, die in seinen »Erinnerungen eines alten Ostpreußen« Alexander Fürst zu Dohna-Schlobitten stellt, warum nämlich »die Dohnas im Laufe des 19. Jahrhunderts ihre liberale Einstellung aufgegeben hatten und immer weiter nach rechts gerückt waren«. Es müssen, meint der Autor, »vor allem die Unruhen von 1848 und später der überragende Einfluß von Bismarck gewesen sein, wodurch mein Urgroßvater zu einem überzeugten Konservativen wurde. In seine Fußstapfen trat dann auch mein Großvater, und dieser wiederum erzog meinen Vater in demselben Geist.«*

Dem Vorgang kommt Signalwirkung, eine exemplarische Bedeutung zu, denn die Dohnas waren nicht irgendwer. Sie gehörten zu den großen Familien, die ihrer Heimat und dem preußischen Staat wieder und wieder herausragende Dienste geleistet haben. Ein Dohna leitete nach 1711 das »Retablissement«, die Neubesiedlung des Landes, das die Pest leergefegt hatte. Er tat es mit solcher Fürsorge, daß noch bei den Nachkommen der Menschen, die weit aus der Ferne nach Ostpreußen gezogen waren, die Redensart umlief, jemand sei »gut wie ein Dohna«.* Ein anderer gehörte zu den führenden und entschieden liberalen Reformern um Stein und Hardenberg.

Aber neben den »Unruhen« von 1848 und der Erziehung durch Bismarck gab es eben auch den wirtschaftlichen Wandel, und handfeste Interessen kamen ins Spiel. Zu Beginn des 19. Jahrhunderts war Ostpreußen ein bedeutender Getreideexporteur gewesen; daher fiel die liberale Lehre vom Freihandel auf fruchtbaren Boden. Im Zeitalter der Eisenbahnen und Dampfschiffe jedoch drängte von Rußland und Amerika her billiges Getreide auf den Markt und drückte die Preise. Bismarck reagierte mit einer konservativen »Umgründung« des Reiches; der Freihandel wurde von Schutzzöllen abgelöst. Als dann der Nachfolger Caprivi noch einmal eine Annäherung an den Freihandel versuchte, wurde er als »der Mann ohne Ar und Halm« verunglimpft, und 1893 entstand unter Führung des ostelbischen Großgrundbesitzes der »Bund der Landwirte«, eine mächtige und modern organisierte Interessenorganisation, die vor kaum einem demagogischen Mittel zurückschreckte. Das politische Ergebnis beschreibt Fürst Alexander Dohna-Schlobitten:

»Bis zum Ersten Weltkrieg war der Landwirt – ob Großgrundbesitzer oder einfacher Bauer – Mitglied der Konservativen Partei, nach dem Krieg gehörte man der aus ihr hervorgegangenen Deutschnationalen Volkspartei an – eine Alternative gab es nicht. Onkel Alexander Dohna-Schlodien, ein bekannter Professor der Rechte und Mitglied der verfassunggebenden deutschen Nationalversammlung 1919, wurde von den Onkeln aus der Generation meines Vaters belacht und von ihnen verachtungsvoll als ›roter Graf‹ bezeichnet. Dabei gehörte er der Deutschen Volkspartei an, die eine rechtsstehende bürgerliche Partei war.«*

Genügt dies alles, um das Ende der Aufklärung zu verstehen? Wohl kaum. Einen weiteren Faktor, den wahrscheinlich wichtigsten und schließlich verhängnisvollen, bildete der Nationalismus, wie er im 19. Jahrhundert mächtig wurde. In seinem Zeichen begann eine rückwärtsgewandte Geschichtsklitterung, und keiner hat zu ihr so wirkungsvoll beigetragen wie Heinrich von Treitschke mit seinem Aufsatz »Das deutsche Ordensland Preußen«, der 1862 erschien.* Der Slawenfeind mit einem Namen slawischer Herkunft sah im Deutschen Orden offenbar die zur Herrschaft berufenen Herrenmenschen am Werk: »Die massiven Gaben deutscher Gesittung, das Schwert, der schwere Pflug, der Steinbau ... verbreiteten sich über die leichtlebigen Völker des Ostens.« Oder wie es in einem gleichzeitig mit dem Aufsatz geschriebenen Brief heißt: Im Deutschen Orden seien »einige Züge des deutschen Wesens verkörpert..., die man selten recht beachtet – die aggressive Kraft und die herrische gemüthlose Härte«.* Natürlich beklagt Treitschke auch, wie im »Preußen königlich polnischen Anteils« die Marienburg verunstaltet wurde: »Zwischen den Pfeilern der Remter zog der Pole dünne Wände, weil er der Kühnheit der deutschen Gewölbe nicht traute, und die ernste Wahrhaftigkeit des Ziegelrohbaus ward bedeckt mit der lügenhaften Hülle des Gipses.« Doch die Lüge war auf Treitschkes Seite: Der Gips, den er beklagte, stammte aus Baumaßnahmen der preußischen Verwaltung nach der ersten polnischen Teilung.

Gewissermaßen unter der geistigen Schirmherrschaft Treitschkes hat später Kaiser Wilhelm II. in der Marienburg Reden gehalten, so im Jahre 1902, als er sagte: »Ich habe schon einmal Gelegenheit genommen, in dieser Burg, an dieser Stelle zu betonen, wie die alte Marienburg, dieses einstige Bollwerk im Osten, der Ausgangspunkt der Kultur der Länder östlich der Weichsel, auch stets ein Wahrzeichen für die deutschen Aufgaben bleiben soll. – Jetzt ist es wieder so weit. Polnischer Übermut will dem Deutschtum zu nahe treten, und Ich bin gezwungen, mein Volk aufzurufen zur Wahrung seiner nationalen Güter.«*

Auf den deutschen Nationalismus antwortete der polnische, auf den polnischen der deutsche – eine fatale Wechselwirkung. Als ein Gegenspieler Treitschkes wäre Woyciech Kętrzyński zu nennen. 1838 als Adalbert von Winkler und Sohn eines preußischen Offiziers geboren, bekehrte er sich zum Polentum – wie der sächsische Offizierssohn Treitschke zur preußischen Machtpolitik. Mit dem Eifer des Renegaten verfocht er die polnische Position und mit besonderem Eifer die Zugehörigkeit Masurens zu Polen. Zum Dank und vielleicht als Strafe für die Nähe zum Führerhauptquartier in der »Wolfsschanze« heißt Rastenburg seit 1946 Kętrzyn.

In Ostpreußen weckte der eigene wie der fremde Nationalismus notwendig dic Angst vor einer ungewissen Zukunft. Denn er führte zu der Entdeckung, daß man in einem weit vorgeschobenen Grenzland lebte. In früheren Jahrhunderten hatte es diese Angst nicht gegeben. Für den »Preußischen Bund« des 15. Jahrhunderts war der polnische König ein willkommener Verbündeter und Lehnsherr; im 18. Jahrhundert nahm man die russische Besatzung ohne Schrecken hin. Wäre der Siebenjährige Krieg für Friedrich den Großen weniger glimpflich ausgegangen, so hätte man sich wahrscheinlich damit abgefunden, wie Kurland eine besondere Provinz des Zarenreiches zu sein. Nun aber drängte die Angst zum starken, militärisch überlegenen Staat.

Als nach dem Ersten Weltkrieg Ostpreußen vom Reich abgeschnitten wurde, vervielfachten sich die Ängste, und wohl niemand hat sie so eindringlich beschworen wie Agnes Miegel in ihrem Gedicht »Über der Weichsel drüben«, an deren Anfang und Ende es heißt:

> »Über der Weichsel drüben, Vaterland höre uns an!
> Wir sinken wie Pferd und Wagen versinken im mahlenden Sand,
> Recke aus deine Hand,
> Daß sie uns hält, die allein uns halten kann!
>
> Denke der Zeiten, die dich jung gesehn!
> ›Nach Ostland wollen wir reiten,
> Nach Ostland wollen wir gehn,
> Fern über die grünen Heiden,
> Fern über die blauen Seen!‹
>
> Wer war's, der so sang?
>
> ......

Über der Weichsel, Deutschland, sicheres Land,
Horch, eine Stimme singt hinter dem Pflug:
– Hast du sie wohl erkannt?
Ach, wenn du Not littst, war sie dir lieb genug! –

›Müd von Arbeit schlief ich ein und matt von Sorgen,
klopfte jemand draußen, lang vorm Morgen,
Kam ein greiser Wandersmann herein:
'Frau, wo mögen deine Söhne sein?'‹

Meine Söhne modern in Niemands Land,
Sie liegen verscharrt im Champagner Sand,
Die graue See erstickte sie,
Sibiriens Schnee erdrückte sie!

›Müd von Arbeit, matt von Sorgen schlief ich wieder ein,
Sah im Osten einen roten Schein.
'Kinder wacht, Zeit ist's aufzustehen!
Zeit zu fliehen, Mutter, Feuergleisch hast du gesehen!'

Müde war mein Rücken, bleiern meine Lider.
Kinder horcht! Die Toten kommen wieder!
Durch den Sturm und durch die Regentropfen
Hör ich dröhnend ihre gleichen Schritte klopfen,
Endlos, endlos – singend durch die Nacht marschieren sie.
Nur ihr Lied klingt fremd in meinen Ohren . . .‹

›Mutter, ach, die Toten stehn nicht auf!
Mutter, arme Mutter, wache nicht mehr auf!
›Noch ist Polen nicht verloren‹, singen sie!‹ – –

Über der Weichsel drüben, Vaterland höre uns an!
Wir sinken wie Pferd und Wagen versinken im Dünensand.
Recke aus deine Hand,
Daß sie uns hält, die allein uns halten kann.
Deutschland, heiliges Land,
Vaterland . . .!«

Wie sollte man aus solcher Angst zu der schwachen, zerrissenen, militärisch ohnmächtigen Weimarer Republik finden? In Ostpreußen waren die Kräfte der Gegenrevolte, des Kapp-Putsches zu Hause wie nirgendwo sonst; Kapp selbst bekleidete bis 1920 das Amt des ostpreußischen Generallandschaftsdirektors. Sogar der sozialdemokratische Oberpräsident und Arbeitersohn August Winnig schloß sich an.

Und dann kam die große Krise, die Massenarbeitslosigkeit, die unaufhaltsam wachsende Verschuldung und Überschuldung der Güter, der drohende Verlust des ererbten Besitzes. Und dann ein Erlösung versprechender *Führer* . . . Den Stimmungswandel, der mit seiner »Machtergreifung« einsetzte, beschreiben die »Erinnerungen eines alten Ostpreußen«:

»Im Sommer 1933 kam Christian Prinz zur Lippe aus See mit seiner hübschen und netten Frau Echen, geborene von Trotha, zu uns nach Schlobitten. Sie waren begeisterte Hitler-Anhänger, wie in dieser Zeit so viele unter unseren Bekannten. Um unseren Gästen Ostpreußen zu zeigen, unternahmen wir mehrere Autofahrten durch das Land; Christian hob immer wieder die Hand zum Hitlergruß, und überall auf den Feldern und in den Ortschaften grüßten die Leute mit strahlenden Gesichtern zurück. Alle schienen befreit von einem lang anhaltenden Druck, und auch meine Frau und ich wurden von diesem Gefühl angesteckt und grüßten froh mit allen anderen mit.«*

Wie denn nicht? »Die bereits von der Regierung Brüning eingeleitete Osthilfe für die Landwirtschaft wurde verstärkt, und dies wirkte sich auf Schlobitten günstig aus. Plötzlich waren Überschüsse vorhanden, mit denen lang zurückgestellte Projekte wie der Bau und Umbau von Arbeiterhäusern, die Drainage oder die Modernisierung des Inventars durchgeführt werden konnten.«* Zudem lockte der Aufbau einer mächtigen neuen Wehrmacht mit den alten Karrierechancen.

Um noch einmal auf die exemplarische Familie zurückzukommen: Der Parteigenosse Hermann Burggraf und Graf zu Dohna lud 1932 und 1933 Hitler auf Schloß Finckenstein zu Gast und geleitete ihn durch Ostpreußen; Alexander Fürst zu Dohna-Schlobitten fuhr Heinrich Himmler und lud Hermann

Göring zur Jagd ein, wie sein Vater den Kaiser; dem SS-Anwärter verlieh der Reichsführer Himmler das silberne SS-Abzeichen. Der Fürst brauchte Jahre, um die Gewaltherrschaft zu erkennen und sich abzuwenden. »Als ich soweit war, warf ich eines Abends bei Dunkelheit mein silbernes SS-Abzeichen in unseren Schloßteich.«*

Aber da war es natürlich zu spät. Das Ende aller Aufklärung wies den Weg in den ostpreußischen Untergang. Heute künden nur noch die Schloßruinen von Finckenstein und Schlobitten von dem, was einmal hier war – wie auf ihre Weise die Domruine zu Königsberg und die Rosen auf dem Grab Immanuel Kants.

Die Schätze der Schlösser

Überall, wo es in Brandenburg, Pommern und Ostpreußen ein Rittergut gab, sprachen die Dorfleute vom »Schloß«. Gemeint war in der Regel ein schlichtes, manchmal formschönes, manchmal durch Anbauten verunstaltetes Gutshaus. Auch mit der Inneneinrichtung war selten viel Staat zu machen, sofern man nicht die Jagdtrophäen, die Gehörne und Geweihe, Elch- oder Keilerköpfe dafür gelten lassen will. In den Villen, die seit der »Gründerzeit« des 19. Jahrhunderts Industriekapitäne, Bank- und Kaufherren in den Vororten von Berlin, Frankfurt am Main oder Essen errichteten, steckte durchweg mehr Raum, mehr Komfort und weitaus mehr Geld, leider oft verbunden mit wenig oder gar keinem Geschmack und dem falschen Ehrgeiz, sich »im neugotischen Stil« mit Zinnen und Türmen als ein neuer Adel statt als selbstbewußtes Bürgertum darzustellen.

In Ostpreußen allerdings gab es Herrensitze von Rang. »Enfin un château!« – »Endlich ein Schloß!« befand Napoleon nach seinem Siegeszug quer durch Deutschland, als er Finckenstein sah und vom 1. April bis zum 6. Juni 1807 dort Quartier bezog. Er hätte das wohl auch von anderen Schlössern der Grafen Dohna, wie Schlobitten und Schlodien, oder vom Dönhoffschen Friedrichstein sagen können, um nur diese vier Beispiele zu nennen. Und wo man schon nicht mit dem großen Korsen aufwarten konnte, da doch mit allen Königen und Kaisern aus dem Hause Hohenzollern. Oder zusätzlich dann und wann mit einem Zaren, wie in Schlobitten. Die für solche Besuche vorbehaltenen Räume hat dessen letzter Besitzer beschrieben:

Zunächst gab es die königliche Vorstube, »deren Wände flämische Verduren bedeckten, auf denen baumbestandene Landschaften zu sehen waren, in denen sich Tiere tummelten. Das Meublement mit gedrehten Holzbeinen und hohen, in tiefrotem Samt bezogenen Rückenlehnen stammte noch aus dem 17. Jahrhundert. Auf dem dazu passenden Tisch lag die gewirkte Elementendecke, mit Tulpen, Nelken, Maiglöckchen und anderen Streublumen auf dunkelblauem Grund; an den Seiten waren die vier Elemente Feuer, Wasser, Luft und Erde dargestellt. – Die königliche Mittelstube war der schönste Raum des Schlosses. Die unglaublich gut erhaltenen Berliner Wirkteppiche schimmerten in bunten Farben, vor allem in Rot. Entlang den Wänden reihten sich weiß-gold bemalte Tabourets mit dunkelgrünem Seidenbezug, dazwischen Lacktische und große chinesische Lackkästen auf reichvergoldeten Untergestellen. Die englische Standuhr war in rotem Lack mit Chinoiserien in Gold bemalt. Es gab verschiedene Arten von Guéridons*; die einen hatten die Gestalt von naturalistisch bemalten Putten, andere waren mit schwarzem Lack und chinesischen Emblemen in Gold verziert, auf denen die großen Delfter Vasen besonders gut zur Geltung kamen. In der Mitte des Raumes lag ein prachtvoller indischer Teppich aus der Mitte des 17. Jahrhunderts, von einem Vorfahren in den Türkenkriegen bei der Belagerung von Ofen 1686 erbeutet.

Dann trat man in das königliche Schlafzimmer, dessen Prunkstück ein riesiges, bis fast zum Plafond hinaufreichendes Himmelbett war. In diesem kunstvoll gestalteten Bett hatten alle preußischen Herrscher seit dem ersten Preußenkönig geschlafen, ebenso übernachteten hier Paul I. von Rußland, Marschall Bernadotte und viele andere. Das Bett war mit schwerem bordeauxrotem Seidendamast überzogen. Der Baldachin und die bis zum Boden reichenden Vorhänge bestanden aus demselben Material. Zusammen mit den in gleicher Seide tapezierten Wänden gab das dem Raum einen feierlichen, vornehmen Charakter. Er wurde noch erhöht durch die ›verguldte Toilett‹, eine aus mehr als zwanzig Teilen bestehende silbervergoldete

Das Schloß in Schlobitten vor der Vernichtung, Parkfront.

Toilettengarnitur, 1710 in Berlin angefertigt, die auf den Steinplatten zweier großer französischer Barockkommoden stand. Besonders verliebt war ich in die äußerst elegant geschwungene Barockvitrine, hinter deren Glastüren Delfter Fayencen und chinesische Porzellanfiguren zu sehen waren. Über dem Marmorkamin hing das Porträt Friedrich Wilhelms I. von Preußen als David – eine Replik des Gemäldes im Charlottenburger Schloß im Originalrahmen.

Zuletzt betrat man das ›Chinesische Kabinett‹. Die Kaminumrandung trug zahlreiche Konsolen, die mit Kanton-Emaille-Vasen und chinesischen Specksteinfiguren des 18. Jahrhunderts bestückt waren. An der Stirnwand des Raumes stand ein großer Lackschrank mit hohen Beinen, außen schwarz, innen rot lackiert, in dem weit über hundert chinesische Vasen, Kännchen und kleine Tassen aufgestellt waren. Zwischen den Fenstern hing eine von den ›Dohnaschen Tanten‹ um 1720 gestickte Chinoiserie. – Die vier Gemächer waren ausschließlich mit Stücken aus dem 17. und 18. Jahrhundert eingerichtet. Das wertvollste Stück, eine Tabaksdose Friedrichs des Großen aus

Chrysopras, reich mit Brillanten besetzt, wurde nicht ausgestellt, sondern in einem eisernen Schrank aufbewahrt.«* Diese Tabaksdose war ein Geschenk Friedrich Wilhelms II., zu dessen Besuch in Schlobitten man eigens eine Oper komponierte und aufführte.

Die meisten der bedeutenden Schlösser sind auf der Höhe des Barock entstanden, in der Regierungszeit des Kurfürsten Friedrich (1688 –1713), der sich am 18. Januar 1701 in Königsberg zum König krönte. Er wurde »der Prachtliebende« genannt und förderte das repräsentative Bauen, wo er nur konnte. Unter den Architekten, die die Pläne lieferten, taucht mehrfach der Hugenotte Jean de Bodt auf, dessen Name mit dem Berliner Zeughaus verbunden ist. Da übrigens die Dohnas mit den niederländischen Oraniern verschwägert waren, gab es Einflüsse hin und her; Schlodien bildete ein Seitenstück zum »Huis ten Bosch« in Den Haag, in dem heute die Königin Beatrix residiert. Wesentlich älter war Schloß Schönberg, der Besitz der Grafen Finck von Finckenstein; es wuchs durch mehrfache Um- und Anbauten aus der Burg empor, die das Domkapitel von Pomesanien im 14. Jahrhundert angelegt hatte.

Von der Größe der Häuser, aber auch von den Abständen, die sich nicht nur im räumlichen Sinne ergaben, vermittelt Marion Gräfin Dönhoff einen Eindruck, wenn sie von ihrer Kindheit in Friedrichstein berichtet: »Den Vater habe ich kaum gekannt . . . Am stärksten hat sich mir von ihm ein Bild eingeprägt, das sich an vielen winterlichen Abenden bot. Sein Arbeitszimmer war das letzte einer langen Flucht von Räumen, die die gesamte Länge der zum Park hingewandten Seite des etwa neunzig Meter langen Schlosses einnahm. Da die Türen von einem Raum zum anderen stets offen standen, konnte man ihn dort, in großer Entfernung, von seiner Lampe beschienen am Schreibtisch sitzen sehen. Es war, als sähe man einen lichten Punkt am Ende eines langen, dunklen Tunnels.«*

Wieder und wieder tauchen darum in Kindheitserinnerungen nicht die Eltern, sondern neben den Geschwistern ganz andere Personen als die Vertrauten auf, so in Prassen bei den Grafen Eulenburg: »Die guten Geister, die wirklich existierten, waren alle die Menschen, die für uns sorgten, uns behüteten und uns Kinder prägten. Eine ganz besonders wichtige Person war da unser lieber Diener Karau . . . Er hatte große Geduld mit uns. Wir konnten mit allen Freuden und Kümmernissen zu ihm kommen. Wie oft machte er unser Spielzeug wieder heil – in unseren Augen konnte er einfach alles! Unser Vertrauen in seine Fähigkeiten war in dieser Hinsicht grenzenlos. Als wir bei einer Fahrt durch den Wald an eine total vermorschte Brücke kamen, meinte mein Bruder ernsthaft: ›Die wird der Karau wieder leimen‹ . . . Uns Kinder hüllte er für jede Wagenfahrt in die ›gelben Mäntel‹, unförmige, weitgeschnittene Gebilde in vielen Größen, die in einer Truhe aufbewahrt wurden und schon Generationen gewärmt hatten; man konnte sie über alles andere drüberziehen. Beim Nachhausekommen pellte er uns dann wieder aus. Meine kleine Schwester, die bei Wagenfahrten regelmäßig einschlief, trug er so behutsam ins Bett, daß sie fast nie aufwachte.«*

Von seiner Lage her, auf der Halbinsel im Mauersee, ließ sich Steinort nicht übertreffen. Doch überall gehörten zur Wirkung der Schlösser die Garten- und Parkanlagen, die sie umgaben. Um nach Friedrichstein zurückzukehren: »Wenn man die schwere Haustür öffnete, sah man eine große Halle, über deren drei Türen als Supraporten die von Friedrich dem Großen geschenkten Gemälde seiner Hunde hingen. Rechts und links zwei riesige Danziger Schränke. Die mittlere Tür führte in einen hellen, stuckdekorierten Gartensaal. Wenn hoher Besuch kam, wurden alle Türen geöffnet: die schwere Hallentür, dann die zum Saal und schließlich die hohe Flügeltür, die vom Saal auf einen säulengefaßten Balkon führte, der den Blick auf einen großen, von Hecken umsäumten Rasenplatz freigab. Am Ende des Rasens begannen zwei parallel verlaufende Alleen, die bis in die grüne Unendlichkeit der Pregelwiesen reichten. Die Reaktion der Besucher angesichts dieses Anblicks war stets staunende Verblüffung: ›Schöner als Versailles‹, sagte einmal einer.«*

Aber die Krone unter den Barockschlössern Ostpreußens gebührte Finckenstein, und wiederum spielte die Gesamtanlage eine wesentliche Rolle: »Der Garten, der in der letzten Ge-

Schloß Finckenstein vor seiner Zerstörung, Gartenseite.

neration nach alten Plänen wiederhergestellt wurde, ist der bestgehaltene Ostpreußens. Heute, wo zweihundertjährige Lindenbosketts das vielfach gegliederte Parterre einrahmen, ist er weit über das hinausgewachsen, was man wohl bei seiner Anlage erstrebt hat. In der Mitte springt eine Fontäne, am Ende des Mittelweges erhebt sich ein künstlicher runder Hügel, auf dem früher ein Säulenpavillon stand. Jenseits des Belvedere beginnt der Gaudensee, der in Finckenstein den Grand Canal von Versailles ersetzt. Man hat von den oberen Räumen des Hauses aus die Illusion von künstlichen Wasserflächen, die irgendwo in den Wäldern enden . . .«*

Kein Wunder, daß Napoleon sich in Finckenstein wohlfühlte. Hier empfing er Talleyrand und den persischen wie den türkischen Gesandten, in der Hoffnung auf Bündnisse gegen Rußland und England. Sogar einen kriegsgefangenen General ließ er sich vorstellen, bevor er ausgetauscht wurde: Gerhard Leberecht von Blücher, der später von der Katzbach bis Waterloo als preußischer »Marschall Vorwärts« so wesentlich zur

Schloß Finckenstein, Gartenseite, 1993.

Niederlage des Kaisers beitrug. Doch wahrscheinlich wichtiger, jedenfalls im Mantel heimlicher Liebe weit anziehender war damals der Gast für drei Wochen, die polnische Gräfin Maria Walewska. Wenn man heute noch etwas vom Glanz eines ostpreußischen Schlosses erfahren will, sollte man sich den Film »Maria Walewska« von 1938 ansehen, der die berühmte Romanze ins Bild brachte und mit Greta Garbo in der Hauptrolle zu einem Teil in Finckenstein gedreht wurde.

Denn nichts ist geblieben als die Ruine; schon am 22. Januar 1945 wurde Finckenstein zum Raub der Flammen. Erst recht läßt sich der Park kaum noch erkennen. Er verwucherte im Lauf der Jahrzehnte. Ähnlich fast überall, obwohl der Eroberung und Ausplünderung das Feuer oft erst nach Wochen, Monaten oder Jahren folgte. Schlobitten, zunächst nur beschädigt, verbrannte 1949, das verfallende Schlodien 1986. Wer ein erhaltenes, zwischen 1987 und 1991 restauriertes Schloß sehen will, sollte Groß Schwansfeld/Łabędnik im Kreis Bartenstein besuchen. »Gott allein die Ehr« kann man noch heute als

Wahlspruch unter dem Wappen der Familie von der Groeben lesen, die hier bis 1945 zu Hause war. Es heißt, daß das Haus ein polnisch-deutsches Kulturzentrum aufnehmen soll. Ein anderes erhaltenes Schloß mit ungewisser Zukunft ist Dönhoffstädt/Drogosze, Kreis Rastenburg, bis 1945 im Besitz der Grafen zu Stolberg-Wernigerode.

Die Verluste, die mit dem Untergang eingetreten sind, lassen sich kaum ermessen. Sie betreffen nicht nur Bibliotheken und Bilder, wertvolle Möbel, Wandteppiche und dergleichen mehr, sondern etwas, was weitaus wichtiger war und unwiederbringlich ist: die bewahrte Geschichte. Ein Bericht von Marion Gräfin Dönhoff mag das anschaulich machen. Als Studentin wich sie im Jahre 1933 vor dem nationalsozialistischen Ungeist nach Basel aus und wollte dort bei Edgar Salin ihre Doktorarbeit schreiben – über Fragen des Marxismus. Der Professor aber entschied: »Darüber wissen andere sicher mehr als Sie. Von Ihnen möchte ich viel lieber eine Untersuchung darüber haben, wie der Großgrundbesitz Ihrer Familie in Ostpreußen eigentlich zusammengekommen ist und wie er in den verschiedenen Jahrhunderten bewirtschaftet wurde.«

»*Sechs Monate später:* In einem riesigen leeren Saal meines Vaterhauses türmten sich die Akten kubikmeterweise, über den Fußboden verstreut. Riesige Schränke hatte ich bereits angefüllt mit vergilbten Kontrakten, Bilanzen, Abrechnungsbüchern, Verträgen, Stammbäumen. Zu meinem Leidwesen hatte sich herausgestellt, daß ich als Vorarbeit für meine Studien zunächst einmal das Archiv ordnen mußte. Bis dahin nämlich waren alle Urkunden, Akten und Papiere in Kisten und Truhen verstaut gewesen, die auf dem Boden und in mancherlei unbenutzten Räumen des Schlosses herumstanden. Die letzten Interessenten, das ließ sich sehr genau feststellen, hatten sich vor etwa achtzig Jahren mit diesem Material (allerdings ausschließlich dem genealogischen) befaßt . . .

Neun Monate später: Alles ist etikettiert, katalogisiert und eingeordnet. Die Briefe der Preußischen Könige sowie die Kolleghefte meiner Vorfahren, darunter eines: ›Vorlesung des Herrn Professor Em. Kant über die phys. Geographie.‹ Desgleichen die Ehekontrakte der Besitzer von Friedrichstein, in denen ihre Habe und die Mitgift ihrer Frauen von Generation zu Generation verzeichnet waren. Ferner Wappen-Stammbäume, gemalt in der Zeit, da man sich illustrer Verwandter mit Vergnügen bewußt war. Sie zeigten höchst augenfällig und einprägsam, daß beispielsweise die Großmutter des Polnischen Königs Stanislaus Leszczyński eine Dönhoff war, weswegen dann seine Tochter, die Gattin Ludwigs XV., den Autoren dieses Stammbaums sicherlich als nahe Verwandte erschienen war. All diese Curiosa, die fast hundert Jahre kein lebendes Auge gesehen hatte, und schließlich auch der Urstoff für meine Dissertation, waren nun endlich, schön geordnet, weiterem Studium erschlossen.«*

Mit Wirtschaft und Verwandtschaft der Dönhoffs konnten nicht viele sich messen. Dennoch enthält der Bericht etwas Typisches. Es wird angesprochen und zugleich verkannt in dem Urteil über Ostpreußens Schlösser: »Mit ihren Schätzen an historischen Bildnissen, Möbeln, Kunstwerken und Bibliotheken sind sie wahre Museen der preußischen Geschichte.«* Sie waren es, muß man inzwischen sagen. Aber am meisten bedeuteten eben nicht die sorgsam gehüteten Kunstschätze, sondern die Dokumente, die – und auch das muß man typisch nennen – irgendwo in Truhen und Schränken, auf den Dachböden oder in unbenutzten Räumen höchst unordentlich dahindämmerten. Selbst aus meinem bescheidenen Pommern erinnere ich mich an solch eine Truhe, in der ich als Junge manchmal gestöbert habe. Alte Orden und Ehrenzeichen lagen darin, königliche Handschreiben und Erlasse mit schönen Siegeln, Abrechnungen, Prozeßakten und vieles mehr – alles das, was frühere Generationen zwar aufheben, aber nicht weiter ansehen wollten.

Schlösser von Rang, schöne Gartenanlagen und bedeutende Parks können wir weiterhin in Deutschland, in Frankreich, in England besuchen, und die Kunstschätze Europas werden von Madrid bis St. Petersburg von den Museen gehütet. Aber die Zeugnisse unserer preußischen Geschichte blieben einmalig; einmal verloren, sind sie für immer dahin. In Steinort, so erfahren wir beiläufig*, lagen etwa achthundert Briefe des Prinzen Heinrich, die dieser bedeutende Feldherr, Diplomat und bittere Gegner seines großen Bruders Friedrich an den Grafen Ernst Ahasverus Lehndorff geschrieben hat. Der wiederum war dreißig Jahre lang der Kammerherr bei Königin Elisabeth Christine, Friedrichs verstoßener Gemahlin. Welch eine Chance, das Menschliche hinter Maskierungen aufzuspüren – eine Möglichkeit, die niemand wahrnahm, als es sie gab! Um so mehr müssen wir die Weisheit und Weitsicht des Baseler Professors preisen, der eine junge Dame aus Ostpreußen vom Marxismus fort zum wirklich Wichtigen lenkte. Denn damit ist uns als Frucht des Friedrichsteiner Archivs jedenfalls eine Doktorarbeit geblieben.

Vom Ursprung des großen Besitzes

»Sehr schön und sehr unpraktisch muß das gewesen sein«, stellt Alexander mit nüchtern hanseatischem Kaufmannssinn fest, als er die Ruinen von Finckenstein und Schlobitten gesehen und durchklettert hat. »Was das kostet, an Kohle oder Holz, an Personal und an Arbeit, um nur einen ostpreußischen Winter hindurch zu heizen! Aber wehe, wenn dann erst das Dach neu eingedeckt werden muß, wenn Schornsteine schadhaft oder Balken morsch werden ...« Und als stamme er aus Basel, stellt der junge Mann seine Fragen: »Wie groß waren eigentlich die Güter, daß man solche Schlösser erbauen und unterhalten konnte? Wie wurden sie bewirtschaftet, daß sich alles rentierte? Wie überhaupt sind sie entstanden?«

Über das Personal, die Heizkosten, die Schornsteine und die Dachbalken bekommt man Auskunft beim Fürsten zu Dohna: »Der Haushalt in Schlobitten war nach dem Ersten Weltkrieg sehr eingeschränkt worden, und nach unserer Hochzeit wurde er von meiner Frau und mir nochmals verkleinert. Um Heizmaterial zu sparen, zogen wir angesichts der Brüningschen Sparmaßnahmen für den Winter 1931/32 sogar in die damals leerstehende Oberförsterei. Obgleich das Schloß während dieser Zeit regelmäßig kontrolliert wurde, fror in einem Flügel die

Wasserleitung ein, und der dadurch entstandene Schaden machte alle unsere Einsparungen zunichte. So blieben wir von da an auch im Winter im Schloß wohnen, heizten allerdings nur einen kleinen Teil der Räume. Eine Mindestzahl von Angestellten mußte für die ordnungsgemäße Instandhaltung zur Verfügung stehen, soviel hatten wir aus dem Vorfall gelernt. Vor allem was die Brandgefahr anging, genügte der Bau wohl kaum den modernen Sicherheitsvorstellungen. Hier und da dienten gemauerte Schornsteine als Stützen für die Dachbalken, das allerdings wurde bald geändert. Haushofmeister Hoffmann inspizierte jeden Abend die verschiedenen Böden des Schlosses, um zu sehen, ob irgendwo in dem Balkengewirr Brandgefahr bestand.

Reihum wurden sämtliche Räume gelüftet und saubergemacht. Noch heute sehe ich die großen Gobelins mit dem ›Gesicht‹ nach unten im Pulverschnee liegen, wie sie vorsichtig ausgeklopft werden auf der Suche nach Motten und Larven . . . Das tägliche Reinigen der von uns bewohnten Zimmer besorgten zwei Hausmädchen unter der Leitung der Kastellanin Anna Zander, die ebenso wie der getreue Hoffmann aus einer der alteingesessenen Schlobitter Familien stammte, die seit mehreren Generationen bei uns arbeiteten.

Neben dem Haushofmeister und der Kastellanin umfaßte unser Haushalt eine Köchin, eine Kammerjungfer, zwei Diener, zwei Hausmädchen und zwei Küchenmädchen. Dazu kamen ein Chauffeur, der Kutscher mit dem Stallburschen und ein Gärtner mit einer Hilfskraft für den Gemüsegarten. Für die drei jüngeren Kinder hatten wir ein Kindermädchen, für die beiden älteren eine Hauslehrerin angestellt.«* Mit immerhin 17 Personen war dies der Stand nach allen Einsparungen. »Bis 1914 war etwa doppelt soviel Personal beschäftigt worden.« Und zum Heizen wurden »etwa 300 Kubikmeter Holz pro Saison« benötigt.

Heute müßte man schon sehr reich sein, um ein Schloß wie Schlobitten in gutem Zustand erhalten zu können. Damals, bis 1945, blieben zumindest die Lohnkosten bescheiden; Hauptposten bildeten die freie Wohnung, die es ohnehin gab, und die freie Verpflegung, für die der Gutsbetrieb beinahe alles lieferte, was man brauchte. Überhaupt war das Wirtschaften weit mehr aufs »Deputat«, das heißt auf die Naturalvergütung statt auf den Barlohn abgestellt:

»Auf dem gesamten Besitz arbeiteten etwa 180 Familien, die in gutseigenen Häusern lebten. Die Wohnung eines Gutsarbeiters bestand bis etwa 1925 aus zwei Räumen: einer Wohnstube, in der auch gekocht wurde, und einer Kammer zum Schlafen.«

Und dies bei oft vielköpfigen Familien, zu denen die Großeltern wie die Kinder gehörten!

»Da das Geld für Renovierungen Anfang der zwanziger Jahre gefehlt hatte, befand sich vieles in einem zum Teil jämmerlichen Zustand. Wir begannen zunächst damit, den Fußboden aus gestampftem Lehm durch Holzdielen zu ersetzen und die Wohnungen dann um ein oder zwei Zimmer zu vergrößern ... Nach dem Ersten Weltkrieg wurde die Entlohnung über Tarifverträge geregelt und die gesetzliche Krankenversicherung eingeführt. Die großen Betriebe konnten es sich leisten, zusätzlich soziale Einrichtungen für die Alten und Kranken zu schaffen. So gab es in Schlobitten und Prökelwitz je ein kleines Altersheim für alleinstehende alte Menschen – die anderen wurden von ihren Angehörigen versorgt – und je eine Gemeindeschwester. Insgesamt unterstützten wir 1938 ungefähr 80 Rentnerehepaare oder einzelne Alte mit Naturalien; etwas Bargeld erhielten sie aus der staatlichen Rente.

In den dreißiger Jahren erhielt ein Landarbeiter folgenden Jahreslohn: 19 Zentner Roggen, 2 Zentner Weizen, 1 Zentner Erbsen, 6 Zentner Gerste, 6 Raummeter Hartholz, 6 Raummeter Weichholz, 18 Raummeter Knüppelholz. An Garten und Kartoffelland gab es 235 Quadratruten, das entspricht etwa 250 m^2. Im Sommerhalbjahr wurden brutto RM 24,–, im Winterhalbjahr RM 16,– monatlich gezahlt. Allen Familien stand die freie Haltung einer Kuh, die freie Geflügelhaltung – jede siebte Gans mußte abgegeben werden – und die freie Haltung eines Schweines mit Nachzucht zu. Damit konnten sie sich noch etwas Bargeld dazuverdienen ... Die schulentlassenen Jugendlichen im Alter von 15 bis 21 Jahren wurden als Scharwerker, später Hofgänger, gegen Entlohnung auf dem Gut angelernt. Die Frauen waren im Sommerhalbjahr verpflichtet, beim Rübenverziehen, in der Heu-, Getreide- und Hackfruchternte mitzuarbeiten. Wurde ein Hofgänger gestellt, brauchte die Ehefrau nicht zur Arbeit zu kommen; Familien mit kleinen Kindern hielten sich deshalb gelegentlich fremde Hofgänger.«*

Illusionen sind also schwerlich erlaubt; der Abstand zwischen den Schloßherren und ihren Gutsleuten blieb bis zuletzt sehr groß. Wohl jeder hat ihn gespürt, und wer den alten Vorstellungen von gottgewollten Ständeschranken entwachsen war, fühlte dunkel das Unbehagen, das die Dauer schon aufkündigt. »Ich gebe zu«, schreibt der Fürst zu Dohna, »daß ich den Arbeitern gegenüber auch eine gewisse Scheu empfand, zumal es in den zwanziger Jahren noch allgemein üblich war, mir die Hand zu küssen; daran konnte ich mich nur schwer gewöhnen. Allmählich wurde mein Verhältnis zu den Untergebenen gelöster, nicht zuletzt weil die Wirtschaft nach den langen Jahren des Krieges und der Depression langsam wieder zu gesunden begann. Ein wirklich enges Verhältnis entwickelte sich aber erst angesichts der gemeinsam zu überwindenden Gefahren und Entbehrungen des großen Trecks.«*

Zu den Härten gehörte, daß der Arbeitstag lang war – im Sommerhalbjahr zwölf Stunden täglich, nur den Sonntag ausgenommen. Dabei wog die körperliche Belastung schwer, weil die Mechanisierung der Landwirtschaft noch in den Anfängen steckte. Die wichtigste Gegenleistung bestand in einer umfassenden Sicherheit; niemand mußte um seinen Arbeitsplatz fürchten, und jeder wurde im Alter wie im Krankheitsfalle versorgt.

Um gerecht zu sein, sollte man hinzufügen: Selbst im Schloß lebte man keineswegs in Saus und Braus. Denn erstens widersprach das dem preußischen Prinzip, die Pflicht und den Dienst ins Zentrum zu rücken, und zweitens war das Bargeld meist knapp. »August Friedrich Philipp Dönhoff« – der Herr auf Friedrichstein – »hat von 1805 bis zu seinem Tode 1838 regelmäßig Tagebuch geführt . . . Auch trug er seit 1809 genauso regelmäßig . . . seine Ausgaben ein. Man kann sich die Bescheidenheit, mit der damals der Eigentümer eines großen Besitzes lebte, kaum vorstellen. In seinen schmalen, langen Ausgabebüchern stand in der Rubrik ›Kleidung‹ über viele Jahre als einzige Aufwendung immer nur verzeichnet: Schuhe besohlen, Kragen wenden oder ausbessern und neues Futter für eine Jacke. Ähnlich spartanisch geht es in der Spalte ›Vergnügungen‹ zu; ganz selten geht er einmal in Königsberg ins Theater, meist beschränken sich die Eintragungen auf ein Glas Bier, zu dem er irgend jemand eingeladen hat, nur selten versteigt er sich zu Wein. Als ihm angeboten wird, Generallandschaftsdirektor zu werden, lehnt er ab – er könne es sich nicht leisten, die Uniform, die dafür obligat sei, anzuschaffen.«*

Im Jahre 1820 betrugen die Einnahmen 34 997 Taler. Den Hauptteil davon verschlangen die Verzinsung und Abzahlung von Schulden, die aus der napoleonischen Zeit stammten. Für »persönliche Ausgaben« – Kleider, Bücher, Reisen, Geschenke, Trinkgelder, Wein, Porto und ähnliches – blieben 373 Taler, für »Bestreitung des Haushalts« – Gewürze, Reis, Zucker, Salz, Heringe, Seife, Licht, Bekleidung des Personals – 224 Taler.* Nur Erziehung und Unterhalt der sieben Kinder erforderten noch einen größeren Posten, aber man darf sicher sein, daß auch der Nachwuchs nicht verwöhnt wurde.

Ein Jahrhundert später hatte sich daran wenig geändert. »Wir Kinder«, erzählt wiederum Marion Gräfin Dönhoff, »waren in recht kargen kleinen Stuben untergebracht. Sie verdankten ihren Ursprung der Tatsache, daß man irgendwann im oberen Stockwerk eine Zwischendecke eingezogen hatte. Da die repräsentativen Räume sieben Meter hoch waren, hatten sich auf diese Weise leicht zusätzliche Zimmer gewinnen lassen . . . Eingerichtet waren alle gleichermaßen spartanisch, nur mit dem Nötigsten: Bett, Schrank, Waschtisch mit Waschschüssel, Kanne und Eimer – fließendes Wasser gab es nicht. Einen einzigen Gegenstand bewunderte ich immer von neuem bei den großen Schwestern, den ich ihnen unendlich neidete und der mir als ein ungewöhnlich kostbares Kunstwerk erschien: ein Kaninchen aus weißem Porzellan mit roten Augen und gespitzten Ohren, in das eine Uhr eingebaut war. – Die sanitären Einrichtungen ließen sehr zu wünschen übrig. Auf jedem Stockwerk stand der als Schrank verkleidete Ort . . .

Gut gegessen wurde nur, wenn Gäste kamen. Wein gab es nur für den Vater, wir Kinder tranken Wasser, das täglich in einem großen, von einem Pferd gezogenen Aluminiumkübel zum Kochen herbeigeschafft wurde. Im Winter kam das Wasser von einer Pumpe auf dem Hof, im Sommer – als Konzession an die Hygiene – aus einer Pumpe im alten Dorf, wo das Wasser angeblich sauberer war. Klarer war es in der Tat, aber in der heißen Zeit stank es so, daß man beim Trinken den Atem anhalten mußte; die Nase zuzuhalten wurde unterlassen, es hätte sonst sofort geheißen: ›Stellt euch nicht so an.‹«*

Unwillkürlich fragt man sich, ob der zugehörige Güterbesitz vielleicht so klein war, daß er die Schlösser und Schloßherren kaum zu tragen vermochte. Nein, keineswegs. Durchweg handelte es sich um sehr große Besitzungen, um echte Latifundien. Hier eine Übersicht; in den Klammern wird jeweils zuerst die landwirtschaftliche, dann die forstwirtschaftliche Nutzfläche angegeben:

Burggraf zu Dohna-Finckenstein
9499 Hektar (4363/4604)
Fürst zu Dohna-Schlobitten
8383 Hektar (5264/2729)
Burggraf zu Dohna-Schlodien
5655 Hektar (2747/2732)
Graf Finck von Finckenstein-Schönberg
20 877 Hektar (11 088/7253)
Graf Lehndorff-Steinort
6704 Hektar (3645/1809)
Graf Dönhoff-Friedrichstein
6215 Hektar (3319/2602); dazu
die Dönhoff'sche Familien- und Armenstiftung Quittainen
9907 Hektar (4942/4637)

Es gab weitere sehr große Besitzungen, zum Beispiel die des Freiherrn von Paleske in Sorquitten mit 7361 und des Grafen zu Stolberg-Wernigerode auf Dönhoffstädt mit 7804 Hektar. Der Groebenschen Familienstiftung gehörten 6972, dem Grafen zu Eulenburg-Prassen 5255 Hektar. Fast übersteigen solche Zahlen unser Fassungsvermögen; vielleicht hilft ein Umrechnen: 100 Hektar sind ein Quadratkilometer; der Burggraf zu Dohna-Finckenstein verfügte also über fast 95, die Dönhoffsche Stiftung über 99 Quadratkilometer. Die Zahlen stammen aus den Jahren nach dem Ersten Weltkrieg*, in denen die Kindheitserinnerungen von Marion Dönhoff angelegt sind. Insgesamt gab es 1925 in Ostpreußen 53 Latifundien mit mehr als 1000 Hektar. Abgaben für Siedlungszwecke und die große Krise am Ende der zwanziger Jahre haben Verluste mit sich gebracht. In der Regel blieb aber die Substanz bewahrt.

Sofern man übrigens, wie es üblich war, die Großbetriebe schon bei 100 Hektar landwirtschaftlicher Nutzfläche beginnen läßt, stand Ostpreußen mit einem Anteil von 39,2 Prozent (im Jahre 1925) keineswegs an der Spitze. In Pommern betrug dieser Anteil 49,8, in Mecklenburg sogar 58,2 Prozent. Der Reichsdurchschnitt lag bei 20,2 Prozent. Innerhalb Ostpreußens gab es krasse Unterschiede; er reichte vom Kreis Braunsberg mit 10,3 bis zum Kreis Bartenstein mit 68,9 Prozent. Was Ostpreußen auszeichnete, war nicht der Großgrundbesitz im üblichen Sinne, der auch anderswo die Provinzen prägte. Es war der aus dem Durchschnitt herausragende wirklich weitläufige Besitz, der dann nicht von Gutshäusern, sondern von Schlössern gekrönt wurde.

»Etwas stimmt nicht«, meint Alexander. »Entweder brachte der Besitz genug ein, um nicht knausern zu müssen und sich vieles leisten zu können, den Zukauf von Gütern und die Schlösser mit all ihren Kostbarkeiten. Dann erzählt man uns Märchen vom preußisch-spartanischen Leben. Oder man war wirklich arm dran. Aber wie konnte man dann bauen, was man gebaut hat? Wie überhaupt den großen Grundbesitz zusammenbringen? Wo das Geld fehlte, müßte sonst etwas im Spiel gewesen sein – zum Beispiel die Macht.«

Solche Folgerungen haben schon andere gezogen: Das Ordensland Preußen wurde durch Eroberung und Unterwerfung begründet – und später, als »der kapitalistische Erwerbssinn des Junkers« erwachte, mit nur ein wenig verfeinerten Methoden der neuzeitliche Gutsbetrieb durch das Bauernlegen. Ein Klassiker dieser Auffassung war gegen Ende des 19. Jahrhunderts Georg Friedrich Knapp mit der Behauptung: »Das Land, das der Ritter seiner Wirtschaft einfügen will und einfügt, ist bisheriges Bauernland. Das Rittergut wächst an, das Bauernland schwindet: so beginnt die große Gutswirtschaft.«*

Sozusagen als Wiedergutmachung ließen sich Pläne zur Bodenreform und Siedlungsprogramme begründen. Und vortrefflich fügte sich der Vorwurf zu nationalen Ängsten: Die große Wanderungsbewegung von Osten nach Westen, hieß es, sei wesentlich Landflucht, die der Großgrundbesitz verursache, und in die entvölkerten Räume würden die Slawen, die Polen nachdrängen; am Ende drohe der Verlust deutschen Bodens.*

Aber wie war es wirklich? Sprechen wir zunächst vom Erwerb der Güter. Um genau zu sein, muß man verschiedene Perioden unterscheiden. Die erste begann in der Tat mit der Eroberung und Unterwerfung Preußens durch den Deutschen Orden. Zur Sicherung der gewonnenen Gebiete brauchte man Menschen, die Kriegsdienste leisten konnten. Daher vergab der Orden Land gegen die Verpflichtung, im Bedarfsfall Soldaten zu stellen. Für jeweils 40 Hufen Land – eine kulmische Hufe gleich 17 Hektar, also 40 Hufen gleich 680 Hektar – mußte ein »schwerer Reiterdienst« gestellt werden: Der Ritter in voller Rüstung, auf einem »bedeckten«, der Rüstung angemessenen Pferd, begleitet von zwei anderen Reitern, leistete den Waffendienst; bei weniger als 40 Hufen waren nur leichte Waffen und ein Pferd vorgeschrieben.

Besitzungen von zum Teil riesigem Ausmaß sind auf diese Weise vergeben worden; alte Urkunden reden mehrfach von 3000 und mehr Hufen; in einem Falle ging es sogar um 12 000 Hufen.* Allerdings vergab der Orden das Land nur als Lehen, und nur mit seiner Einwilligung durfte es veräußert werden. Die Einschränkung der Besitzrechte führte zu vielen Auseinandersetzungen, von denen schon früher die Rede war*, und beinahe nichts erwies sich als standfest. Es gibt kaum Güter, die aus der frühen Zeit im Familienbesitz überdauert haben.

Eine zweite Periode begann im 15. Jahrhundert, als der Orden in die Krise geriet und seiner Lehnsleute nicht mehr sicher sein konnte. Jetzt wurden Söldnerführer mit eigenen Truppen zu Hilfe gerufen. Weil aber der Orden mit dem Zweiten Thorner Frieden von 1466 sein wertvollstes Land und die wichtigsten Städte verlor, geriet er in Zahlungsschwierigkeiten und

Schloß Friedrichstein, von dem nicht einmal eine Ruine blieb.

verpfändete Güter, die dann zum dauernden Besitz der Söldnerführer wurden. Auf diese Weise sind viele Familien ins Land gekommen, die bis 1945 ansässig blieben, unter ihnen die Dohna.

Den Erwerb aus verpfändetem Besitz hat es auch sonst immer wieder gegeben, denn »die Pfandübertragung ist die typische Form der Kreditfundierung, die das ganze Mittelalter beherrscht und bis weit in die Neuzeit hineinreicht.«* Dabei war das Risiko des Pfandgebers groß. Wollte er nach der üblichen Frist von dreißig Jahren seinen Besitz wieder übernehmen, so mußte er nicht nur die ursprüngliche Pfandsumme aufbringen, sondern den Pfandnehmer für alles entschädigen, was der inzwischen eingebracht hatte, sei es mit neuen Gebäuden, vermehrtem Viehbestand oder womit immer. Wer dafür nicht zahlen konnte, verlor das gesamte Pfand. Da ein verschuldeter Pfandgeber seine Güter meist in sehr schlechtem Zustand abtrat, investierte der zahlungskräftige Pfandnehmer um so mehr. Oft war darum der spätere Eigentumswechsel bloß noch eine Formsache.

Eine dritte Art des Gütererwerbs entdecken wir am Beispiel der Dönhoffs. Ursprünglich war die Familie aus dem westfälischen Dunehof mit dem Schwertritterorden nach Livland gekommen und dort ansässig geworden. Als Livland später unter polnische Herrschaft geriet, dienten die Dönhoffs dem neuen Lehnsherren und gelangten in Polen zu Ansehen, Ämtern und Ehen mit dem polnischen Hochadel. Im Jahre 1620 erwarb Magnus Ernst Dönhoff – zunächst pfandweise – vom brandenburgischen Kurfürsten das ostpreußische Kammeramt Waldau. »Sein Sohn Friedrich kaufte 1666 zum Preis von 25 000 Talern den Grundstock der Friedrichsteiner Güter ›mit aller und jeder Zubehör und Nutzung, allen Rechten und Gerechtigkeiten, Jurisdiktionen, großen und kleinen, auch Straßengerichten, item anderen Herrlichkeiten, Jagden und Fischereien, Krug und Kruggerechtigkeiten, Mühlen und Mühlenstätten . . .‹«* Später erwarb Friedrich noch weitere Güter hinzu, ebenso der Enkel Otto-Magnus, der am Anfang des 18. Jahrhunderts auch das Schloß erbaute.

Woher aber stammte das Geld? Im wesentlichen aus hohen Staatsämtern, die damals in der Regel höchst einträglich waren, wenn man sie mit anderen Berufen vergleicht. Magnus Ernst Dönhoff diente unter anderem als polnischer Gesandter an den Höfen von Sachsen und Brandenburg, der Sohn Friedrich als Amtshauptmann und Gouverneur der Festung Memel, der Enkel Otto-Magnus als Erster Gesandter am Deutschen Kaiserhof, Geheimer Staats- und Kriegsminister, preußischer Ambassadeur beim Friedenskongreß zu Utrecht, ebenso als Generalleutnant und wie sein Vater als Gouverneur zu Memel. Aus einer Aufstellung von Friedrich Dönhoff für die Jahre 1691–1695 ergibt sich, daß seine Einkünfte als Amtmann und Gouverneur der Festung Memel ungefähr denen entsprachen, die er aus einem etwa 25 000 Morgen (gleich 6250 Hektar) großen Güterkomplex bezog.*

Kurz gefaßt: Wenn in der brandenburg-preußischen Geschichte die Finckenstein, Dohna oder Dönhoff immer wieder als Feldmarschälle, Staatsminister oder in anderen hohen Ämtern verzeichnet sind, dann wissen wir nun, wie Güter erworben, in guten Stand gesetzt und Schlösser von Rang erbaut werden konnten. Andererseits bedeutet der Sachverhalt, daß man sofort sehr viel knapper gestellt war und sparsam wirtschaften mußte, wenn man nur aus dem Ertrag der Güter lebte und den Besitz nicht gefährden wollte.

Die ländliche Wirtschaft

Wir haben uns daran gewöhnt, daß nur wenige Menschen – inzwischen nicht einmal 5 Prozent aller deutschen Erwerbspersonen – in der Landwirtschaft arbeiten und dabei so viel Getreide, Milch und Fleisch erzeugen, daß die übrige Bevölkerung sie kaum verbrauchen kann. Im Mittelalter und bis weit in die Neuzeit hinein war das ganz anders. Die große Mehrheit lebte und arbeitete auf dem Lande; selbst im Jahre 1850, also in geschichtlicher Perspektive schon nahe an der Gegenwart, zählte man dort 85 Prozent aller Berufstätigen. Im Agrarland Ostpreußen handelte es sich noch im Jahre 1933 um eine Mehrheit von 54,2, im Deutschen Reich um eine Minderheit von 28,9 Prozent. Dabei gelang es in der älteren Zeit kaum, die Erzeugung stabil zu halten. Auch oder gerade auf dem Lande wurde nicht selten gehungert – und dies bei immerwährend härtester Arbeit. Denn mit der Hand wurde gesät und mit der Sense gemäht; bloß Pferde oder Ochsen gab es, um den Pflug und den Erntewagen zu ziehen. Das Urgetüm moderner Agrartechnik, das einen Wandel ankündigte, der Dampfpflug, kam erst seit dem Ende des 19. Jahrhunderts nennenswert in Gebrauch. Aber seine Anschaffung war teuer, und nur in Großbetrieben mit weiten Feldern ließ er sich sinnvoll einsetzen.

Wie soll man den Sachverhalt erklären? Zunächst muß man sich vor Augen führen, wie wenig Frucht die Felder durchweg trugen. Selten erntete man mehr als »das dritte Korn«, oft weniger. Damit wird das Verhältnis von Aussaat und Ertrag nach dem Dreschen bezeichnet: Auf ein ausgesätes Korn kommen drei Körner, die man nach aller Mühsal schließlich zurückgewinnt. Hier eine Durchschnittsberechnung für die ostpreußischen Güter Friedrichstein, Hohenhagen und Wehnefeld in den Jahren 1725 –1740.* (Die Menge wird in Scheffel berechnet, 1 Scheffel = 54,46 Liter.)

Getreideart	Aussaat	Erdrusch	Ertrag: das ... Korn
Weizen	9	26	2,8
Roggen	472	1390	2,6
Hafer	1106	1574	1,4
Gerste	350	1237	3,5

Daß man hauptsächlich Hafer anbaute, obwohl die Erträge so erbärmlich blieben, erklärt sich aus der Tatsache, daß er für die eigene Ernährung – als Hafergrütze – dringend gebraucht wurde. Die Gerste wanderte in die Brauerei, und nur der Roggen wurde in größeren Mengen verkauft. Eine Vermehrung des Weizenanbaus begann erst gegen Ende des 18. Jahrhunderts.

Warum mußte man sich mit derart geringen Erträgen begnügen? Bei der Suche nach einer Antwort stoßen wir auf das Hauptproblem jeder vormodernen Landwirtschaft, die Düngung. Bevor zu Beginn des 19. Jahrhunderts der Klee als Gründüngung und etwas später dank Justus von Liebig der Kunstdünger seinen Siegeszug antrat, gab es einzig den Stallmist, den das Vieh produzierte. Zwar behalf man sich im Rahmen einer Dreifelderwirtschaft mit der Brache; nach dem Anbau von Winter- und Sommergetreide blieb jeweils im dritten Jahr ein Feld unbestellt, damit es sich erholte. Hackfrüchte oder Futterpflanzen, die später das dritte Feld besetzten, kannte man noch nicht. Aber mit der Brache allein war wenig getan; die Düngung mit dem Stallmist blieb unerläßlich. Vom Viehbestand hing daher ab, wieviel Land zur Bestellung taugte.

Leider geriet man von einem Engpaß in den anderen, denn stets war es ein Problem, das Vieh durch den Winter zu bringen. Solange es noch keine Hackfrüchte gab, war man auf Häcksel, Stroh und vor allem das Heu angewiesen. Daran fehlte es oft, so daß man in alten Berichten über das Krepieren von Vieh oder Pferden Angaben wie diese findet: »an Kropf und verfaulter Lunge gestürzt«, »vom Wolf zerrissen« – und immer wieder »wegen Futtermangels«.* Doch von einem bis zur Hinfälligkeit abgemagerten Vieh, selbst wenn es den Winter überlebte, durfte man weder viel Milch noch viel Dung erwarten.

Um genügend Heu zu ernten, brauchte man gute Wiesen. Gewöhnlich aber waren sie naß, sauer und ertragsarm; erst die Anlage und sorgfältige Unterhaltung von Entwässerungssystemen brachten eine Verbesserung. Marion Dönhoff beschreibt die Zusammenhänge, wenn sie sagt:

»Barthen ist das einzige der Friedrichsteiner Güter, welches in glänzendem Zustand übernommen wurde, für alle anderen war der Grund zum Verkauf stets ihre hohe Verschuldung und ihre schlechte wirtschaftliche Lage gewesen.

Die Frage, warum gerade Barthen so gut imstande war, läßt sich eigentlich nur dahingehend beantworten, daß hierbei wieder die ökonomische Unabhängigkeit des Vorbesitzers von ausschlaggebender Bedeutung gewesen ist. Der Vorbesitzer ... war der Kriegsminister und Domänenkammerpräsident von Lesgewang, der bei seinen sehr umfangreichen Verbesserungen und Investitionen weniger auf die Rentabilität zu achten genötigt war, als daß er vielmehr ausschließlich den Gesichtspunkt der Pflege und Kultivierung seines Besitzes im Auge hatte.

Friedrich Dönhoff hat die Wirtschaft in diesem Sinne fortgeführt und viel zu einer fortschrittlichen Bewirtschaftung und zur Verbesserung beigetragen. Vor allem konnte er dank seiner umfangreichen Meliorationen die Viehbestände überall erheblich vermehren – eine Maßnahme, die insofern von außerordentlicher Wichtigkeit war, als der vielfach noch recht rohe und unfruchtbare Acker eine sehr starke Düngung verlangte, gewöhnlich aber die Viehhaltung wegen der mangelnden Weide und Futterversorgung nicht im genügenden Umfang möglich war, der Viehbestand vielmehr in den meisten Fällen immer erst dann vermehrt werden konnte, wenn die Wiesen trockengelegt und von dem angeflogenen Strauch- und Buschwerk befreit waren.«*

Erneut stoßen wir hier auf die Bedeutung des Kapitals, das nicht aus der Landwirtschaft stammte. Keineswegs nur beim Erwerb der Güter, sondern auch bei ihrer wirtschaftlichen Entwicklung spielte es eine entscheidende Rolle. Erst recht galt das für jede Art von Veredelungswirtschaft. Um die Mitte des achtzehnten Jahrhunderts erzielten die Friedrichssteiner Güter ein Drittel ihrer Einnahmen aus dem selbstgebrauten Bier und dem Branntwein; in den Dörfern hatte man eigene Krüge eingerichtet, die verpachtet wurden. »In den Kontrakten wird dem Krüger als seine vorzügliche Obliegenheit eine gute Behandlung und Versorgung der durchreisenden Gäste zur Pflicht gemacht, und ferner unter Androhung harter Strafen der ausschließliche Bezug des herrschaftlichen Bieres.«* Aber am Bier und am Branntwein konnte man natürlich nur verdienen, wenn man über das Geld zur Einrichtung der Brauerei und der Brennerei verfügte.

Einmal mehr erweist sich als wahr, daß die Armut von der »Powerteh« kommt, und zwar nicht nur in der Stadt, wie in Bräsigs berühmtem Vortrag vor dem Reformverein*, sondern ebenso auf dem Lande. Wie sollte man ohne den Einsatz von Geldreserven die Wiesen und Weiden vor Überschwemmungen schützen, wie sie mit Dränagen und weitläufigen Grabensystemen entwässern, wie sonst die Heuernte verbessern? Wie ohne mehr Heu die Viehbestände vermehren? Wie beim Mangel an Vieh die Felder düngen und reichere Ernten einbringen? Wie ohne solche Ernten zu dem Kapital kommen, das gebraucht wurde? Die Fragen beschreiben einen Kreislauf der Armut, der sich kaum durchbrechen ließ.

Wie leicht zerriß andererseits der Anschein von Wohlstand und Sicherheit, wie schnell und wie hart schlug das Unglück zu! Oft stürzte es auch den besten Landwirt in die Not und dann in eine Verschuldung, aus der es kein Entrinnen mehr gab. Seuchen schlugen das Vieh wie die Menschen. Der Blitzschlag äscherte Haus und Hof ein, und die Erfahrung besagte, daß jedes Dorf pro Jahrhundert ein- bis zweimal vollständig abbrannte, ohne daß eine Feuerversicherung einsprang.

Eine Untersuchung aus dem 20. Jahrhundert stellt fest: »Im Pflanzenbau konnte der anhaltende und harte Winter erhebliche Schäden verursachen. Bei Kahlfrösten erfroren die ungeschützten Saaten der Winterung schon im Spätherbst, bei übermäßiger Schneedecke im Frühjahr traten Ausfaulen und Erfrieren ein ... Auf diese zusammenfassend ›Auswinterung‹

genannten Schäden mußte der Landwirt in jedem Jahr gefaßt sein und in seinen Bestellungsplan der Sommerung Umbruch und Neusaat vorsorglich einkalkulieren. Nach Angaben der Landwirtschaftskammer mußten im Mittel vieler Jahre in Ostpreußen etwa dreimal soviel Flächen im Frühjahr umgebrochen und neu bestellt werden wie im übrigen Preußen.«* In einer Zeit jedoch, in der man nur das zweite oder dritte Korn erntete, konnte der Verlust einer Aussaat schon an den Rand der Katastrophe führen.

War die Saat gerettet, so bedrohten Überschwemmung, Dürre oder Hagelschlag die Ernte, Mäuseplagen das Korn. Die Wölfe wurden schon erwähnt. Heute möchten wir sie schützen und empören uns über ihre Ausrottung. Aber wir leben in einer anderen Zeit. Wer wollte einst den Bauern und Gutsherrn verdenken, daß sie dem Räuber Rache schworen, wenn sie ihr kostbares Kalb oder ihre Schafe zerrissen vorfanden?

Doch nichts half gegen Wolfsrudel von der ganz anderen Art. Im 17. Jahrhundert fielen die Schweden und die Tataren in Ostpreußen ein und verheerten große Teile des Landes. Friedrichs des Großen Siebenjähriger Krieg ist insgesamt für Ostpreußen zwar glimpflich verlaufen, aber im Einzelfall wurde man bitter betroffen. »In einem Bericht des Grafen Dönhoff an den König vom 20. September 1757 schildert er den ›considerablen Schaden‹, der seinen Gütern durch das ›Plündern und Marodieren‹ der Armee« – wohlgemerkt der preußischen – »zugefügt sei, besonders durch das Verhalten der schwarzen Husaren, die in einigen Dörfern schwer gehaust hätten. ›Alle Türen erbrochen, die Leute verprügelt, gestohlen, die Gebäude zum Teil mutwillig demoliert und alles requirieret haben.‹«*

»Alle diese Schäden waren darum so besonders bedrückend, weil damals dem Besitzer von Friedrichstein noch die im Kreise Wehlau gelegenen Eyserwagenschen Güter gehörten und diese durch die russische Armee derart verwüstet waren, daß – wie es in einer Friedrichsteiner Chronik dieser Jahre heißt – der Graf Dönhoff ›nach vorübergegangener Unruhe sich genötigt sah, die Eyserwagenschen durch die Scharwerker hiesiger Güter bestellen zu lassen, und denen sich nach und nach wieder eingefundenen Untertanen vor bares Geld aus den

Speichern von Königsberg und Wehlau Saat- und Brotgetreide bis ins andere Jahr zu kaufen, und hierdurch die armen Leute wieder aufzuhelfen. Welcher Schaden nachher bei gerichtlicher Untersuchung 22 000 Taler betrug. Um aber die Eyserwagenschen Bauerndörfer mit neuem Betrieb zu besetzen, indem von 30 dortigen Wirten nur einige ein Pferd und viele gar nichts behalten, ließen der Herr Graf durch verschiedene Juden und Entrepreneurs aus Polen soviel Vorwerks- und Bauernpferde vor bares Geld kaufen, als es nötig war, einen jeden Wirt mit vier Stück zum Anfang unter die Arme zu greifen, zugleich den Vorwerksbetrieb wieder in Gang zu bringen und auch die sämtlichen ruinierten Gebäude hiernechst teils ausbessern, teils von Grund aus neu erbauen zu lassen.«*

Aber nicht jeder verfügte über einen Grafen mit Geldreserven, der ihm aus dem Unglück heraushalf. Und noch weit schlimmer als im Siebenjährigen Krieg erging es Ostpreußen in der napoleonischen Zeit. Das Land verarmte für Jahrzehnte. Man kann das schon daran ablesen, daß selbst ein Dönhoff sich genötigt sah, seinen Kragen zu wenden statt eine neue Jacke zu kaufen.

»Eines jedenfalls«, stellt Alexander fest, »eines ist bis heute geblieben, wie es damals war: Die Leute auf dem Lande jammern und jammern wie zum Weltuntergang. Wenn man ihnen glaubt, haben sie gute Zeiten niemals gesehen. – Aber wie war das nun mit dem Bauernlegen? Und wie mit der Landflucht?«

Liest man den Bericht vom Kriegsschaden auf den Eyserwagenschen Gütern, so muß man sich wundern. Warum half der Herr Graf seinen Bauern eigentlich auf die Beine? Warum nutzte er die Gelegenheit nicht, um ihren Besitz an sich zu bringen? Plagte ihn sein Gewissen – oder war es pure Menschenfreundlichkeit, den eigenen Interessen zuwider? Wohl kaum.

Im Grunde handelt es sich um einen einfachen Sachverhalt: Die Bauern, von denen die Rede ist, waren dienstpflichtig. Neben den Tagelöhnern, die es immer schon gab, arbeiteten sie in einem genau festgelegten Rahmen auf dem Rittergut, auch mit ihren Gespannen zum Beispiel beim Pflügen und bei der Ernte.

Ihnen in ihrer Notlage beizustehen und wieder zu Pferden zu verhelfen, lag also im wohlverstandenen Eigeninteresse des Gutsherrn.

»Menschen halte ich für den größten Reichtum«, hat Friedrich Wilhelm I., der »Soldatenkönig«, einmal gesagt, der nach den Schreckenszügen der Pest so viel für die Wiederbesiedlung Ostpreußens tat. Entsprechendes galt für den Gutsherrn als einen »König im kleinen«. »Das Wichtigste am Bauern war ja auch nicht das Land, sondern seine Arbeitskraft und Zinsleistung; insofern ist es durchaus unlogisch, von dem Interesse zu reden, das der Grundherr an einer Einziehung des Bauernlandes gehabt haben soll – im Gegenteil werden auf den Landtagen immerwährend Klagen laut über den Mangel an Bauern, die teils zum Militär eingezogen, teils durch Krieg und Pest vernichtet und vertrieben wurden. Also auch der private Grundherr konnte nur an einer Erhaltung des Bauerntums interessiert sein und hat sogar häufig selbst Dörfer angesiedelt, wenn er seine Ländereien nicht genügend nutzen konnte.«*

Noch etwas kommt hinzu, wahrscheinlich das Wichtigste. Zusätzliches Land, das man in Betrieb nehmen konnte, war im Überfluß vorhanden; man mußte keine Bauern enteignen, um es zu besitzen. Zu Beginn des 18. Jahrhunderts ist nur etwa die Hälfte oder sogar nur ein Drittel der Fläche bewirtschaftet worden, die für die mögliche Nutzung zur Verfügung stand. Das hing mit den Engpässen zusammen, von denen die Rede war; wo die Viehbestände nicht ausreichten, um den Stallmist zu liefern und die Felder zu düngen, brauchte man sie gar nicht erst zu bestellen, weil der Ertrag den Aufwand nicht lohnte. Nur ganz allmählich gelang es, die bestellten Flächen zu erweitern, im Einklang mit den Wiesenmeliorationen und vergrößerten Herden. Diese Entwicklung hat sich bis ins 19. Jahrhundert fortgesetzt, dann zum Teil sogar stürmisch, weil sich die neuen Düngungsmöglichkeiten erschlossen. Im Preußen »alten Bestandes« – gemeint sind die Grenzen vor 1807 – wuchs zwischen 1816 und 1858 die bewirtschaftete Fläche von etwa 64 auf 93,3 Millionen Morgen (4 Morgen = 1 Hektar). Es war zugleich die Zeit einer mühsamen Entflechtung von Bauern- und Gutswirtschaften nach dem Edikt zur Bauernbefreiung vom 9. Oktober 1807. Aber nicht in erster Linie die Großbetriebe, sondern die kleinen und besonders die mittelgroßen Bauernhöfe haben sich vermehrt.*

Um knapp zusammenzufassen: Die Behauptung, daß die Gutsbetriebe sich auf Kosten der Bauern vergrößerten, beruht auf einer Täuschung. Die Erweiterung der Betriebsflächen fand tatsächlich statt, in der Regel aber dadurch, daß man eigenes Ödland unter den Pflug nahm. Eine kritische Betrachtung müßte darum anders ansetzen und von der engen Verflechtung des brandenburg-preußischen Staates mit seinem grundbesitzenden Adel ausgehen.

»Denn ihre Söhne sind es, die das Land defendieren, davon die Race so gut ist, daß sie auf alle Weise meritieret, conserviert zu werden.« Dieser Satz Friedrichs des Großen beleuchtet das Staatsinteresse; der Adel stellt die Beamten und besonders die Offiziere, die Preußen braucht; darum soll seine wirtschaftliche Grundlage geschützt werden. Umgekehrt war es für den Adel nicht nur eine Ehre, dem König zu dienen, sondern es entsprach seinem ureigenen Interesse. Im Staatsdienst konnte man die jüngeren Söhne angemessen unterbringen – und in den hohen Staatsrängen genug verdienen, um Güter zu kaufen, sie in guten Stand zu setzen und durch Krisenzeiten hindurch zu bewahren. Die Untersuchung der Gräfin Dönhoff über die Entstehung und Bewirtschaftung der Friedrichsteiner Güter zeigt beispielhaft und anschaulich, woher ein Preußentum stammt, das sich dann mehr und mehr zum Selbstverständnis und zur Rechtfertigung des Adels verfestigte. Mit allen Mitteln und über seine Zeit hinaus mit Erfolg hat der Adel daher seinen Monopolanspruch auf die leitenden Stellungen verteidigt:

»Bei Ausbruch des Ersten Weltkrieges waren alle Kommandeure der achtzehn preußischen und deutschen Armeekorps Adlige. Noch gegen Ende der Monarchie waren von den dreizehn Oberpräsidenten der preußischen Provinzen – also den höchsten Verwaltungsbeamten – elf adlig. Alle Botschafter – es gab damals nur neun, denn nur in den wichtigsten Staaten war das Deutsche Reich durch Botschafter vertreten – gehörten dem Adel an, und von den achtunddreißig Gesandten, die die

Wilhelmstraße in den kleineren Ländern repräsentierten, waren nur vier bürgerlich.«*

Man versteht die Verweigerung gegenüber der Weimarer Republik. Doch sie barg das Verhängnis. Die Verweigerung wurde noch dadurch entscheidend verstärkt, daß die ostdeutsche und besonders die ostpreußische Landwirtschaft in eine schwere Krise geriet. Zwar hatte die Inflation, die 1923 ihren dramatischen Höhepunkt und Abschluß erreichte, zu einer weitgehenden Entschuldung geführt. Um so dringender aber war der Modernisierungsbedarf, der sich seit 1914 aufgestaut hatte und einzig durch die Kreditaufnahme befriedigt werden konnte. Ohnehin hinkte Ostpreußen anderen Provinzen bedenklich hinterher. Nur 1,5 Prozent aller Betriebe mit mehr als 100 Hektar verfügten über Dampfpflüge; in Pommern waren es 6,5, in Niederschlesien sogar 18,3 Prozent. Weit zurück lag Ostpreußen auch beim Einsatz von Kunstdünger und verzeichnete entsprechend geringe Erträge.*

Die Kredite wirkten sich verhängnisvoll aus, als 1929 die große Wirtschaftskrise begann. Bis 1932 fiel der Weltmarktpreis für Weizen um die Hälfte und riß die Preise für andere Agrarprodukte mit sich. Ostpreußen hatte zudem noch mit seiner marktfernen Lage zu kämpfen: Die Maschinen oder Düngemittel, die man kaufte, mußten um etwa 10 Prozent teurer bezahlt werden als weiter westlich im Reichsgebiet, und das Getreide oder Schlachtvieh, das man verkaufte, mußte entsprechend billiger sein, um die Transportkosten decken zu können.*

Viele Betriebe gerieten sehr rasch in eine Überschuldung und vor die Zwangsversteigerung, die in Ostpreußen alltäglich wurde, deutlich vor Pommern, Schlesien und anderen Provinzen. Dabei sanken 1931 die Versteigerungsgebote auf erschreckend geringe 138 Reichsmark je Hektar und bei Großbetrieben mit mehr als 200 Hektar landwirtschaftlicher Nutzfläche auf 67 Prozent der Einheitswerte, die immer schon bewußt niedrig angesetzt waren, um die Landwirtschaft steuerlich zu schonen; in halbwegs normalen Jahren lag der Realwert weit über diesem Einheitswert. »Danach ist verständlich, daß bei einer Versteigerung im besten Falle die erste Hypothek zu retten war, während die nachfolgenden Gläubiger ebenso leer ausgingen wie der ›versteigerte‹ Landwirt selbst. Die Not verband Gläubiger und Schuldner.«* In der Hoffnung auf bessere Zeiten hielten die Gläubiger oft still. Die Schuldner indessen, selbst wenn sie der Zwangsversteigerung schließlich entgingen, durchlitten doch die Demütigung ihrer Lage und die Angst vor dem drohenden Verlust. Wer im übrigen heute noch stand, mochte morgen schon fallen; alle Besitzer fühlten sich von der Weimarer Republik verraten und verkauft. Das Osthilfegesetz, unter der Kanzlerschaft Heinrich Brünings am 31. März 1931 beschlossen, konnte hieran auch nichts mehr ändern.

Freilich nicht nur am Ende, sondern schon am Anfang der Republik beherrschte Feindschaft die Gefühle. Am 11. August 1919 hat die Weimarer Nationalversammlung die Verfassung verabschiedet – und demonstrativ am gleichen Tag eine »magna charta der inneren Kolonisation«, das Reichssiedlungsgesetz. Es sollte in großem Maßstab Neubauern schaffen und so der »Landflucht« abhelfen. Dafür waren auch Zwangsabgaben vorgesehen, die der Großgrundbesitz zu erbringen hatte. Hierzu ist es allerdings selten gekommen, weil meist mehr Land angeboten wurde, als überhaupt verteilt werden konnte. Ohnehin blieben die Ergebnisse weit hinter den Erwartungen zurück, und oft wurden die Höfe schlecht ausgestattet und viel zu klein angelegt, um als Betriebseinheiten etwas zu taugen. »Ich habe intensiv wirtschaftenden Großbetrieben zwangsweise abgenommenes Siedlungsland gesehen, das . . . gegenüber den weiter im Großbetrieb intensiv bewirtschafteten Flächen einen geradezu jammervollen Eindruck machte. Eine derartige Durchführung der Siedlung ist ein Verbrechen am hungernden deutschen Volk.« Das schrieb 1924 der preußische Ministerpräsident Otto Braun*, ein gewiß unverdächtiger Zeuge. Denn der gebürtige Königsberger war vor dem Ersten Weltkrieg der Führer der sozialdemokratischen Landarbeiterbewegung in Ostpreußen und damit ein entschiedener Gegner der großen Grundbesitzer gewesen.

Womöglich noch schlechter war es um die geistige Tragfähigkeit eines Gesetzes bestellt, von dem man behauptete, daß es der Landflucht abhelfen sollte. Zwischen der Reichsgründung von 1871 und dem Jahre 1910 ist die ostpreußische Bevölkerung nicht geschrumpft, sondern um 13,2 Prozent gewachsen. Im Reichsdurchschnitt betrug der Zuwachs allerdings 58,1, in Westfalen sogar 132,4 Prozent. Königsberg, am Anfang des 19. Jahrhunderts noch deutlich vor Frankfurt am Main, München oder Stuttgart, fiel zwischen Reichsgründung und Weltkrieg im Rang der Großstädte vom achten auf den siebzehnten Platz zurück. Eine Abwanderung hat es also durchaus gegeben, aber keine Entvölkerung. Die Menschen, die ihre »kalte Heimat« verließen und nach Berlin oder ins Ruhrgebiet zogen, bildeten den Überschuß, für den das Agrarland Ostpreußen keine Zukunft bot.

In der Landwirtschaft und zumal in den Großbetrieben änderte sich die Zahl der Arbeitskräfte fast gar nicht. Auch zwischen den beiden Weltkriegen lag sie bemerkenswert einheitlich und konstant bei 11 bis 12 Personen je 100 Hektar landwirtschaftlicher Nutzfläche.* Diese Zahl mag uns heute erstaunen und als sehr hoch erscheinen; dabei wurde oft noch über die Knappheit der Arbeitskräfte geklagt. Aber wir müssen bedenken, daß die Mechanisierung der Landwirtschaft immer noch in den Anfängen steckte. Auf Bauernhöfen gab es durchweg noch mehr Leute. Der wirkliche, nicht bloß relative, sondern absolute Rückgang der in der Landwirtschaft arbeitenden Bevölkerung hat erst in der Bundesrepublik begonnen.

Doch sei es, wie es sei. Das Reichssiedlungsgesetz von 1919, mit dem Gründungsakt der Republik so deutlich verbunden, hat man auf den ostdeutschen Gütern als eine Art Kriegserklärung des neuen Staates an die alte Elite verstanden, und die Väter des Gesetzes haben wohl wirklich an eine Wiedergutmachung alten Unrechts geglaubt, weil sie vom Ursprung des Großgrundbesitzes im Bauernlegen überzeugt waren. Alles in allem war aus vielen, in der Geschichte ebenso wie in der aktuellen Situation angelegten Gründen die Feindschaft vorgegeben, deren Nutznießer am Ende Adolf Hitler hieß.

Schlobitten und Schlodien, Finckenstein und Schönberg, Steinort, Groß Schwansfeld und Prassen: Fast alle Güter und Schlösser, die in diesem Kapitel erwähnt wurden, liegen im heute polnischen Ostpreußen. Dort kann man sie – oder die Ruinen – besuchen.

Friedrichstein aber, von dem vor allem die Rede war, befindet sich südöstlich von Königsberg im russischen Gebiet. Für 45 Jahre war darum jeder Zugang verschlossen, und eben darum soll hier von einem Besuch in Friedrichstein gesprochen werden – nicht vom eigenen, sondern vom wahrscheinlich ersten, der im Spätsommer 1990 von Deutschland aus stattfand, auf einem weiten Umweg, weil die Zufahrt über Preußisch Eylau noch gesperrt war. Wir folgen zunächst dem Königsberger Schriftsteller Juri Iwanow, der von diesem Besuch erzählt hat.*

»Aus einem buckligen Citroën 2 CV, in Deutschland allgemein ›Ente‹ genannt, steigt eine hagere, grauhaarige alte Frau. Eine einfache Jacke, Hosen, einen rosa Schal um den Hals. Ein gutes, von der Fahrt müdes Gesicht, ein freundliches Lächeln, eine kleine, feste Hand – Marion Gräfin Dönhoff. Ihr Neffe Hermann, ein gutaussehender junger Mann, breitschultrig, kräftig, mit der Statur eines Basketballspielers, sitzt hinter dem Steuer. Der Wagen ist so klein, daß Hermann, wenn er sich schon einmal in ihn reingezwängt hat, so lange wie möglich drin sitzenzubleiben versucht. Sie erinnern sich an diesen Inder, der im Fernsehen gezeigt wurde, wie er sich in einen Glaskasten gezwängt hat, ja? Der Inder ist nach fünf Minuten wieder rausgekommen, die Gräfin und ihr Neffe sind in dieser Sardinenbüchse 1600 Kilometer gefahren! Zu dritt. Sie auf den Vordersitzen, Immanuel Kant auf dem Rücksitz. Eindrucksvoll, aus Bronze, mit dem Hut in der Hand, eine verkleinerte Kopie des von Christian Daniel Rauch geschaffenen und am 18. Oktober 1864 in Königsberg aufgestellten Denkmals. Diese herrliche Kopie hat die Gräfin von ihrem eigenen Geld gießen lassen – ihr war kurz zuvor der hochdotierte Heine-Preis der

Stadt Düsseldorf für ihre journalistische Arbeit verliehen worden – und nun hat sie ihn uns hergebracht.

›Hier ist die Allee. Ihre Vorfahren haben sie gepflanzt‹, sage ich und sehe ihr ins Gesicht. ›Weiter gehen Sie alleine. Bis zu Ihrem Besitz, richtiger bis zu der Stelle, an der das Schloß gestanden hat, sind es höchstens noch zwanzig Minuten.‹ Ich fühle, wie ihre Hand zittert. Ich sehe, wie angestrengt ihr Gesicht ist. Mein Gott, wird ihr Herz das aushalten, wenn sie die Wildnis und die scheußliche Unordnung sieht, wo sich einmal die weißen Schloßmauern am See erhoben, wo unter uralten Bäumen die sauberen goldgelben Sandwege liefen, auf den Rasenflächen die Rosen blühten und auf Postamenten die Skulpturen standen. ›Wie fühlen Sie sich, Gräfin? Geht es? Sehen Sie, da ist das Steinkreuz, das für die im Ersten Weltkrieg Gefallenen aus den Gutsdörfern errichtet wurde. Also, ich hole Sie am Abend ab, ja?‹

Hermann ist immer noch dabei, aus seinem Wagen rauszukommen. Warum habe ich nur geglaubt, alle Westdeutschen führen einen ›Mercedes‹? Er reicht der Gräfin den Arm und führt sie zu dem großen, sechs Meter hohen Kreuz, auf dem man, würde man das schwammige Moos entfernen, lesen könnte: ›Ruhet in Frieden, unsere Helden.‹ Jetzt ruhen hier russische Bauern in Frieden. Ich gehe zu meinem Wagen, dann sehe ich mich noch einmal um: ich versuche mir vorzustellen, was in dieser Frau vorgeht. Aber kann man sich das überhaupt vorstellen? . . .

Am Abend sitzen wir bei mir auf der Veranda an einem langen, reich gedeckten Tisch. Angesichts des Besuchs eines so geschätzten Gastes hatte ich den Vorsitzenden des Bezirksexekutivkomitees angerufen und ihn gebeten, mir zu helfen. Noch am gleichen Abend hörte ich seinen Wagen durchdringend hupen. Ohne auszusteigen, die Zigarette zwischen den Zähnen, drückte mir der Fahrer ein Paket in die Hand und brummte: ›Hier, für 50 Rubel!‹ Er nahm das Geld, schlug, bevor ich noch ›spasibo‹ gesagt hatte, die Tür wieder zu und verschwand. Zum Teufel mit ihm! Doch sehen Sie nur! Plötzlich ist alles da: Kognak, Käse, eine ausgezeichnete Hartwurst, wie ich sie schon lange nicht einmal zu riechen bekommen habe, wie ein Was-

Marion Gräfin Dönhoff.

serrohr so dick. Aber lassen wir das! Wie fühlen Sie sich, Gräfin?

Wie sich die Gräfin dort unter den alten Linden auf der Allee nach Friedrichstein gefühlt hat, hat sie in der ZEIT in ihrem Bericht ›Reise ins verschlossene Land, oder: eine Fahrt für und mit Kant‹, beschrieben. Bevor Kant dem Bürgermeister unserer Stadt übergeben wurde, das sollte am nächsten Tag geschehen, leistete er uns Gesellschaft. Er stand vor uns auf dem Tisch, den Hut in der einen Hand, die andere ist leicht vorgestreckt, als wollte er uns zum Gespräch auffordern. Also, wir hören, Gräfin!«

»In der Zeit, in der so viel Schindluder mit den Wertvorstellungen von Heimat und Patriotismus getrieben wurde, in der diese Begriffe zur Legitimierung von Haß und Verachtung für alles Fremde dienten, in jener Zeit, in der Humanität als Humanitätsduselei und Toleranz als Irrtum ›wurzelloser Intellektueller‹ verhöhnt wurde, hatte sich mein Heimatgefühl auf Ostpreußen reduziert. Genauer gesagt, es war zusammengeschrumpft auf meine engste Heimat Friedrichstein.

Nun war ich also eine halbe Stunde von diesem Ort entfernt – sollte ich ihn besuchen oder lieber so im Herzen bewahren, wie er für mich zum Inbegriff von Heimat geworden war? Ich schwankte. Schließlich war die Anziehungskraft stärker als das Bedenken. Wir fuhren. Als wir nach Löwenhagen kamen und links nach Friedrichstein einbogen, hielt ich den Atem an: ob die Allee noch stand? Ja, sie steht ... Rechts der Waschhausteich ist vollkommen verkrautet, man sieht kein Wasser mehr. Das Waschhaus selbst ist verschwunden, und auf dem Begräbnisplatz sind die Gräber eingeebnet. Weiter nach Friedrichstein den Hohlweg hinunter. Der erste Blick fällt auf den verträumten See, schön wie eh und je, zumal jetzt, da die Baumkulissen, die ihn einrahmen, vom ersten herbstlichen Glanz verklärt sind. Aber was man dann sieht oder vielmehr nicht sieht, ist unfaßlich: Das riesige Schloß ist wie vom Erdboden verschluckt, nichts ist davon geblieben, nicht einmal ein Trümmerhaufen ... Die alte Mühle – einfach weg, der lange Pferdestall – weg auch er. Alles ist überwuchert von Sträuchern, Brennesseln, heranwachsenden Bäumen. Ein Urwald hat die Zivilisation verschlungen.«

Im Rückblick aus dem wiedergewonnenen Abstand heißt es dann noch: »Neben dem Eindruck, wie außerordentlich liebenswert und menschlich die Russen sind, hat sich für mich ein merkwürdiger Bedeutungswandel vollzogen. War Friedrichstein bisher eine Realität, unerreichbar zwar, aber doch existent, so ist es jetzt zu einer unwirklichen Erscheinung der Traumwelt geworden – und da ist es eigentlich ganz gut aufgehoben.«

Zwei Jahre später, im Vorwort zu einem Buch über ostpreußische Gutshäuser*, folgte eine Art von Nachbetrachtung:

»Was erscheint mir typisch für jenes Ostpreußen, das nur noch in den Träumen existiert? Beispielsweise das Gefühl, daß man in einer Gemeinschaft lebte, in der alle auf die gleiche Aufgabe konzentriert waren; eine Aufgabe, die der Pflege und dem Erhalt des Bestehenden gewidmet war und nicht in erster Linie dem Gewinn. . . .

Ja, und dann trauert jeder, der dort zu Hause war, natürlich der Landschaft nach – den weiten Wiesen und Feldern unter dem großen Himmel des Ostens; den einsamen Wäldern und klaren Seen, dem Zug der Wildgänse und Kraniche im Frühjahr und Herbst, dem abendlichen Schnepfenstrich und der morgendlichen Pirsch durch tauglänzendes Gras.

Wer je auf dem Rücken eines edlen Pferdes im Slalom um die aufgestellten Getreidehocken über die herbstlichen Stoppelfelder galoppierte, der wird nie etwas anderes seine Heimat nennen als Ostpreußen.«

Von Störchen, Pferden und einer Friedensfrau

Die Störche des Kopernikus

Elchschaufeln sind ein Symbol Ostpreußens, allerdings ein fragwürdiges. Denn seit langem beschränkt sich das Vorkommen ihrer Träger auf Grenzregionen, auf die Wald- und Sumpfgebiete im Süden und Osten, besonders zwischen dem Kurischen Haff und der Rominter Heide. Es gilt als Sensation, wenn Einzelgänger weiter westlich auftauchen, wie kürzlich bei Mohrungen. Sofern man von Jägern und von Forstleuten absieht, haben darum nur wenige unter den Einheimischen einen Elch leibhaftig gesehen, um von Touristen nicht erst zu reden. Wer dem urtümlichen Wild begegnen will, ist besser beraten, wenn er nach Schweden fährt. Aber es gibt andere Tierarten, die wirklich zu Wahrzeichen taugen.

Erst einmal handelt es sich um den Storch, genauer um den Weißstorch. Westlich der Elbe ist er selten geworden, weil die Triumphe unseres Fortschritts – eine pestizidreiche Landwirtschaft und die Trockenlegung beinahe aller Feuchtgebiete – seine Lebensgrundlagen zerstörten. Von den 4407 Paaren, die es im Gebiet der alten Bundesländer 1934 gab, waren 1991 gerade noch 585 geblieben. Als gefährdete Art hat man den Storch schon 1984 und wiederum 1994 zum »Vogel des Jahres« ausgerufen. Kinder glauben sogar, daß Sagen und Märchen ihn erfunden haben, wie das Einhorn, oder sie denken an längst versunkene Welten, an einen Nachbarn der Dinosaurier. Sie staunen, wenn man ihnen beim Ausflug in künstliche Paradiese, in Vogelparks oder zoologische Gärten zeigt, daß Störche tatsächlich leben.

In Mecklenburg, in Vorpommern und Teilen der Mark Brandenburg, erst recht jenseits der Oder in Hinterpommern oder auf Landsberg zu im neumärkischen Warthebruch sieht es besser aus, weil dort der Fortschritt sich verzögerte. Aber was wiegt das alles im Vergleich mit Ostpreußen? Hier waren die Störche schon immer zu Hause wie nirgendwo sonst; von den 30 000 Brutpaaren, die 1934 in Deutschland gezählt wurden, nisteten 16 000, also mehr als die Hälfte, in dem Land zwischen Weichsel und Memel.

Dieses Übergewicht hat sich dramatisch verstärkt, und jeder Sommerbesucher aus dem Westen kann darauf die Probe machen. Typischerweise durchläuft er drei Begegnungsphasen. Die erste, die Sensations- oder Jubelperiode, markiert der Ausruf: »Anhalten, ein Storch!« Fotoapparate werden in Eile gezückt, indessen der Storch selbst sich gemessenen Schritts, mit dem Stolz des Eingeborenen zurückzieht. Es folgt die Zählphase: »Wie viele Störche und Storchennester haben wir heute wieder gesehen?« Sehr bald aber beginnt das dritte Stadium, die Gewöhnung; eben weil die Störche in Ostpreußen zu Hause und so zahlreich sind, nimmt man sie nur noch am Rande wahr.

Doch etwas Besonderes bleibt, das uns anrührt. Die Größe dieser Vögel mag eine Rolle spielen, ihr schönes Segeln im Aufwind, ihr schwarz-weißes Gefieder und die roten »Strümpfe«, ebenso das Schnabelklappern, mit dem sich Gemahl und Gemahlin auf dem Nest begrüßen. Vor allem jedoch geht es um eine geheimnisvolle Beziehung zu uns Menschen. Einerseits wahren Störche eine Würde des Abstands, die Vertraulichkeit ausschließt. Sie eignen sich nicht zum Streicheln oder zum Spielen, und außerhalb der Gefangenschaft nicht einmal zum Füttern.

Andererseits suchen sie unsere Nähe. Viel lieber als auf einsamen Bäumen nisten sie auf Wohnhäusern, Ställen und Scheunen, neuerdings sogar auf Licht- oder Telefonmasten; das Getriebe unter ihnen scheint sie keineswegs zu stören, sondern anzuziehen, als biete es im Einerlei des Brütens willkommene Abwechslung. Jeder neuen Generation prägt sich damit von Kindesbeinen an im ersten Umherschauen und Flügel-

Licht- und Telefonmasten als Wohnstätten – hier am Stadtrand von Nikolaiken.

schlagen die Erfahrung ein, daß man mit den Menschen umgehen soll, wenn auch von oben herab. Ebenso wissen Störche den Bauern zu schätzen, der sein Feld oder die Wiese mäht und das Heu wendet. Nicht vereinzelt, sondern wie auf Verabredung in Scharen, nicht selten übers Dutzend hinaus, fliegen sie herbei und schreiten der Mähmaschine hinterher, um die Frösche und Eidechsen, die Heuschrecken und andere Insekten einzusammeln, die da bloßgelegt werden.

Die geheimnisvolle Beziehung zwischen Störchen und Menschen setzt sich in vielerlei Vorstellungen um, die erst im Wahn unserer Allmacht sich zum Aberglauben entstellen. Schon im Altertum galten die Störche als Glücksbringer. Das bedeutet zugleich, nur anders gewendet, daß sie das Unglück abwehren. Wo ein Storch sein Nest baut, wird im Viehstall keine Seuche ausbrechen, und man muß das Gewitter nicht fürchten. Aus meiner Kinderzeit in Hinterpommern erinnere ich mich an den Blitzschlag, der einen Hof einäscherte; vor den rauchenden Resten seines Anwesens klagte der Bauer nicht etwa über den fehlenden oder schadhaften Blitzableiter, sondern darüber, daß in diesem Jahr seines Unglücks das Storchennest unbesetzt blieb. Dem Nestbau mit dem ausgedienten Wagenrad auf dem Dachfirst eine Grundlage zu schaffen, war darum wichtig. Und natürlich war es preiswerter als der von Stadtmenschen erfundene Blitzableiter. Solange im übrigen Kinder als ein Segen galten, half Freund Adebar, ihn zu sichern – wie er das von unten herauf im Singsang zu hören bekam:

»Klapperstorch, du guter,
bring' mir einen Bruder!
Klapperstorch, mein bester,
bring' mir eine Schwester!«

Im heutigen Ostpreußen ist Seltsames zu sehen, vorab den Nestbau auf Licht- oder Telefonmasten, den es früher kaum gab. Besonders auffällig zeigt sich diese Neuerung im russischen Gebiet. Während einer Fahrt von Rauschen nach Königsberg spricht unsere Begleiterin von den »Störchen mit Telefonanschluß«, und tatsächlich sehen wir eine ganze Serie von Masten, die mit Nestern überbaut sind. Aber womöglich handelt es sich um eine Notmaßnahme: Weil es keine Bauern mehr gab, bloß noch Kolchosarbeiter, verfielen die Gehöfte, vorab die Viehställe und Scheunen, so daß nun die Dörfer kaum noch Nistplätze bieten, von denen aus man mit gebotenem Abstand den Menschen zuschauen kann.

Vor allem jedoch scheinen die Störche einen historischen Sinn zu besitzen, fast als wollten sie uns über den Ruin von 1945 hinweghelfen. Jedenfalls entwickeln sie eine Vorliebe für alte Gutshäuser und Schlösser, wie in Bündtken, Tüngen, Sorquitten oder Steinort, und sie mögen die Ruinen, wie man in Schlobitten feststellen kann. Am eindrucksvollsten wirkt das Beispiel von Schloß Finckenstein. Der erste Anblick erinnert an die Zeilen aus Schillers »Glocke«:

»Leergebrannt
ist die Stätte,
wilder Stürme rauhes Bette.
In den öden Fensterhöhlen
wohnt das Grauen,
und des Himmels Wolken schauen
hoch hinein.«

Ganz oben auf dem Giebel aber, den noch erhaltenen Wappen und Wahrzeichen zugeordnet, ist ein Nest entstanden, an dem Generationen von Störchen gebaut haben. Im Verlauf der Jahrzehnte ist es immer höher – inzwischen um mehrere Meter – und auch breiter geraten, so daß es auf schmaler Basis trichterförmig emporragt. Ein größeres und eindrucksvolleres Nest gibt es nirgendwo. Freilich fragt man sich mit Bangen, wie lange es den Winterstürmen trotzen kann, wenn zu seinem Eigengewicht die Schneelasten noch hinzukommen. Vorerst aber wirkt dieser Turmbau von Finckenstein als Trost und Verheißung, so als führe schon wieder Schiller das Wort:

»Das Alte stürzt, es ändert sich die Zeit,
Und neues Leben blüht aus den Ruinen.«

Vielleicht noch merkwürdiger geht es an der polnisch-russischen Grenze zu, die 1945 quer durch Ostpreußen gezogen wurde. Diese Scheidung mit dem Lineal nahm weder auf die Natur noch auf Siedlungen Rücksicht. Nördlich von Bartenstein wurde die Gemeinde Schönbruch, 1939 mit 1046 Einwohnern ein stattlicher Ort, kurzerhand zerschnitten. Szczurkowo, der heute polnische Teil, besteht nur aus wenigen Häusern und Gehöften. Wie es im anderen Teil aussieht, bleibt unergründbar, denn hinter dem halb verrosteten Grenzzaun sind urwaldartig Bäume und Sträucher emporgewuchert, die den Blick verstellen. Aber unser polnischer Begleiter vermutet, daß das russische Schönbruch völlig verfiel, weil es wegen seiner Grenzlage gar nicht erst neu besiedelt wurde.

Szczurkowo ist arm, und die jungen Leute gehen fort, weil sie hier keine Zukunft haben. Dennoch zeichnet ein einzigar-

Turmbau der Störche über den Wappen und Wahrzeichen der Finckensteiner Ruine.

tiger Reichtum dieses Dorf vor allen anderen aus: Auf jedem Wohnhaus, jedem Stall und jeder Scheune gibt es ein Storchennest. Manchmal sind es auch zwei, und alle Nester werden bewohnt. Nach den Ursachen solchen Reichtums befragt, lächelt unser Begleiter: »Störche brauchen kein Visum, und sie sind schlau. Sie wollen in Europa, in der Zivilisation wohnen, aber in Asien ihr Futter suchen. Da drüben, da liegen die Felder wüst, und die Wiesen versumpfen. Da gibt es die Frösche und die Heuschrecken im Überfluß.« Etwas wie Stolz schwingt in der Erklärung mit – und etwas wie Verachtung für die Zustände drüben: »Ja, so sind sie, *unsere* Störche.«

Weiter westlich, doch ebenfalls nahe der russischen Grenze liegt am Ufer des Frischen Haffs das Städtchen Frauenburg/Frombork, eigentlich ein unbedeutendes, wenn auch malerisch ans Ufer des Frischen Haffs gebettetes Nest von knapp 3000 Einwohnern. Aber in Frauenburg residierte bis 1945 das ermländische Domkapitel; auf dem Hügel über der Stadt erhebt sich weithin sichtbar die dreischiffige gotische Kathedrale mit ihren zierlichen Türmen, einer der eindrucksvollsten Kirchenbauten Ostpreußens, von der zumindest in Teilen noch wohlerhaltenen oder sorgsam wiederhergestellten Wehranlage umhegt. Auf den Dächern haben gleich mehrere Storchenpaare ihre Nester erbaut, und der Besucher, der den Glockenturm ersteigt, kann ihnen in die Kinderstube schauen, nun selbst von oben herab.

Seltsame Gedanken drängen sich bei diesem Zuschauen auf. Denn hier hat als einer der Domherren Nikolaus Kopernikus gelebt, hier sein großes Werk »De revolutionibus orbium coelestium libri VI«, »Sechs Bücher über die Umläufe der Himmelskörper« geschrieben, das unser Weltbild veränderte und in seinem Todesjahr 1543 erschien. Allerdings wohnte der berühmte Astronom nicht in dem nach ihm benannten »Kopernikus-Turm«, wie es in manchen Ortsbeschreibungen fälschlich bis heute heißt, sondern in einem der Domherrenhäuser jenseits der westlichen Burgmauer.

»In remotissimo angulo terrae«, im abgelegensten, fernsten Winkel der Welt sah der große Mann Frauenburg angesiedelt. Wir nennen jemanden weltfern, wenn er das Getriebe der Menschen nicht versteht. Für Kopernikus trifft das keineswegs zu. Als Student in Bologna, Padua und Ferrara hatte er es in jedem Sinne weit gebracht, und als Sekretär seines bischöflichen Onkels, als Kanzler des Domkapitels, als zeitweiliger Bistumsverweser und Gesandter auf preußischen Landtagen war er zum erfahrenen Diplomaten geworden. Aber vielleicht gibt es die Weltenferne noch auf eine zweite, fruchtbare Weise, als den Abstand, aus dem die Erkenntnis, eine neue, vom Gewohnten fortführende Einsicht wächst. Dazu taugte die Abgelegenheit Frauenburgs; hier begann die Zwiesprache mit den Sternen, an deren Ende es uns nicht mehr erlaubt war, uns in der Weltenmitte zu wähnen, obwohl doch unser Lebensgefühl und der Augenschein sagen, daß wir dort stehen.

Und was bedeuteten dem Domherrn die Störche? Hat er auch mit ihnen Zwiesprache gehalten? Ein Holzschnitt des 16. Jahrhunderts zeigt ihn mit einem Strauß Maiglöckchen in der Hand. Das weist auf den naturverbundenen Arzt hin, der Kopernikus ebenfalls war. Als genauer Beobachter hat er gewiß »seine« Storchenpaare wiedererkannt, wenn sie Jahr um Jahr aus der Ferne nach Frauenburg zurückkehrten, und die Vermutung liegt zumindest nahe, daß er über die Störchenzüge ebenso nachgedacht hat wie über die Bewegungen der Planeten. Jedenfalls möchte man das glauben, wenn man liest, was der Stadtführer durch das heutige Frombork zu sagen hat: »Die historischen Orte, an denen sich – aus eigener Wahl – der geniale Astronom aufgehalten hat, sind genau von einem Kranz von Storchennestern abgedeckt. Es gibt eine geheimnisvolle Beziehung . . .; einige verbinden sie mit dem ›Geist des Kopernikus‹, andere mit der Schutzpatronin der Stadt und der Kathedrale, der Allerheiligsten Jungfrau Mariä Himmelfahrt.« Da indessen die Heilige Jungfrau an vielen Orten wirkt, der Geist des Gelehrten aber nur hier, muß man tatsächlich auf eine kopernikanische Beziehung schließen.

Bei klarer Sicht, heißt es, kann man vom Turm in Frauenburg aus bis nach Pillau und sogar bis nach Königsberg blicken. Dort hat ein anderer Revolutionär des Geistes, Immanuel Kant, sich auf den Domherrn berufen: »Bisher nahm man an, alle unsere Erkenntnis müsse sich nach den Gegenständen richten; aber alle Versuche über sie a priori etwas durch Begriffe auszumachen, wodurch unsere Erkenntnis erweitert würde, gingen unter dieser Voraussetzung zunichte. Man versuche es daher einmal, ob wir nicht in den Aufgaben der Metaphysik damit besser fortkommen, daß wir annehmen, die Gegenstände müssen sich nach unserer Erkenntnis richten, welches so schon besser mit der verlangten Möglichkeit einer Erkenntnis derselben a priori zusammenstimmt, die über Gegenstände, ehe sie uns gegeben werden, etwas festsetzen soll. Es ist hiermit ebenso, als mit den ersten Gedanken des *Kopernikus* bewandt, der, als es mit der Erklärung der Himmels-

Nikolaus Kopernikus,
Holzschnitt aus dem 16. Jahrhundert.

bewegungen nicht gut fortgehen wollte, wenn er annahm, das ganze Sternenheer drehe sich um den Zuschauer, versuchte, ob es nicht besser gelingen möchte, wenn er den Zuschauer sich drehen, und dagegen die Sterne in Ruhe ließ.«*

Man hat von Kants »kopernikanischer Wendung« gesprochen, und auf dem Glockenturm von Frauenburg drängt sich eine kopernikanische Konsequenz auf: der ostpreußischen Erdenschwere nicht allzusehr zu vertrauen. Vieles läuft eben nicht nur unserer Schulweisheit, sondern auch dem Augenschein zuwider, und hier, in *remotissimo angulo terrae*, ist entstanden, was sich am neuzeitlichen Denken als wahrhaft neu erwies.

Später, im Zeitalter des Nationalismus, ist ein lächerlicher Streit darüber entbrannt, ob Kopernikus den Deutschen oder den Polen gehöre. Im Jahre 1802 kamen Mitglieder der Warschauer Gesellschaft zur Förderung der Wissenschaften, Tadeusz Czapski und Marcin Molski, nach Frauenburg, fanden im Dom ein Grab, das sie dem Astronomen zuschrieben, und führten einige Knochen als nationale Reliquien fort. Wie sich herausstellte, handelte es sich allerdings um gewöhnliches Bischofsgebein. 1939 wurde wieder ein Sarg entdeckt und das – nun natürlich deutsche – Knochengerüst nach Königsberg gebracht, wo es in den Kriegswirren entschwand.

Was an dem Domherrn von Frauenburg oder Frombork wesentlich war, hat sein Landsmann aus Mohrungen, Johann Gottfried Herder, von Bildern abgelesen: ». . . die unbefangene Ruhe, das jugendliche Vorsichblicken ohne Anmaßung und Prätensionen, verbunden mit der Stärke, der Haltbarkeit auf sich selbst, die die Gestalt des edlen Sarmaten weiset. Man sieht, der Mann blickt rein aus sich selbst . . . Ein treuer Domherr, ein gutmütiger edler Arzt aller Kranken, denen er wie Gott Aeskulap diente, und die ihn auch für Gott Aeskulap hielten; außerdem der stille Denker und Baumeister des Himmels, dessen Riß [Grundriß] ihm in Unbefangenheit und Ruhe hinter seiner Stirn wohnet. Wenn sein Kapitel ihm Geschäfte anvertraute, focht er sie gegen deutsche Herren und Schwertritter so gerade und recht aus, als ob diese keine deutschen Herren und Schwertritter wären. Und wenn er, bei damaliger Verwirrung für Polen und Preußen den Münzfuß in Ordnung zu bringen hatte, so war er so ganz in der Münze, wie sein Nachfolger Newton.«*

Zum Streit um seine Person hätte Kopernikus wohl nur den Kopf geschüttelt und auf die Frage, ob er Deutscher oder Pole sei, mit einem Lächeln und lateinisch geantwortet, in der übernationalen Sprache der Kirche und der Gelehrten. Und vielleicht hätte er uns an die Weisheit seiner Störche verwiesen. Sie nämlich – würde er sagen –, sie kennen keine Nationen, und ob man sie vom Turm herab oder von unten herauf russisch, polnisch, deutsch oder lateinisch anredet, bleibt ihnen gleich. Wenn sie »unser« sind, dann in ihrer geheimnisvollen Zuordnung zu den Menschen als Menschen – aber zu nichts und zu niemandem sonst.

Das weinende Pferd

Seit Urzeiten haben Menschen sich mit Tieren identifiziert, deren Kraft, Schnelligkeit und Schönheit sie bewunderten. Wahrscheinlich war dies für die Gruppenbildung, für das »Wir«-Bewußtsein wichtig: »Wir« verstehen und verbinden uns als Büffel, unterschieden von »denen da«, den Kojoten. Darum wurde das Tier, mit dem man sich identifizierte, als Totem, als Wahrzeichen ins Bild gebracht, verehrt und im Tanz verkörpert.* Es rückt freilich den menschlichen Urcharakter in ein seltsames Licht, und es wirft einen Schatten auf den »edlen Wilden«, daß man mit Vorliebe die mächtigsten Raubtiere wählte – oder solche, die man für besonders streitlustig hielt. Die Weisheit war und blieb weit weniger gefragt, auch wenn uns von einem Dachfirst der Marienburg herab unversehens und rätselhaft die Eule anblickt. Das »Lamm Gottes« als christliches Symbol bleibt ohnehin eine Ausnahme, die Rückschlüsse auf christliches Verhalten oder die Kirchengeschichte schwerlich zuläßt.

Dies alles ist nicht nur urzeitlich oder altertümlich zu nennen, sondern es gilt bis zur Gegenwart. Wir kennen den preußisch-deutschen, den polnischen, österreichischen und amerikanischen Adler, den bayerischen und den britischen Löwen, den russischen Bären und den gallischen Hahn. Manchmal hat es sogar Kreuzungen zwischen dem Adler und dem Löwen gegeben; so wurde als Fabelwesen der Antike und des Mittelalters der Greif geboren, der dann als Wappentier Pommerns diente. Als ostpreußisches Wahrzeichen aber möchte man sich nach oder neben dem Storch das Pferd wünschen.* Die Elchschaufel, so wie sie sich seit 1945 als Sinnbild der Heimatliebe bei den Vertriebenen durchsetzte, stellt ohnehin das Brandzeichen aus der Pferdezucht dar.

Natürlich bliebe Ostpreußen mit diesem Wappentier nicht allein. Für Niedersachsen springt auf rotem Grunde ein weißes Roß, und bereits vor 1945 lief die hannoversche Zucht der ostpreußischen deutlich den Rang ab. Denn das leichte, anspruchslose, aber auch nervige Kavalleriepferd, wie es nach dem Vorbild Trakehnens in Ostpreußen gezüchtet wurde, verlor an Bedeutung gegenüber einem etwas schwereren und ruhigeren Typus, der vielseitiger verwendbar schien. Pferdeprovinzen wie Pommern hatten sich daher für die Nachzucht des hannoverschen Pferdes entschieden.

Aber vielleicht nirgendwo sonst hat man sich den Pferden so verbunden gefühlt wie in Ostpreußen. Das gilt seit der ältesten Zeit. Die Prußen ließen sich nicht nur mit Pferden bestatten, sondern sie berauschten sich mit Pferdemilch und Pferdeblut. Dies jedenfalls berichtet im 11. Jahrhundert die Hamburger Chronik des Adam von Bremen. Es versteht sich, daß der Deutsche Orden mit derart heidnischem Wesen oder Unwesen gründlich aufräumte. Doch er selbst erwies sich bald als ein Züchter von Rang, wobei es um schwere Kriegspferde ebenso ging wie um die leichten und wendigen »Schweiken«, die für Kurier- und Postdienste genutzt wurden. Um das Jahr 1400 sollen auf Ordenshöfen fast 14 000 Pferde gestanden haben.* In der Erbfolge des Ordens gründete König Friedrich Wilhelm I. im Jahre 1732 das »Königliche Stutamt Trakehnen«, aus dem dann das berühmte Landgestüt hervorging. 1939 gab es auf einer Gestütsfläche von 6000 Hektar 1200 Pferde, darunter 370 Zuchtstuten und 17 Hauptbeschäler.

Im Januar 1945 und in den folgenden Wochen haben die Pferde eine ganz besondere Rolle gespielt. Da es Treibstoff kaum mehr gab und die Bahnen bald nicht mehr fuhren, waren sie es, die bei klirrender Kälte, auf verwehten oder schneeglatten Straßen die überladenen Fluchtwagen zogen. Viele wurden von Panzerketten zermalmt, von Bomben zerrissen, von den Geschoßgarben der Tiefflieger niedergemäht. Viele versanken im aufbrechenden Eis des Haffs, viele gingen dort zugrunde, wo die Schiffe warteten, die für sie keinen Platz hatten. Aber Hunderttausende von Menschen verdanken der Ausdauer ihrer Pferde die rettende Flucht in den Westen. Es ist kein Zufall, daß eine Reiterin den exemplarischen Bericht vom Auszug aus Ostpreußen geschrieben hat.* Wäre es vielleicht an der Zeit, ein Denkmal zu schaffen?

Trakehnen ist untergegangen. Im heutigen Jasnaja Poljana erinnert kaum noch etwas an die große Zeit des Gestüts. Sogar die Bronzeplastik des berühmten Hengstes »Tempelhüter« ist von ihrem Sockel verschwunden; sie soll sich als Kriegsbeute in Moskau befinden. Immerhin sind Restbestände aus den Zuchten noch in den Westen gelangt. In Hunnesrück und Neuhaus im Solling, im holsteinischen Schmoel und in Rantzau fanden sie Zuflucht. Auch neue Zuchtstätten sind entstanden, wie 1972 das Gestüt Gorlo zwischen Bielefeld und Osnabrück. Es gibt einen Trakehner Förderverein, und ihr langjähriger Vorsitzender Dietrich von Lenski-Kattenau hat die Rettung des ostpreußischen Pferdes zu seiner Lebensaufgabe gemacht.

Im südlichen Ostpreußen wurden vier Gestüte aufgebaut: Cadinen/Kadyny nördlich von Elbing und nahe am Frischen Haff, bis 1945 ein Hohenzollernbesitz, Weeskenhof/Kalsk bei Preußisch Holland, Plenkitten/Plękity (Gemeinde Linkenau/Leszczynka, Kreis Mohrungen) und Liesken/Liski nordöstlich von Bartenstein. Wir fahren nach Liesken, denn hier hat nach dem Kriege der Gestütsdirektor Jacek Pacyński, ein international anerkannter Experte mit wahrem »Pferdeverstand«, die Trakehner Zucht neu aufgebaut – auch wenn sie sich aus rechtlichen Gründen nicht so nennen und nicht das Brandzeichen mit den Elchschaufeln tragen darf. Der Sohn Antoni Pacyński setzte das Werk seines Vaters fort. Heute gehören zum Gestüt 380 Pferde, darunter 160 Mutterstuten. Im übrigen handelt es sich um einen großen landwirtschaftlichen Betrieb von beinahe 2500 Hektar.

Als wir auf dem ehemaligen Remonteamt eintreffen, herrscht freilich eine gespannte Atmosphäre. Sie vereist geradezu, als wir nach Herrn Pacyński fragen. Denn soeben, das heißt im Frühjahr 1993 und kurz vor seinem 50. Geburtstag, wurde er entlassen. Von Warschau aus hat man einen neuen Leiter eingesetzt. An den ausgerechnet, einen jüngeren rundlichen Herrn, sind wir mit unserer Frage geraten. Daß dieser Nachfolger sich unwohl fühlt, läßt sich verstehen: Wie soll er gegen den Ruhm einer Züchter-»Dynastie« ankommen, wie mit einem Manne umgehen, der mit ihm Tür an Tür wohnt und wie zur Huldigung ständig Gäste aus dem In- und Ausland empfängt? Immerhin wird uns zum Rundgang durch das Gestüt eine Elevin zugeteilt, und später fährt uns der neue Direktor sogar ins

Kuenheimsche Juditten, das jetzt ein Vorwerk von Liesken ist, und weiter bis an die nahe russische Grenze.

Warum Antoni Pacyński abgesetzt wurde, läßt sich für den Außenstehenden schwerlich ergründen. Korruptionsvorwürfe wurden erhoben, und auch ein Bruderzwist scheint im Spiel zu sein. Wesentlich war wohl, daß rationalisiert und Personal entlassen werden sollte. Denn überall geraten die Staatsbetriebe in die Krise oder sind schon zusammengebrochen, seit ihre Subventionen gestrichen wurden. Gegen die drohenden Entlassungen machen dann die Gewerkschaften mobil, deren Einfluß bis zum Staatspräsidenten reicht. Eine Quadratur des Zirkels: Ohne harte Schnitte, die nachholen, was in den Jahrzehnten des Sozialismus versäumt wurde, kann kein Betrieb überleben. Aber wie überleben die entlassenen Menschen? Da er sich nicht durchsetzen konnte, fürchtet der nun selbst verabschiedete Direktor um die Zukunft des Gestüts und spricht vom unvermeidbaren Niedergang.

Er selbst bleibt freilich gelassen, beinahe heiter; souverän lehnte er die angebotenen Ersatzposten ab: »Dann lieber Nachtwächter am Ural!« Seine vielen Verbindungen – nicht zuletzt mit deutschen Pferdekönigen wie den Schockemöhles – wird er gewiß auf die eine oder andere Weise nutzen. Pferde nämlich, für den Luxusbedarf des Westens in Ostpreußen preiswert aufgezogen, könnten zu einem wichtigen Exportartikel werden. In Ansätzen sind sie es schon jetzt. Auf unserer Fahrt von Küstrin nach Dirschau sind wir einer langen Kolonne westdeutscher Autos begegnet, die in ihren angehängten Transportwagen je ein oder zwei Pferde mitführten.

Auch im Lande bleibt für Pferde nicht nur die Vergangenheit, der man vor Wagen und Ackergeräten der Kleinbauern noch nostalgisch begegnet, sondern es gibt eine Zukunft. Überall werden den Besuchern Kutschfahrten angeboten, und an vielen Orten entstehen die Reiterhöfe. Von einem brandneuen in der Johannisburger Heide war schon die Rede.* Einen anderen besuchen wir bei Grünau – oder vor seiner Vorkriegsumtaufe Pietzonken, heute Pieczonki –, nahe bei Lötzen. »Der Grüne Reiterhof«, wie er sich nennt, ist von besonderer Art, denn er gehört Werner Lange.

Das Haus von Werner Lange auf dem »Grünen Reiterhof«.

Ein deutscher Bauer in Masuren: Ist das denn denkbar? Ja, durchaus. Der Hof ist seit 1914 im Besitz der Familie; Werner Lange wurde hier im Jahre 1940 geboren. 1945 ging man auf die Flucht, aber man kehrte zurück, als bei Bartenstein Vorhuten der Roten Armee den Weg versperrten. Von den Nachkriegsjahren zu erzählen, erst unter den Russen und dann unter den Polen, hieße ein eigenes Kapitel füllen. »Es war sehr hart«, lautet die wortkarge Auskunft. Doch schließlich bekam man den »Masurenschein«: Die Familie Lange wurde den »Autochthonen« zugerechnet, den Nachkommen der Masowier, die bleiben durften. Inzwischen kann man sich wieder als deutsche Minderheit bekennen. In Masuren sollen 12 000 Menschen zu ihr gehören*; im Dutzend haben sie Vereine oder Verbände gegründet, zum Beispiel 1990 die »Masurische Gesellschaft«, die als Monatsschrift die »Storchenpost«/Poczta Bociania herausgibt.* Auch Werner Lange zählt zu den Sprechern der deutschen Minderheit und unterhält in Lötzen sein eigenes Büro.

Zum Masurenschein gesellte sich das Glück mit der Hofgröße. Sie betrug 97 Hektar – und das Fallbeil der Enteignung drohte erst ab 100 Hektar. Heute ist die Gesamtfläche auf 117

Hektar gewachsen; weiteres Land wurde gepachtet und soll gekauft werden, wenn die Gelegenheit sich bietet.

Was wir sehen, ist ein Bauernhof, wie er im Buche und in meiner Erinnerung aus den Kindertagen steht: Inmitten der Felder, hinter einer Anfahrt unter Bäumen liegen im Geviert das stattliche Wohnhaus, Pferdestall, Viehstall und Scheune. Wie es sich gehört, thront auf dem Viehstall das Storchennest. Von den Pferden über Kühe und Schweine bis zum Federvieh gibt es alles, was das Herz begehrt. Etwas abseits liegt das Leute- oder Instenhaus; insgesamt beschäftigt Werner Lange sechs Mitarbeiter.

Ein Bauer im niedersächsischen Leinetal mit vergleichbarer Ackerfläche, doch mit längst leerem Stall, auf die Weizenproduktion spezialisiert, dem ich davon erzähle, schlägt die Hände über dem Kopf zusammen: »Wie will der das durchhalten, wer soll das denn bezahlen? Ich brauche keine Leute mehr, nur zwei Aushilfskräfte in der Erntezeit, für ein paar Tage im Jahr.« Aber sein masurischer Kollege wirtschaftet unter polnischen, nicht unter den deutschen und den Brüsseler Bedingungen. Er findet sein Auskommen, obwohl er selbst sagt, daß seine Böden nicht die besten sind.

Für eine Zukunft, die schon begonnen hat, sorgt er mit dem »grünen Reiterhof« vor. Er unterhält seine eigene Pferdezucht mit Deckhengst, Mutterstuten und Fohlen. Reitpferde und Kutschen stehen für die Besucher bereit. Von denen hat Werner Lange im Jahre 1992 mehr als 1500 gezählt, deutsche natürlich: eine gute Ernte. Die Besucher kommen mit Wohnwagen oder Zelten; einfache Fremdenzimmer gibt es überdies. Im Obstgarten hinter dem Wohnhaus wurden Holztische und Bänke aufgestellt, im Keller ist eine Eß- und Trinkstube entstanden. Man möchte wissen, oder besser nicht wissen, was da nächtlich bisweilen geredet wird: »Wann werden wir endlich wieder frei sein?« werde ich unversehens gefragt. Aber wer in Ostpreußen zu Hause war, mag sich hier zu Hause fühlen.

Daß dieser Hofbesitzer Neider und Feinde hat, überrascht einen nicht. Der halbe Pferdestall ist kürzlich niedergebrannt, und es bleibt offen, ob es sich um Brandstiftung handelte oder um die bloß fahrlässig fortgeworfene Zigarette. Zur Verteidi-

Eine kurze, aber stürmische Freundschaft:
Das Jungchen aus Hamburg und das aus Masuren.

gung dient eine Vielzahl von Hunden, und mehrere von ihnen müssen das harte Schicksal erdulden, an strategisch wichtigen Punkten an der Kette zu liegen. Mit einem schließt Alexander gleich eine innige Freundschaft. Beide, das Jungchen aus Hamburg und der junge Schäferhund aus Masuren, spielen selbstvergessen miteinander; beide sind untröstlich, als der Abschied gekommen ist.

Aber erst einmal ist der Tierarzt gekommen: Ein zweijähriger Hengst wird kastriert. Entsetzt und gebannt schaut Alexander zu.

»Wie kann man einem Pferd nur so etwas antun?« fragt er später. »Es hat so schrecklich geweint.«

»Tiere weinen nicht. Nur Menschen können lachen und weinen.«

»Doch, doch, ich kann es beschwören. Ich habe die Tränen gesehen.«

Ein langer Disput schließt sich an. Helmuth Plessner, mein akademischer Lehrer, hat ein Buch über Lachen und Weinen geschrieben. Darin hat er von »Katastrophenreaktionen« gesprochen: Als Menschen leben wir in Sinnzusammenhängen, die wir selbst gestiftet haben, in einem dichten Gewebe aus Gewohnheiten und Erwartungen. Manchmal indessen zerreißt das Gewohnte, und das Unerwartete geschieht. Wenn wir dann »vernünftig« und sinnvoll nicht mehr antworten können, überlassen wir uns der leiblichen Reaktion: Wir lachen oder wir weinen. Noch etwas anders gesagt: Nur weil wir Menschen – anders als Tiere – uns immer in einem Verhältnis zu uns selbst befinden, brauchen wir das Lachen und das Weinen als Mittel, um mit dem Unverhältnis fertig zu werden, das uns als Bruch im Alltäglichen, als Verrücktheit der Menschen und Dinge, als Glück oder Unglück urplötzlich überfällt.

Aber wer weiß? Wenn seit den sagenumwobenen Tagen der Prußen sich die Ostpreußen ihren Pferden immer besonders nahe fühlten, dann mag es ja auch vorkommen, daß Pferde sich den Menschen nähern. Dann kann es womöglich geschehen, daß wir ein Pferd weinen sehen – und darüber selbst in Tränen geraten.

Gedanken über Ortsnamen

Namen, so heißt es, sind Schall und Rauch; wir können sie nach Belieben verwenden. Unserem Hund jedenfalls macht es wenig aus, ob wir ihn Karo, Adenauer oder Satan nennen. Bloß auf die Gewöhnung kommt es an. Eltern richten sich nach der jeweils herrschenden Mode, und daher sind heute Claudia und Michael so alltäglich wie einst Luise, Friedrich und Wilhelm. Sogar Ehepaare haben inzwischen eine weitläufig undurchsichtige Wahl. Am ärgsten allerdings geraten die politischen Moden; je gewalttätiger und darum kurzlebiger ein Regime, desto größer sein Drang zum Taufen und Umtaufen, als könnten Namen den Umsturz erst bewirken und dann vor ihm schützen. Aber eine Adolf-Hitler-Straße taugte nur für zwölf Jahre, und der Stalinallee erging es kaum besser.

Es liegt nahe, vom Mißbrauch zu reden. Doch wenn es den gibt, dann sind wir über das bloß Beliebige schon hinaus. Dann entdecken wir plötzlich, daß Namen Gefäße sind, die etwas aufbewahren: einen Charakter, eine Liebe oder den Schrecken, Heimat oder Befremdung, Kindheitserinnerungen und Altershoffnungen, Geschichte ... Voraussetzung ist freilich, daß wir selbst sie bewahren, statt sie blindwütig zu zerschlagen, nach dem immer Neuen und Neuesten begierig. Ja, Gefäße, die etwas bewahren: In diesem Sinne hätte Rainer Maria Rilke auch der Namen gedenken können, als er schrieb:

»Noch für unsere Großeltern war ein ›Haus‹ ein ›Brunnen‹, ein ihnen vertrauter Turm, ja ihr eigenes Kleid, ihr Mantel: unendlich mehr, unendlich vertraulicher: fast jedes Ding ein Gefäß, in dem sie Menschliches vorfanden und Menschliches hinzusparten. Nun drängen, von Amerika her, leere gleichgültige Dinge herüber, Schein-Dinge, Lebens-Attrappen ... Die belebten, die erlebten, die uns mitwissenden Dinge gehen zur Neige und können nicht mehr ersetzt werden. Wir sind vielleicht die Letzten, die noch solche Dinge gekannt haben.«*

Es mag altmodisch sein, derart zu reden. Aber ist es nicht ein Zeichen der Zeit, daß die Namen selbst sich zurückziehen? Die Pferde vorm Kutschwagen hießen Hans und Grete; Autos jedoch so oder sie überhaupt zu benennen, wirkt albern und abgeschmackt sentimental. Und wer kennt noch Kräuter beim Namen? Oder die Sternbilder?

Namen als Gefäße, die etwas bewahren: Man kann darauf die Probe machen – und nirgendwo besser als in Ostpreußen. Welch eine liebliche, komische, rätselvolle Lautmalerei, welch knorrige Charaktere! Man lasse sie sich wie eine Gaumenfreude auf der Zunge zergehen, man lese laut das »Ostpreußische Ortschaftsverzeichnis« von A. von Weiss:

»Theerwischwolka, Perkunischken,
Kuth, Czymochen, Kampinischken,
Plampert, Mulk, Katrinigkeiten,
Uszpiaunen, Endruscheiten,
Pupkeim, Pudelkeim, Pupinnen,
Wickno, Wiersbau, Wiebs, Widminnen,
Jucha, Machenguth, Pogrimmen,
Swirkeln, Skirbst und Schuddledimmen,

Pilchen, Chelchen, Abschrey, Nassen,
Buddern, Wawern, Widdrichs, Prassen,
Kimschen, Kutzen, Rucken, Faulen,
Kummelupchen, Budschen, Maulen,
Kalanczinnen, Karkeln, Bumbeln,
Pissanitzen, Grondzken, Dumbeln,
Alxnupönen, Carrallischken,
Schimiontken, Juckenischken,
Perkuiken, Mniodunsken,
Kuhdiebs, Czychen, Lomp, Mierunsken,
Gr.-Aschlacken und Schelecken,
Katzenduden, Kaszemecken,
Kölmisch, Kackschen, Eydginischken,
Truntz, Spirokeln, Tamowischken,
Wannagpuchen, Kartzanupchen,
Gr.-Aschnaggern und Meschkrupchen,
Mauen, Puspern, Olk, Farienen,
Gartenpungel, Kermuschienen,
Prosit, Prostken, Ackmonienen,
Liegetrocken, Czuppen, Bajohrgallen,
Punkt, Willpischken, Pusberschkallen,
Tutschen, Tutteln, Bammeln, Babbeln,
Spullen, Tullen, Spucken, Wabbeln,
Kabbeln, Gurkeln, Muldszen, Glommen,
Lenkuk, Gigarrn, Wusen, Wommen –
hast noch immer nicht genug,
nimm den Fahrplan vor und such!«

Welch ein Reichtum! Woher er stammt, läßt sich leicht erkennen: aus einer Mischung – manchmal im glücklichsten Mißverstehen – der prußischen, litauischen oder masowischen Volks- und Sprachelemente mit den deutschen. In den Namen blieb aufbewahrt, daß Ostpreußen eben nicht aus einer schon immer vorhandenen Einfalt oder aus der Verödung, sondern aus der Vielfalt seine unverwechselbare Prägung, seinen ganz eigenen Charakter gewann.

Genau dies allerdings geriet den volkstümelnden Nationalisten zum Ärgernis. Dies durfte nicht wahr sein und sollte getilgt werden. Darum begann schon in den zwanziger Jahren ein Umbenennen, ein Umlügen, das sich im Dritten Reich wie eine Seuche ausbreitete und 1938 – ein Jahr vor dem Krieg – seinen Höhepunkt erreichte.* Im Grunde war wohl eine aus dem Wahn von der »Artreinheit« selbsterzeugte Angst im Spiel, die dann in die Aggression, in den Willen zum Wegschaffen des angeblich Fremden und Minderwertigen umschlug.

In seinen »Erinnerungen eines alten Ostpreußen« erzählt Fürst Alexander Dohna-Schlobitten eine sonderbare Geschichte: »Im Gegensatz zu den zahlreichen wichtigtuerischen Emporkömmlingen in Hitlers Begleitung wirkte Himmler auf mich zurückhaltend, ja bescheiden . . . auch zeigte er sich recht belesen und war alles in allem ein angenehmer Gesprächspartner. – Als ich ihm von der Holzburg der alten Prußen auf dem sogenannten Schloßberg im Prökelwitzer Wald erzählte, geriet er augenblicklich in Begeisterung, und sein dabei zutage tretender Germanenfimmel macht mich doch ein wenig stutzig. Seinem Wunsch, dort Ausgrabungen zu veranlassen, stimmte ich nur unter der Bedingung zu, daß die Arbeiten von Archäologen geleitet würden und daß ich keinerlei Mittel beisteuern müßte. Im Frühjahr 1935 wurden sachgemäß Querschnitte in die Wälle gelegt und zahlreiche kleinere Funde zutage gefördert, nichts Sensationelles. Es wurde lediglich die Überlieferung bestätigt, daß hier mehrfach schwere Kämpfe stattgefunden hatten und die hölzernen Bollwerke mehrmals verbrannt waren. Im Herbst 1935 besichtigte ich die Ausgrabungen gemeinsam mit Himmler. Dabei hob er einen ganz ordinären, faustgroßen Feldstein auf und rief begeistert: ›Das ist ein altgermanischer Hammer!‹ Mich durchzuckte es wie ein Blitz: Der Mann muß verrückt oder schizophren sein. Im Prökelwitzer Wald hatte es nur heidnische Prußen, die Bronzewaffen führten und die überhaupt nichts mit den Germanen gemeinsam hatten, oder deutsche Ordensritter gegeben, die längst eiserne Waffen besaßen. Es war jedoch völlig zwecklos, auf solche Ungereimtheiten hinzuweisen.«*

Doch ob nun Ungereimtheit oder Schizophrenie: Der Wahn von der Artreinheit folgte seiner eigenen Konsequenz. Er mußte finden oder erfinden, was es nicht gab, und vertilgen, was einmal war. Und dazu gehörte, bloß als ein Auftakt, die »unpassenden« Gefäße des Bewahrens mit dem germanischen Hammer in Scherben zu schlagen.

Schloßberg und Schloßbach statt Pillkallen und Pillupönen, Weidengrund und Weidenkreuz statt Jodzunen und Benullen, Wiesenblick und Wiesendorf statt Gaidschken und Schodmack: Vergleicht man die neuen mit den alten Namen, so fällt auf, wie farblos sie wirken; blasse Feld-, Wald- und Wiesenbezeichnungen verdrängen die Charaktere. Im besten Falle könnte man mit Max Fürst, dem aus Königsberg vertriebenen Juden, eine ungewollte Ironie erkennen: »Ich weiß noch, wie ich damals bemerkte, daß die Orte alle jüdische Nachnamen bekamen . . .«* Aber was da geschah, war bitterernst gemeint, und aus der Charakterlosigkeit quoll die Gewalt, die Eroberung und Vernichtung, die »Endlösung«, gegen die dann die Rache zurückschlug. So verstanden waren die Umbenennungen Menetekel des Untergangs.

Namen sind eben doch mehr als Schall und Rauch, wie Goethe gesagt hat: »Denn der Eigenname eines Menschen ist nicht etwa wie ein Mantel, der bloß um ihn her hängt und an dem man allenfalls noch zupfen und zerren kann, sondern ein vollkommen passendes Kleid, ja wie die Haut selbst ihm über und über angewachsen, an der man nicht schaben und schinden darf, ohne ihn selbst zu verletzen.«* Für Ortsnamen gilt das nicht minder, weil sie Heimat bedeuten.

Wie in der biblischen Geschichte vom Untergang Belsazers hätte es freilich eines Daniel bedurft, um die Flammenschrift an der Wand prophetisch zu lesen.* Bis heute scheint das kaum zu gelingen; als habe der Ungeist seinen eigenen Untergang überlebt, werden in aller Regel die neu-deutschen, nur für ein paar finstere Jahre geltenden Namen gebraucht, statt der alt-ostpreußischen, die für Jahrhunderte leuchteten und die Herzen erwärmten.*

Begegnung in Mohrungen

Je höher ein Mensch in den Rangordnungen dieser Welt aufrückt oder von seiner Geburt her gestellt ist, desto mehr bedarf er der Stilsicherheit und des Taktgefühls. Denn um so größer wird seine Macht, Mitmenschen zu verletzen. Es war die Tragödie des letzten Königs von Preußen und deutschen Kaisers, Wilhelms II., daß ihm die Fülle der Macht und der Mangel an Takt als fatale Kombination mitgegeben waren. Doch wie dürften die Deutschen sich beklagen? In diesem Hohenzollern von Gottes Gnaden haben sie sich erkannt und ihm zugejubelt, solange sie an die »herrlichen Zeiten« glaubten, die er ihnen versprach.

In einem allerdings darf man Seiner Majestät beinahe blindlings vertrauen. Er wußte, wo man sich aufhalten sollte, sofern man über die Zeit und die Mittel verfügt, die erforderlich sind: auf Nordlandreisen im Sommer, auf der griechischen Insel Korfu im Frühling oder im Herbst – und in Ostpreußen zu beinahe jeder Jahreszeit. Nach seinen Besuchen im Dohnaschen Prökelwitz und in der Rominter Heide kaufte er sich im Jahre 1898 selbst dort an: in Cadinen. Später hat sein Enkel Prinz Louis-Ferdinand hier gelebt, und heute steht es uns frei, seinen Spuren zu folgen.

Cadinen, polnisch Kadyny, liegt nördlich von Elbing nahe am Frischen Haff. Es ist ein schmuckes Dorf, 1939 mit 446 Einwohnern, dem man die kaiserliche Fürsorge noch immer anmerkt. Nur das Herrenhaus bedürfte dringend der Renovierung. Gleich am Ortseingang grüßt eine riesige und uralte, angeblich tausendjährige Eiche, innen zwar völlig hohl, aber noch immer in ihrem vollen Laub. Die Polen haben sie einem Anführer des »Preußischen Bundes« im Kampf gegen den Deutschen Orden geweiht, Jan Bazyński, der aus Thorn stammte und nach dem Sieg des Bundes Cadinen erwarb. Ob der Kaiser von diesem gewiß unwillkommenen Vorgänger etwas gewußt hat, steht dahin. Etwas weiter öffnet sich die Zufahrt zu einem Landgestüt, auf dessen Seite sich ein Hotel eingerichtet hat. Die Bezeichnung »Kadyny Palace« ist allerdings abwegig. Es handelt sich um ein eher schlichtes, rustikales Haus, und es läßt sich in ihm beinahe gemütlich wohnen.

Für den passionierten Spaziergänger ist es ohnehin das ideale Quartier. Durch einen Wald und durch Wiesen hindurch erreicht er bald die idyllische Küste des Haffs und wandert dann auf ihrer Deichkrone entlang. Wendet er sich nach links, so gelangt er zu dem kleinen, allerdings verfallenen und verlassenen Hafen; früher einmal wurden von hier aus die in Cadinen hergestellten Ziegel und Majolika-Produkte verschifft. Bis heute werden Ziegel in den besonderen Formaten gebrannt, die man zur Restaurierung alter Backsteingotik benötigt.

Womöglich noch schöner sind die Wege nach Süden. Zwischen den Koppeln des Gestüts steigt man in das kaiserliche Jagdrevier auf, ein weites, mit seinen Anhöhen und Schluchten immer abwechslungsreiches Waldgebiet. Unversehens stößt man auf ein Franziskanerkloster, das am Anfang des 19. Jahrhunderts aufgegeben wurde und verfiel; jetzt ist der Glaubenseifer dabei, es neu zu errichten. Jenseits dieses Klosters kann man für Stunden, für Tage die Einsamkeit suchen und finden; der Wald von Cadinen ist ein Teil des großen Naturparks, der bei Elbing beginnt und bis nach Frauenburg reicht. Aber natürlich darf der Gast auch reiten oder im Kutschwagen fahren; für die Ferien mit Pferden bietet das Gestüt seine Dienste an.

Cadinen eignet sich zugleich als Ausgangspunkt vieler Fahrten. Die eine führt über Tolkemit/Tolkmicko und Frauenburg/Frombork nach Braunsberg/Braniewo. Wer will, kann übrigens die Bahn benutzen; ihre Streckenführung ist von Elbing bis Frauenburg immer dicht oder ganz direkt am Haffufer entlang so angelegt, als habe ein weitsichtiger Verein zur Förderung des Fremdenverkehrs sie bestimmt. Von Tolkemit und von Frauenburg aus verkehren in den Sommermonaten wiederum Schiffe zur Nehrung hinüber nach Kahlberg/Krynica Morska.

In der Gegenrichtung braucht man bis Elbing kaum zwanzig Autominuten, bis Marienburg bei gemächlicher Fahrt knapp eine Stunde. Westlich von Elbing beginnen die fruchtbaren Niederungen im Mündungsgebiet von Nogat und Weichsel. Der große und kleine Marienburger Werder und der Danziger

Werder erinnern mit ihren Gräben, Kanälen, Sielen und Deichen an niederländische Bilder, und tatsächlich haben Kolonisten aus den Niederlanden, unter ihnen viele in ihrer Heimat bedrängte Mennoniten, bei der Urbarmachung dieser Gebiete eine wichtige Rolle gespielt. Sie waren eben die Wasserbaukünstler, die man hier brauchte. Südöstlich von Elbing liegt das »ostpreußische Rothenburg«, im Krieg leider stark zerstört, das bis 1945 mit seinem Namen eine alte Beziehung auf ihre knappste und treffendste Formel brachte: Preußisch Holland.

Auf gut ausgebauter Straße gelangt man von Elbing her rasch nach Danzig. Aber viel schöner ist es, sich Zeit zu lassen und dicht unter der Mündung der Weichsel in die Ostsee mit der Fähre über den Strom zu setzen. Einen anderen und gewiß ganzen Tag sollte man sich für den Besuch der Frischen Nehrung und für die Spaziergänge zwischen Ostsee und Haff gönnen. Als wir die Nehrung besuchen, liegt in Kahlberg ein russisches Passagierschiff vor Anker, das früher auf dem Don verkehrte; es heißt, daß es 1994 den Verkehr zwischen Elbing und Königsberg aufnehmen soll – ein Hoffnungszeichen der Normalisierung nach fast fünfzig Jahren.

Die Frische Nehrung mag nicht so berühmt sein wie die Kurische. Aber warum in eine schwer erreichbare Ferne schweifen, wenn das Schöne so nahe ist? Auch oder gerade hier laden die Waldwege mit ihren Durchblicken aufs Haff und auf die Gegenküste bei Frauenburg und Tolkemit fast unwiderstehlich zum Wandern ein, um vom meist menschenleeren Ostseestrand gar nicht erst zu reden. Freilich fallen Schatten in die Idylle. Immer wieder stößt man auf Bombentrichter; sie sagen, daß die Menschen noch längst nicht in Sicherheit waren, die sich zwischen Januar und März 1945 übers Haff auf die Nehrung retteten. Erst kürzlich haben Kinder einen schrecklichen Unfall verursacht, als sie mit einem Blindgänger spielten. Und vor dem Eingang zur Nehrung liegt Stutthof /Sztutowo, das Konzentrationslager, das die SS bei Kriegsbeginn einrichtete.

Weitere Fahrten führen über Elbing nach Süden ins Oberland hinein, das mit seinen Seen und Wäldern, mit Flüssen und Kanälen Masuren herausfordert und beinahe erreicht. Wie ein

Herbststimmung am Frischen Haff bei Cadinen.

Reiseführer den Sachverhalt schon 1927 angemessen umschreibt: »Lange verkannt und von wenigen besucht lag das Oberland in weltvergessener Stille, träumten Seen in den Himmel, und die hohen Wälder an ihren Ufern wurden grün und wieder bunt, lagen verschneit im Winterschlaf, und nur den Fischern, Flößern und Schiffern, die ihr Beruf auf das Wasser, auf Seen und Kanäle rief, wurde die Schönheit der ewig sich verändernden Natur ein bunter Rahmen um das eintönige Bild ihrer harten Arbeit. Sie empfanden wohl jene Schönheit, aber es fehlte ihnen die Gabe, davon zu berichten, die Gelegenheit und die Veranlagung, vor Fremden ihr Herz darüber auszuschütten. – Aber nicht immer konnte soviel Schönheit der Welt verborgen bleiben. Sie mußte sich dartun, und heute ist jedem Gelegenheit gegeben, sie zu sehen und kennen zu lernen.«* Hierfür sorgte, neben anderen, die Reederei Otto Munter, in deren Dienst sich der Reiseführer stellte; ihr Motorschiff »Ursula«, 120 Personen fassend und »für Vereine, Gesellschaften und Schulen bestens empfohlen«, verkehrte von Saalfeld aus über Tharden nach Maldeuten und über Schwalgendorf nach Deutsch Eylau und Weepers.

Wir allerdings unternehmen eine etwas längere Reise zum Wallfahrtsort Heiligelinde. Der Weg über Heilsberg/Lidzbark Warmiński erinnert daran, wie tief zwischen dem Zweiten Thorner Frieden von 1466 und der Ersten polnischen Teilung von 1772 das »Preußen königlich polnischen Anteils« mit dem katholischen Bistum Ermland in das seit 1525 protestantische Herzogtum Preußen hineinragte. Heiligelinde/Święta Lipka liegt zwischen Rößel/Reszel und Rastenburg/Kętrzyn – und zwar zweihundert Meter jenseits der ehemaligen Bistumsgrenze im herzoglich protestantischen Gebiet. Wie es zur Entstehung des Wallfahrtsortes kam, erzählt die Sage:

Ein in Rastenburg zum Tode Verurteilter flehte die Heilige Jungfrau um Rettung an. Sie erschien ihm in der Nacht vor seiner Hinrichtung, übergab ihm ein Stück Lindenholz und ein Schnitzmesser und befahl, daraus eine Marienfigur zu fertigen. Diese Figur sollte der Mann seinen Richtern vorlegen und dann am Weg zwischen Rastenburg und Rößel an einer Linde befestigen. Und so geschah's. Dem Verbrecher, der nie zuvor geschnitzt hatte, gelang eine so schöne Figur, daß seine Richter ihn – auf Mariä Fürsprache – begnadigten. Bald schon begann die Figur an der Linde wundertätig zu wirken; ein Blinder wurde wieder sehend, und Schafhirten nicht nur, sondern auch ihre Herden knieten zum Gebet nieder. Man wollte die Figur an einen würdigeren Ort, in die Pfarrkirche von Rastenburg versetzen – vergeblich; sie kehrte zu ihrer Linde zurück, und der Anfang der heiligen Stätte war gemacht.

Eine erste und eine zweite Kapelle entstanden; gegen Ende des 17. Jahrhunderts wurde mit dem Bau der dreischiffigen Basilika begonnen. Jesuiten spielten in der Geschichte von Heiligelinde stets eine wichtige Rolle, und während im Kampf zwischen Reformation und Gegenreformation die protestantischen Herzöge zeitweilig versuchten, alle Wallfahrten zu unterbinden, gewann später die brandenburg-preußische Toleranz auch hier eine positive Bedeutung; Friedrich der Große kümmerte sich nicht um das Verbot des Jesuitenordens, das Papst Klemens XIV. verhängte. Es versteht sich, daß nach 1945 die polnische Frömmigkeit Heiligelinde bewahrt, wo nötig restauriert und noch vielfältig ausgeschmückt hat. Am 11. August

1968 wurde das Gnadenbild der Gottesmutter vom Primas Stefan Wyszyński in Begleitung des damaligen Erzbischofs von Krakau Karol Wojtyła feierlich gekrönt. Die Hauptablaßfeiern finden am letzten Maisonntag – Mariä Heimsuchung –, am 14. August – dem Diözesan-Krankentag – und am 15. August – Mariä Himmelfahrt – statt.

Wir besuchen Heiligelinde an einem ganz gewöhnlichen und etwas verregneten Wochentag. Dennoch ist der Zustrom der Besucher rege; in der Basilika spricht ein Priester abwechselnd deutsch zu einer Gruppe älterer Menschen und polnisch zu Schulkindern. Bald darauf beginnt ein Orgelkonzert auf dem ebenso berühmten wie gewaltigen Instrument mit 40 Registern und 4965 Orgelpfeifen, das der Königsberger Hoforgelbaumeister Mosengel zwischen 1719 und 1721 schuf. Ein kunstvoller Mechanismus bewegt dazu die Heilige Jungfrau Maria, den Erzengel Gabriel, Engel mit Posaunen und einen mit der Mandoline, dazu noch Putten mit Glöckchen. Dem respektlosen, von allen Heiligen verlassenen protestantischen Besucher kommt das wie ein himmlisches Kasperletheater vor, und das Zusammenwirken von Musik und Mechanik erinnert ihn an alte Drehorgeln, auf denen ein Kunstäffchen nickt und mit ausgestreckter Hand um Gaben für seinen Herrn bittet. Aber sei es, wie es sei: Die Schulkinder jedenfalls klatschen begeistert Beifall, und dank seiner reichen Ausstattung muß die schönste aller ostpreußischen Barockkirchen keinen Vergleich mit den Prunkstätten bayerischer Frömmigkeit scheuen. Die Bilder und Inschriften, die von berühmten Gästen, edlen Spendern und wundersamen Heilungen berichten, sind ohnehin kaum zu zählen.

Die letzte Fahrt, die wir von Cadinen aus beginnen, bringt uns nach Mohrungen/Morąg. Hier wollen wir Johann Gottfried Herder besuchen – und vielleicht noch, fünf Kilometer entfernt in Groß Bestendorf/Dobrocin, die Baronin von der Goltz. Denn in Hamburg haben wir gehört, daß sie sich hier, auf ihrem ehemaligen Besitz, eine Sommerwohnung eingerichtet hat.

Mohrungen entstand im Schatten einer Ordensburg, die im Jahre 1280 angelegt wurde, und erhielt sein Stadtrecht 1327.

Das Rathaus in Mohrungen. Nur wenige Schritte braucht man von hier aus zum Herder-Museum im »Dohna-Schlößchen«.

Mit den 8400 Einwohnern, die man 1939 zählte, handelte es sich kaum um einen bedeutenden Ort, aber noch heute wird er als anheimelnd gerühmt. Inzwischen fällt es schwer, sich das vorzustellen; der Krieg hat schlimme Wunden geschlagen, und der Wiederaufbau erscheint als wenig gelungen. Glücklich erhalten blieb das gotische Rathaus auf dem Marktplatz, in seinem Grundriß beinahe quadratisch, vor dem wie früher zwei alte Kanonen an glorreiche Zeiten erinnern.

Im Schutz der Kanonen lassen wir unser Auto zurück, um Herder die Ehre zu geben. Er war der große Sohn dieser kleinen Stadt. Am 25. August 1744 wurde er hier geboren, als Sohn eines Tuchmachers, der zum Lehrer, Kantor und Küster aufrückte. Leicht hat es der verschlossene und schmächtige Junge gewiß nicht gehabt. Vom ersten Unterricht in der Stadtschule lesen wir:

»Sein Lehrer, der Rektor Grimm, war ein alter, breitschultriger Mann von zurückstoßendem Äußern. Unverheiratet und ein Feind des weiblichen Geschlechtes, übte er, schon streng durch seinen eigentümlichen finstern Charakter, und öfters noch durch Schmerz an den Füßen mißlaunig gemacht, mit doppelter Strenge die damals übliche Schuldisziplin. Pünktlichkeit und Ordnung erstreckten sich nicht bloß auf den Schulunterricht, sondern auch auf alles, was auf den Schüler Bezug hatte. Anstand, Reinlichkeit und Ordnung wurden genau geprüft, und der kleinste Mangel an Aufmerksamkeit streng bestraft. – Auf Herder mochten diese Zwangsmittel, obgleich er selbst, seines guten äußern Betragens und Fleißes wegen, davon verschont blieb, doch einen widrigen Eindruck zurückgelassen haben. Wenigstens hatte er, glaubwürdigen Nachrichten zufolge, damals etwas Scheues und Furchtsames in seinem Benehmen, und ›seine Launen grenzten mitunter an Tiefsinn und Schwermut‹.«*

Der Sechzehnjährige wurde beim Diakon Trescho als Schreiber und Botenjunge angestellt, neben freier Kost und Logis nur mit einem Taschengeld bezahlt. Immerhin, »ein glücklicher Zufall war es für Herder'n, daß er, wegen des beschränkten Raumes in Trescho's Hause, seine Schlafstätte in dessen Bibliothek und auch zum Teil in einer daran stoßenden Kammer erhielt. Diese Bibliothek bestand größtenteils aus theologischen Schriften, enthielt aber doch auch einige griechische und römische Klassiker, Reisebeschreibungen und Dichter; und so sehr Herder'n die unwiderstehliche Neigung zu den Wissenschaften und zu der höheren Ausbildung seines Geistes zur Benutzung dieser Bibliothek aufreizte, so hatten ihn doch seine drückenden Verhältnisse so tief gebeugt, daß er, den ohnedies sein damals verschlossener Charakter und seine Neigung hiezu bestimmte, nur insgeheim nachts las, von seinem geringen Frühstücksgelde sich so viel ersparend, um das zu seiner Lampe erforderliche Öl kaufen zu können.«*

Johann Gottfried Herder,
Kreide-Lithographie von Friedrich Bury.

Der Weg in die Welt öffnete sich dann doch. Von 1762 bis 1764 studierte Herder in Königsberg; 1764 wurde er Hilfslehrer an der Domschule in Riga und 1767 Nachmittagsprediger an einer Vorstadtkirche. Später wirkte er beim Grafen von Schaumburg-Lippe in Bückeburg als Hofprediger, Superintendent und Konsistorialrat, schließlich in Weimar, wiederum als Hofprediger, als Oberkonsistorialrat und Generalsuperintendent. Am Ende unterstand ihm das gesamte Schul- und Kirchenwesen des thüringischen Herzogtums, und im Jahre 1802 wurde er geadelt. In Weimar ist Herder am 18. Dezember 1803 auch gestorben. Auf seine letzten Jahre fallen wiederum Schatten: Krankheit, Einsamkeit und das bittere Gefühl, verkannt statt angemessen gewürdigt zu werden. Sich neben Goethe zu behaupten, blieb ohnehin schwierig; ein Widerstreit der Gefühle bestimmte das Verhältnis der beiden Männer von Anfang an. Die Bekanntschaft begann 1770 in Straßburg; Herder war als Reisebegleiter eines Prinzen zu Holstein-Eutin dorthin gekommen und versuchte ein Augenleiden zu kurieren. In »Dichtung und Wahrheit« hat Goethe notiert:

»Die ganze Zeit dieser Kur besuchte ich Herdern morgens und abends; ich blieb auch wohl ganze Tage bei ihm und gewöhnte mich in kurzem um so mehr an sein Schelten und Tadeln, als ich seine schönen und großen Eigenschaften, seine ausgebreiteten Kenntnisse, seine tiefen Einsichten täglich mehr schätzen lernte. Die Einwirkung dieses gutmütigen Polterers war groß und bedeutend. Er hatte fünf Jahre mehr als ich, welches in jüngeren Tagen schon einen großen Unterschied macht; und da ich ihn für das anerkannte, was er war, da ich dasjenige zu schätzen suchte, was er schon geleistet hatte, so mußte er eine große Superiorität über mich gewinnen. Aber behaglich war der Zustand nicht: denn ältere Personen, mit denen ich bisher umgegangen, hatten mich mit Schonung zu bilden gesucht, vielleicht auch durch Nachgiebigkeit verzogen; von Herdern aber konnte man niemals eine Billigung erwarten, man mochte sich anstellen, wie man wollte. Indem nun also auf der einen Seite meine große Neigung und Verehrung für ihn und auf der andern das Mißbehagen, das er mir erweckte, beständig miteinander im Streit lagen, so entstand ein Zwiespalt in mir, der erste in seiner Art, den ich in meinem Leben empfunden habe.«*

In einem weiteren Sinne war es wohl gerade Herders anregende Kraft, seine Universalität, die ihm geschadet hat, wie schon Jean Paul feststellte: »Der edle Geist wurde von entgegengesetzten Zeiten und Parteien verkannt; doch nicht ganz ohne seine Schuld; denn er hatte den Fehler, daß er kein Stern erster oder sonstiger Größe war, sondern ein Faszikel von Sternen, aus welcher sich dann ein jeder ein beliebiges Sternbild buchstabiert. – Menschen mit vielartigen Kräften werden stets, die mit einartigen selten verkannt.«* Übrigens nicht nur für Goethe, sondern für viele und auf vielen Gebieten ist Herder ein Wegbereiter gewesen, von der Entdeckung der Volksdichtung über die Sprachphilosophie, die Wilhelm von Humboldt dann entwickelte, bis zur philosophischen Anthropologie, deren Ansätze im 20. Jahrhundert Helmuth Plessner und Arnold Gehlen aufnahmen. Zu Herders wichtigsten Werken gehören seine »Abhandlung über den Ursprung der Sprache« (1772), »Stimmen der Völker in Liedern« (ab 1778, unter diesem Titel ab 1807), »Ideen zur Philosophie der Geschichte der Menschheit« (1784 – 91) und die »Briefe zur Beförderung der Humanität« (1793 – 97).

Ein Anreger, aber nirgendwo ein Vollender. Oder vielleicht war es so, daß die poetischen und die streng wissenschaftlichen Elemente einander ebenso beflügelten wie behinderten. Ein Text aus den »Ideen zur Philosophie der Geschichte der Menschheit« mag das zeigen:

»Lasset uns bedenken, was in der großen Gaben Vernunft und Freiheit liegt, und wieviel die Natur gleichsam wagte, als sie dieselben einer so schwachen, vielfach gemischten Erdorganisation, als der Mensch ist, anvertraute. Das Tier ist nur ein gebückter Sklave; wenn gleich einige edlere derselben ihr Haupt empor heben oder wenigstens mit vorgestrecktem Halse sich nach Freiheit sehnen. Ihre noch nicht zur Vernunft gereifte Seele muß notdürftigen Trieben dienen, und in diesem Dienste sich erst zum eignen Gebrauche der Sinne und Neigungen von fern bereiten. Der Mensch ist der erste Freigelassene der Schöpfung; er steht aufrecht. Die Waage des Guten und Bösen, des Falschen und Wahren hängt in ihm; er kann forschen, er soll wählen. Wie die Natur ihm zwei freie Hände zu Werkzeugen gab und ein überblickendes Auge, seinen Gang zu leiten: so hat er auch in sich die Macht, nicht nur die Gewichte zu stellen, sondern auch, wenn ich so sagen darf, selbst Gewicht zu sein auf der Waage. Er kann dem trügerischsten Irrtum Schein geben und ein freiwillig Betrogener werden; er kann die Ketten, die ihn, seiner Natur entgegen, fesseln, mit der Zeit lieben lernen und sie mit mancherlei Blumen bekränzen. Wie es also mit der getäuschten Vernunft ging, gehet's auch mit der mißbrauchten oder gefesselten Freiheit; sie ist bei den meisten das Verhältnis der Kräfte und Triebe, wie Bequemlichkeit oder Gewohnheit sie festgestellt haben. Selten blickt der Mensch über diese hinaus, und kann oft, wenn niedrige Triebe ihn fesseln und abscheuliche Gewohnheiten ihn binden, ärger als ein Tier werden.«*

Das ist wunderbar und beinahe prophetisch gesagt; heute fragen wir uns oft bang, ob die Natur nicht zuviel wagte, als sie den Menschen zu seiner Weltbemächtigung entfesselte. Aber wie nur soll man die Grenzen zwischen poetischer Schau und wissenschaftlicher Erkenntnis bestimmen? Es gibt sie nicht, und eben dies macht den Text so eindrucksvoll anregend wie brüchig und unverbindlich; jeder kann etwas anderes daraus lesen.

Neben der Peter- und Paul-Kirche von Mohrungen steht auf dem alten Sockel eine Büste von Herder. Gegenüber liegt sein Geburtshaus, und eine Bronzetafel sagt, daß er »ein großer deutscher Philosoph und Freund der Slawen« war. Nur ein kurzer Weg führt dann zum »Dohna-Schlößchen«. Es heißt so, weil in ihm die Burggrafen residierten, bevor sie 1589 nach Schlobitten umzogen, und es liegt an der alten Stadtmauer. Nach dem Auszug der Dohnas war es der Sitz der Amtshauptleute, mit einem eigenen Zugang durch die Stadtmauer hindurch, übrigens einem kostbaren Vorrecht. Denn den Benutzern blieb es erspart, Waren kontrollieren zu lassen und für sie die Zölle – die Akzise – zu zahlen, die gewöhnliche Bürger an den Stadttoren entrichten mußten.

Im Krieg wurde das Dohna-Schlößchen stark zerstört, später restauriert und zum Museum hergerichtet. In einigen Räumen hat man Mobiliar und Bilder aus umliegenden Schlössern zusammengetragen; meist streng und etwas hölzern blicken die einstigen Herren und Herrinnen des Landes, die Dohna und Dönhoff, die Groeben und Kuenheim uns an. Die übrigen Räume sind Herder gewidmet, vor allem mit Büchern und Schrifttafeln.

Ein Freund der Slawen? Ja, das war er, und nicht zuletzt mit seiner Sammlung der Lieder und mit liebevollen Hinweisen auf die Volksdichtung hat er dazu beigetragen, das Selbstbewußtsein in den Völkern Osteuropas zu wecken. Aber es ist wichtig zu betonen, daß Herders Zuneigung keinerlei nationalistische Züge in dem Sinne trug, daß sie aus der Freundschaft Feinderklärungen gegen andere ableitete. Humanität war sein Ziel; als

»Knospe einer zukünftigen Blume« sollte sie dienen in Gottes großem Weltgarten, in dem die Menschen wie die Völker mit- und nicht gegeneinander erblühten. Im Museum kann man auf großen Tafeln lesen, was Herder in seinen »Briefen zur Beförderung der Humanität« als die »Sieben Gesinnungen der Großen Friedensfrau« geschildert hat. Die vierte Gesinnung spricht vom »geläuterten Patriotismus«:

»Jede Nation muß fühlen lernen, daß sie nicht im Auge anderer, nicht im Munde der Nachwelt, sondern nur in sich, in sich selbst groß, schön, edel, reich, wohlgeordnet, tätig und glücklich werde; und daß sodann die fremde wie die späte Achtung ihr wie der Schatten dem Körper folge . . . Lächerlich und verächtlich muß es werden, wenn Einheimische sich über ausländische Angelegenheiten, die sie weder kennen noch verstehen, in denen sie nichts ändern können und die sie gar nicht angehn, sich entzweien, hassen, verfolgen, verschwärzen und verleumden . . . Man muß lernen, daß man nur auf dem Platz etwas sein soll, auf dem man stehet, wo man etwas sein *soll.*«

Als ich das lese, fällt mir unwillkürlich ein, was Gustav Heinemann in seiner Antrittsrede als Bundespräsident gesagt hat: »Es gibt schwierige Vaterländer. Eins davon ist Deutschland. Aber es ist unser Vaterland. Hier leben und arbeiten wir. Darum wollen wir unseren Beitrag für die eine Menschheit mit diesem und durch dieses Land leisten.«

Die fünfte Gesinnung handelt vom »Gefühl der Billigkeit gegen andre Nationen«:

»Dagegen muß jede Nation allgemach es unangenehm empfinden, wenn eine andre Nation beschimpft und beleidigt wird; es muß allmählich ein gemeines Gefühl erwachen, daß sich jede an der Stelle jeder andern fühle. Hassen wird man den frechen Übertreter fremder Rechte, den Zerstörer fremder Wohlfahrt, den kecken Beleidiger fremder Sitten und Meinungen, den prahlenden Aufdringer seiner eignen Vorzüge an Völker, die diese nicht begehren. Unter welchem Vorwande jemand über die Grenze tritt, dem Nachbarn als einem Sklaven das Haar abzuscheren, ihm seine Götter aufzuzwingen und ihm dafür seine Nationalheiligtümer in Religion, Kunst, Vorstellungsart und Lebensweise zu entwenden; im Herzen jeder Nation wird er einen Feind finden, der in seinen eignen Busen blickt und sagt: ›Wie, wenn das mir geschähe?‹ – Wächst dies Gefühl, so wird unvermerkt eine Allianz aller gebildeten Nationen gegen jede einzelne anmaßende Macht. Auf diesen stillen Bund ist gewiß früher zu rechnen als nach St. Pierre auf ein förmliches Einverständnis der Kabinette und Höfe. Von diesen darf man keine Fortschritte erwarten; aber auch sie müssen endlich ohne Wissen und wider Willen der Stimme der Nationen folgen.«*

Von den Schrecken und Abgründen unseres Jahrhunderts hat Herder nichts wissen können. Ach, wann werden wir seine Briefe zur Beförderung der Humanität wieder lesen, wann selbst sie schreiben? Wann endlich wird die »Große Friedensfrau« Gehör finden?

Als wir zu unserem Auto zurückkehren, taucht neben ihm ein zweites mit Hamburger Kennzeichen auf. In Begleitung junger Leute kommt eine alte Dame auf mich zu: »Sind Sie nicht Graf Krockow? Ich bin Frau von der Groeben aus Groß Bestendorf.« Ein lebhaftes Gespräch beginnt. Es dreht sich ums Wetter und um die Ernteaussichten, um den Elch, der bei Mohrungen auftauchte, ums Diebsgesindel und die Frage, wie man es abwehren kann – kurz, um das, worüber schon immer geredet wurde. Und herzliche Übereinstimmung stellt sich angesichts der Tatsache her, daß Ostpreußen offenbar ein Dorf ist, beinahe wie Berlin oder München. Wir müssen nur zur rechten Zeit über den Marktplatz gehen, um den Leuten zu begegnen, die wir treffen wollten.

Hamburger Vorspiel

Zwei Wochen vor Weihnachten besuche ich Alexander in Hamburg. Denn ich will ihn überreden – nein, ich bestehe darauf, daß wir eine Winterreise unternehmen, jedenfalls bis nach Westpreußen, ins kaschubische Krockow oder Krokowa. Das Schloß, das wir bei unserer ersten Reise Ende Mai als eine Baustelle gesehen haben, soll termingerecht fertig sein; im Januar findet die festliche Einweihung statt, zu der ich geladen bin.

»Und kaum zwei Stunden brauchen wir dann noch bis Ostpreußen.«

Dem Jungchen wird freilich etwas bang. Wahrscheinlich hat das mit der verstorbenen Oma Wendrigkeit zu tun, die ihn zum Sommerbesuch in Masuren verführte. Sie hat so viel erzählt, und es steht dahin, wo die Wahrheit aufhörte und der Bärenfang begann, dem das Aufbinden folgte. Wohl mehr als bekömmlich war vom Wolfsgeheul in den Vollmondnächten die Rede.

»Oft war man eingeschneit, manchmal so tief, daß man gar nicht mehr aus der Tür, sondern bloß noch durch die Dachluke ins Freie und vom Heuboden herab in den Kuhstall kam, um zu füttern und zu melken … Ist das wirklich so gewesen?«

»Warum nicht?«

»Außerdem hat die Oma immer vor den Autos gewarnt. Sie taugen nicht für den Winter, hat sie gesagt. Sie bleiben

im Schnee stecken, wehen zu, und es dauert drei Tage und Nächte, bis man sie ausgräbt.«

»Wir werden es probieren.«

»Nein, laß uns hierbleiben, besuch' mich wieder in Hamburg. Hier gibt es so viel: Theater, Konzerte, Ausstellungen, die Oper, das Ballett und alle Arten von Restaurants, von Kneipen, von Festen. Du wirst staunen.«

»Jungchen, du hast mich nach Ostpreußen gebracht, mit List und fast mit Gewalt, und jetzt werde ich dich brauchen – schon zum Freischaufeln, wenn wir eingeschneit sind.«

»Aber was sonst werden wir erleben? Was überhaupt taten die Leute, wenn sie festsaßen? Warum starben sie nicht, wenn nicht vor Kälte, dann vor Langeweile? Nicht einmal das Fernsehen gab es.«

»Dafür gab es eine heute verlorene Kunst; die Leute kannten und erzählten Geschichten.« Weil ich im Bücherschrank den Baron Münchhausen entdecke, lese ich zur Aufmunterung gleich eine vor, wobei ich mit Bedacht die Landes- und Ortsnamen ändere:

»Alles ging gut, bis ich nach Ostpreußen kam, wo es nicht eben Mode ist, des Winters zu Pferde zu reisen. Wie es nun immer meine Maxime ist, mich nach dem bekannten Ländlichen sittlich zu richten, so nahm ich dort einen kleinen Rennschlitten und fuhr wohlgemut auf Königsberg los. Nun weiß ich nicht mehr recht, wo es war, so viel aber besinne ich mich noch wohl, es war mitten in einem fürchterlichen Walde, als ich einen entsetzlichen Wolf mit aller Schnelligkeit des gefräßigsten Winterhungers hinter mir ansetzen sah. Er holte mich bald ein, und es war schlechterdings unmöglich, ihm zu entkommen. Mechanisch legte ich mich platt in den Schlitten nieder und ließ mein Pferd zu unserm beiderseitigen Besten ganz allein agieren. Was ich zwar vermutete, aber kaum zu hoffen und zu erwarten wagte, das geschah gleich nachher. Der Wolf bekümmerte sich nicht im mindesten um meine Wenigkeit, sondern sprang über mich hinweg, fiel wütend auf das Pferd, riß ab und verschlang auf einmal das ganze Hinterteil des Tieres, welches vor Schrecken und Schmerz nur desto schneller lief.

Wie ich nun auf die Art selbst so unbemerkt und gut davongekommen war, so erhob ich ganz verstohlen mein Gesicht und nahm mit Entsetzen wahr, daß der Wolf sich beinahe über und über in das Pferd hineingefressen hatte. Kaum aber hatte er sich so hübsch hineingezwängt, so nahm ich mein Tempo wahr und fiel ihm tüchtig mit meiner Peitschenschnur auf das Fell. Solch ein unerwarteter Überfall in seinem Futteral verursachte ihm keinen geringen Schreck; er strebte mit aller Macht vorwärts; der Leichnam des Pferdes fiel zu Boden, und siehe!, an seiner Statt steckte mein Wolf in dem Geschirre. Ich meines Orts hörte nun noch weniger auf zu peitschen, und wir langten in vollem Galopp gesund und wohlbehalten in Königsberg an, ganz gegen unsere beiderseitigen respektiven Erwartungen und zu nicht geringem Erstaunen aller Zuschauer.«

Als ich ende, seufzt Alexander: »Jeder vernünftige Mensch bleibt im Winter zu Hause. Die Hamburger fahren vielleicht einmal auf ihre Insel, nach Sylt, nur um zu prüfen, ob sie noch da ist. Aber nach West- oder Ostpreußen? Dein Schloß kann gefälligst bis zum Sommer warten. Was sonst gibt es zu sehen, was sollen wir im Eis und im Schnee? Das mußt du erklären.«

»Ich will es versuchen.«

Es gibt Landschaften, sogar Stadtlandschaften, die sozusagen für die eine Jahreszeit gemacht sind und für die andere nicht. Große Städte zum Beispiel taugen nicht für den Sommer. Die Hitze frißt sich in ihnen fest, die Nächte bringen keine Kühlung mehr, alle Kleider kleben am Leibe, niemand kann gut schlafen, und die Herzanfälle häufen sich – erst recht natürlich, seit die »Ozonwerte« erfunden wurden, die aus dem Himmel verschwinden und dafür auf Erden regieren. Kommt eine hohe Luftfeuchtigkeit noch hinzu, wie in New York, so muß man am Stadtsommer verzweifeln. Paris wird darum im August wegen Betriebsferien geschlossen, und nur die Touristen bemerken es nicht. Erst der Herbst, in dem man wieder durchatmen kann, macht alles neu, von den Schauspielen auf der Bühne bis zu denen im Rathaus oder in der jeweils modischen »Szene«.

Wie anders der Sommer in den weiten skandinavischen

Landschaften, in denen man irgendwo ein Haus am See, eine Blockhütte im Wald mieten und mit der Familie oder mit Freunden zusammen sein kann! Seine Majestät der Kaiser wußte, warum er an Bord der »Hohenzollern« alljährlich im Juli eine Nordlandreise unternahm. Dagegen gehört der Sommer keineswegs zum Mittelmeer; dort röstet man nur, holt sich Sonnenbrände oder Schlimmeres und nimmt Landschaften gar nicht erst wahr. Als im 19. Jahrhundert Engländer die Riviera entdeckten, taten sie das für den Winterausklang und den Frühling. Mit dem kann man Woche um Woche weiterwandern, über das südliche Tirol bei Meran und den Bodensee bis zur Bergstraße und zur Obstblüte im Alten Land zwischen Harburg und Stade.

Zum Herbst passen Heidelandschaften und Laubwälder, zum November die melancholischen Landschaften, wie am Niederrhein bei Kleve oder in den Marschgebieten bei Husum. Auf den Winter allerdings sollte man sich da nicht einlassen, denn ein rechter Winter muß »kernfest und auf die Dauer« sein, wie in Rußland. Man darf dann nur nicht Krieg führen wollen, wie Napoleon und Hitler. In älterer Zeit wußte man das noch; die Heere zogen ins Winterquartier, und erst mit der steigenden Sonne wurde ein neuer Feldzug eröffnet.

Überhaupt ist die sozusagen historische Dimension des Winters zu bedenken. Einst war er etwas Großes und Drohendes. Weil aller Verkehr zum Erliegen kam, blieb man auf die Vorräte angewiesen, über die man selbst verfügte. Wenn eine Ernte mißriet, mußten Mensch und Vieh sich durchhungern, so gut oder so schlimm es eben ging. Überall nistete die Kälte; nur auf der Ofenbank, in der Küche und im Kuhstall ließ es sich aushalten; sogar im Bett brauchte man, um sich nicht den Tod zu holen, den tagsüber auf dem Ofen vorgewärmten Ziegelstein.

Andererseits bot der Winter eine Zeit zum Ausruhen. Vom Frühjahr bis zum Herbst war so viel zu leisten; Tag um Tag mußte man vom ersten Licht bis spät in die Dämmerung Knochenarbeit verrichten. Im Winter aber blieb wenig zu tun, vom Holzfällen und der Versorgung des Viehs, dem Surren der Spinnräder oder dem Schlag der Webstühle abgesehen. Weil die Tage kurz waren, ließen viele Stunden sich verträumen und verschlafen.

Natürlich gab es auch die Freuden des Winters, die Jagden, die Schlittenfahrten und das Eisschlittern auf selbstgefertigten Kufen. In der Ofenröhre duftete verheißungsvoll der Bratapfel, in der Küche das Weihnachtsgebäck. Und die große Zeit des Erzählens war gekommen. Wie sehr der Winter selbst dort faszinierte, wo er gewiß keinen Stammsitz hatte, zeigen die Bilder alter niederländischer Meister. Bei alledem blieb ein Harren und Hoffen:

»Herr, bewahr den Keim des Lebens
in der rauhen, harten Zeit,
daß der Glaube nicht vergebens
harr auf deine Freundlichkeit.
Unsre Hoffnung, unsre Ruh,
großer Schöpfer, bleibest du.«

So steht es in einem alten Gesangbuch.* Inzwischen haben wir Bedrängnis und Ruhe ebenso abgeschafft wie das Harren und Hoffen – und sogar das Lied im Gesangbuch. Unser Winter ist charakterlos geworden. Unmutig schmuddelt er vor sich hin; allenfalls mit kurzlebig nassem Schnee oder mit einem Eisregen gelingt es ihm dann und wann, doch bloß für wenige Stunden, ein Verkehrschaos zu stiften. Außerdem schlagen wir ihm ein Schnippchen, indem wir über kunstvoll präparierte Alpenpisten rasen oder nach Thailand und Tunesien, nach Mallorca, Florida, in die Karibik entschwinden. Selbst den Sternbildern des Winters haben wir uns im eigenen Lichterdunst längst schon entzogen. Wer eigentlich begrüßt noch den großen Himmelsjäger Orion als einen Vertrauten der Kindheit?

»Und darum«, so schließe ich, »darum müssen wir West- und Ostpreußen im Januar besuchen. Da gibt es vielleicht noch einen Winter von der alten Art, da könnten wir ihm begegnen – und dann erst das Land ganz verstehen, das er für ein Drittel des Jahres wie ein König regiert.«

Alexander seufzt noch einmal, schicksalsergeben: »Nun gut, dann fahren wir also. Ich bin auf alles gefaßt.«

Das kaschubische Schloß

»Ist Martini klar und rein, bricht der Winter bald herein.« Im ostpreußischen November 1993 erfüllte sich die Bauernregel aufs schönste; es gab eine strenge und ausdauernde Frostperiode. Die Durchschnittstemperatur lag in Königsberg bei minus 3 Grad, um 5,6 Grad unter dem langjährigen Mittelwert; nur 1876 und 1919 ist es noch kälter gewesen.* Im Dezember folgten die Schneestürme. Der Januar indessen begann wie ein vorzeitiger Frühling.

Alexander, beinahe wie zu einer Polarexpedition gerüstet, fühlt sich ums Abenteuer betrogen. »*Wo bleibt denn nun der Winter?*« möchte er wissen, als wir nach kurzem Grenzaufenthalt die Oderbrücke bei Stettin im Nieselregen überqueren. Darauf habe ich auch keine Antwort. Auf der Hauptstraße mit geringem Verkehr, die über Gollnow und Köslin nach Danzig führt, gleiten wir mühelos dahin, und schon am frühen Nachmittag erreichen wir Stolp. Der Stephansplatz grüßt mit Rathaus und Kaufhaus. Es folgt der Platz mit dem Sockel, der einst Bismarck gehörte. Dort steht nun stumm und starr der große Sienkiewicz, und fast ihm zur Seite wohnte die Großmutter, die gefürchtete »eiserne Gräfin«.

Wir biegen auf die Nebenstraße ab, deren Schilder nach Puck/Putzig weisen. Kaum dreißig Minuten noch bis Rumbske: die heimischen Felder und die Wälder. Links der Wossek – und darin verborgen die »Schwedenschanze«, in der im Dreißigjährigen Krieg Menschen Schutz suchten vor Diebsgesindel und Mordbanden, als Soldaten verkleidet. Die Allee zum Dorf, die der Großvater anlegte, der Schornstein der Brennerei. Bloß das Dach fehlt, unter dem ich geboren wurde und aufwuchs. Und plötzlich fällt mir ein: Auf den Tag genau vor 49 Jahren habe ich es zuletzt gesehen. Dahin und vorüber; erst in Glowitz/Główczyce kehren wir bei Anneliese ein. Als ich ein Kind war, hat sie mit mir gespielt. Nun steht ihr siebzigster Geburtstag nahe bevor.

Die Dämmerung zunächst, dann eine frühe und regenfinstere Nacht hüllt unsere Weiterfahrt ein. Doch am Ende eines

Tunnels mächtiger Bäume strahlt Lichterglanz aus vielen Fenstern und von den Laternen ringsum: das kaschubische Schloß. »Er sah vor sich die weiße Wand eines alten Palastes«, heißt es in dem in Polen bekannten Roman »Wind von der See« von Stefan Żeromski, der in Krokowa spielt.

»Palast« ist freilich eine Ausdrucksweise, die uns in die Irre führt; mit ostpreußischen Schlössern wie Finckenstein, Schlobitten oder Friedrichstein läßt sich der kaschubische Herrensitz nur von ferne vergleichen. Ohnehin wirkt er mit seinen ungleich vorgeschobenen Seitenflügeln etwas unharmonisch. Ursprünglich handelte es sich um eine befestigte Anlage. Daran erinnert das Geviert der Gräben, das sie umschließt. Jetzt wurden sie gründlich gereinigt und frisch mit Wasser gefüllt. Alte Bilder zeigen vor dem Schloß eine Kanone. Genau betrachtet handelte es sich um ein längst nicht mehr brauchbares Schiffsgeschütz, das man am Strand der Ostsee gefunden und mit dem Anschein einer Lafette versehen hatte, zu der ein ausgedienter Erntewagen die Räder lieferte. Doch nichts sonst ist gegen das Alter zu sagen; die frühesten Gewölbe haben siebenhundert Jahre überdauert. Wie das vor kurzem in Danzig veröffentlichte Buch über den nördlichen Teil des kaschubischen Landes berichtet:

»Am Anfang des 13. Jahrhunderts kam hierher ein Gniewomir von Wickerode, der von dem Fürsten Mściwój von Pommern mehrere Dörfer für seine ritterlichen Dienste erhielt. Er hat als erster mit ›de Krokow‹ unterschrieben. Später hat man mehrmals den Laut des Familiennamens geändert. Man schrieb ihn einmal als von Krockow, ein anderes Mal als Krokowski. Unter der Herrschaft der Jagellonen und der Vasa bekleideten die Herren von Krockow hohe Ämter in Polen und empfingen unter ihrem Dach in Krokowa den König Siegmund III. als Gast. – Es schien einmal so, daß der letzte Akt der Geschichte der Besitzer in Krokowa 1945 gekommen sei. Die sowjetischen Truppen besetzten das Dorf und quartierten sich in dem Palast ein . . . Aber das Leben selbst schrieb die Fortsetzung.«*

Die erleben wir gerade. Unter dem Familienwappen empfängt uns Frau Put, die temperamentvolle und liebenswürdige

Das kaschubische Schloß, wie es früher einmal aussah.

Leiterin des Hauses: »Herzlich willkommen! Sie sind unsere Ehrengäste, die ersten überhaupt.« Später werde ich daran erinnert, daß ich zudem noch der erste Krockow bin, der seit 1945 hier übernachtet. Doch weder Ahnfrauen in weißen Flattergewändern noch sonstige Gespenster stören meinen Schlaf.

Frau Put hat mehrere Jahre in Deutschland verbracht und dort das Hotelfach erlernt. Nun geht sie mit Eifer ans Werk; einen erstklassigen Koch hat sie bereits gefunden. An westliche Hotels läßt übrigens die gewiß kaum stilgerecht zu nennende Musikberieselung auf Treppen und Fluren denken, laut genug, um bis in die Appartements zu schallen. Alexander dagegen beklagt, daß das Fernsehen noch nicht funktioniert, wie es sollte. Auch sonst häufen sich seine Mängelrügen: Kamine und Öfen dienen bloß noch der Dekoration, es gibt viele mittelgroße Zimmer, aber nur einen wirklichen Saal, der Einbau der Appartements und Bäder hat zusätzliche Verwinkelungen geschaffen, die Möblierung soll antik wirken, ohne es zu sein, einen Salon hat man grellrot gestrichen, und so fort. Zu bedenken ist allerdings, daß der Danziger Denkmalschutz seine Hand im Spiel hatte, mit manchmal zweifelhaftem

Das wiedererstandene Schloß Krokowa, im Januar 1994.

Geschmack. Immerhin hat er unter späterem Putz ein Deckengemälde aus dem 17. Jahrhundert aufgespürt und sorgfältig wiederhergestellt. Insgesamt haben der Architekt, die Restaurateure und Bauhandwerker in knapper Zeit fast ein Wunder vollbracht. Weit und breit dürfte es kein anderes Schloß geben, das so glanzvoll auferstanden ist – makelloser wahrscheinlich, als es jemals war. Es mit Leben zu füllen, wird die nächste und keineswegs einfache Aufgabe sein.

Wir sind an einem Sonnabend eingetroffen. Am nächsten Morgen beginnt ein »Tag der offenen Tür«, und Tausende kommen, schubweise vor allem nach den Gottesdiensten, um zu sehen und zu staunen, nicht nur aus Krokowa und den umliegenden Dörfern, sondern aus Putzig und sogar aus Danzig. Vorsorglich hat Frau Put Schüler und Schülerinnen engagiert, die in jedem Raum Wache halten, um Diebstähle zu verhindern und Auskünfte zu geben. Die häufigsten Fragen, die den jungen Leuten gestellt werden, lauten: »Dürfen wir einmal die Toilettenspülung bedienen? Dürfen wir die Betten befühlen? Ist das die Abhöranlage?« (Gemeint sind die Sprinkler, die der Brandschutz verordnete.)

Nach der Lesung in Krokowa: Der Autor
mit seinen Zuhörern.

Für eine Lesung, die am Nachmittag im überfüllten Saal stattfindet, werde ich ebenfalls engagiert. Es gibt Beifall, als ich sage, daß es sich um eine Uraufführung handelt, um Texte aus meinem Buch über Ostpreußen, das noch gar nicht erschienen ist. Eine lebhafte Diskussion schließt sich an – und immer wieder die Nachfrage nach meinen Schriften, die man erwerben möchte, signiert natürlich, aber ausdrücklich gegen D-Mark. Solch ein Publikum wünscht man sich bei Auftritten in Deutschland; statt mit Winterbekleidung hätten wir das Auto mit Büchern füllen sollen, um den Lesehunger zu stillen. Nur mein Versprechen hilft, es bei künftigen Besuchen besser zu machen.

Zwei Tage später findet die offizielle Einweihung statt. Das Fernsehen baut Kameras und Scheinwerfer auf, Journalisten stellen Fragen. Sogar ein Einweihungslied hat man komponiert, das ein junger Mann und eine junge Dame im deutsch-polnischen Wechselgesang vortragen. Viel Prominenz ist gekommen, voran der wohlbeleibte Bischof von Elbing, ein Kaschube, der nahe bei Krokowa geboren wurde. Champagner ersetzt sein Weihwasser. Bis zuletzt hatte es hektische Verhandlungen um die weitere Entwicklung, um Satzungsfragen, Einflüsse und das liebe Geld gegeben. Aber jetzt entlädt sich die Spannung ins Wohlgefallen der Festreden. Es sprechen der Bürgermeister und der Mann, der alles in Gang brachte, Ulrich von Krockow, dann der Architekt, der Bischof und der Woiwode, also der Regierungspräsident aus Danzig. Auch ich werde um einen Beitrag gebeten. Allerdings kurz soll er sein, »nur fünf Sätze«. Ich sage etwa folgendes:

»Die Krockows waren Kaschuben – und das heißt: sie paßten sehr schlecht in das Schema, das seit dem 19. Jahrhundert hüben und drüben der nationale Eifer entwarf, als hinge an ihm das Leben und die Moral. Von Grunwald 1410 bis zum Kriegsbeginn 1939 läßt sich nachweisen, daß Mitglieder dieser Familie auf beiden Seiten gedient haben, und zwischenhin den Königen von Polen ebenso wie den Königen von Preußen. Solch ein Durcheinander weckt den Verdacht, in der Vergangenheit wie in der Gegenwart, und es wird daran künftig kaum fehlen. Aber wenn die Zukunft uns tragen und über die Abgründe, den Schrecken, die Gewalt des Jahrhunderts hinausführen soll zur Versöhnung und zum Frieden, dann wird gerade das Durcheinander wichtig sein. Um zu ihm beizusteuern, taugt kein anderer Ort so gut wie das alte, das neuerstandene kaschubische Schloß; möge es dazu genutzt werden!«

Übrigens arbeiten in Krokowa zwei junge Leute aus Deutschland, die ihren Zivildienst leisten. Nach all den Kriegsdiensten unserer Epoche ist vielleicht auch das ein Hoffnungszeichen für die bessere Zukunft.

Am Abend, als die hohen Gäste, die Journalisten und das Fernsehen sich verabschiedet haben, tafeln und trinken im Schloß die Honoratioren des Dorfes. Der Bürgermeister Kazimierz Plocke verspottet – in tadellosem Deutsch – meine Unbildung, weil ich nicht polnisch spreche. Recht geschieht's mir. Wir ärgern uns oft über Engländer und Franzosen, weil sie höchst einseitig erwarten, daß wir ihre Sprache beherrschen. Aber mit unseren östlichen Nachbarn halten wir selbst es nicht anders. Doch zu dieser Stunde, an diesem Ort ist das wirklich nicht wichtig. In den Trinksprüchen, im Gelächter, im Wirbel der polnischen und der deutschen Worte könnte keine Verständigung besser gelingen.

Bloß ein Stuhl bleibt leer. Fehlt noch jemand? Ich denke: Da müßte Günter Grass jetzt sitzen, seinen Kaschuben zuhören – und dann von ihnen erzählen.

Die zwei Gesichter des Winters

Mit einem Eisregen vorweg und bald darauf mit kräftigem Schneetreiben kehrt der Winter zurück. Warm verpackt nutzen wir den Tag für einen weiten Spaziergang, zunächst auf der Dorfstraße entlang und am imponierenden Kopfbahnhof von Krokowa vorüber. Der Legende nach warteten hier die Züge stets, bis die angekündigte Kutsche mit dem Herrn Grafen oder der Frau Gräfin eingetroffen war. Später gelangen wir auf einer vom Wind wunderbar krummgezogenen Allee bis an die Ostsee bei Karwen/Karwia, »einem reizenden Fischerdorf, welches im Laufe der Zeit zum Kurort wurde. Kein Wunder! Der flache Strand an der klaren See, mit Dünen und einem malerischen Kiefernwald laden Sommergäste ein.«* Und warum eigentlich gibt es keine Winterbesucher? Auf unserem Weg treffen wir nur wenige Menschen – und niemanden am Strand. Alle Restaurants sind geschlossen. Sehr hungrig mithin, aber aufs schönste erfrischt und angenehm ermüdet kehren wir zurück.

Am anderen, nun windstillen und klaren Morgen brechen wir schon früh zur Fahrt nach Ostpreußen auf. Die große Straße von Rheda/Reda über Danzig nach Elbing und von dort an Preußisch Holland/Pasłęk vorüber ins Oberland hinein ist geräumt und abgestreut worden; wir kommen schnell voran und erreichen noch am Vormittag Liebemühl/Miłomłyn, ein paar Kilometer vor Osterode/Ostróda. Dort biegen wir nach Westen ab, auf das Seengebiet zu, das sich von Deutsch Eylau/Iława im Süden bis Saalfeld/Zalewo im Norden erstreckt. Von dieser Abzweigung an heißt es allerdings behutsam sein, denn die Nebenstraßen sind noch vom Schnee bedeckt, manchmal auch derart überweht, daß einzig die Chausseebäume uns den Weg weisen. Verkehr findet kaum statt; außerhalb der Dörfer oder Kleinstädte zählen wir in vier Stunden fünfzehn Autos, Omnibusse und Lastwagen, dazu drei Pferdefuhrwerke und zwei Schlitten. Mehr als einmal sind wir froh, daß wir nicht bloß über Winterreifen, sondern über die Vierradautomatik verfügen, die sich beim Durchdrehen eines Rades unmerkbar einschaltet.

Aber wozu denn eilen? Beschaulichkeit ist jetzt geboten; wieder und wieder halten wir an, um uns umzusehen und Bild um Bild zu genießen. Die Landschaft bietet sich in makellosem Weiß, doch niemals einförmig dar. Die Wege führen hügelauf und bergab; Alleen, Baumgruppen und Waldränder schaffen Konturen, die Grautöne der Seen Kontraste. Eine vollkommene Stille umfängt uns, nur dann und wann von fernem Hundegebell oder dem Krächzen eines Krähenschwarms untermalt.

»Das also ist nun Ostpreußen im Winter«, stellt Alexander befriedigt und beinahe ehrfürchtig fest, als wir von einer Kuppe herab auf den Geserichsee hinausblicken. »Solch eine Stille habe ich noch nie gehört – und etwas Schöneres niemals gesehen.«

»Erinnerst du dich? Das hast du schon früher gesagt – damals, im masurischen Sommer.«

»Ja, natürlich. Und nichts nehme ich zurück. Aber lohnende Sommerbilder finde ich zur Not sogar anderswo. Jedes Touristikbüro bietet sie an. Doch diese Stille und Weite hier, die kann man nicht kaufen.« Und als habe er mich von der Winterreise nach Osten gar nicht erst abhalten wollen, fügt Alexander hinzu: »Wie kommt es, daß ganz wenige Leute jetzt *hierherfahren?«*

In der Stille und Weite des östlichen Winters.

Wieder einmal ist das eine so gute Frage, daß sie sich kaum beantworten läßt. Gibt es vielleicht eine Angst vor der Stille?

Saalfeld war niemals ein großer, doch einst ein bedeutender Ort, die oberländische Bezirkshauptstadt. In der herzoglichen Zeit gab es hier außerdem – neben Tilsit und Lyck – eine der weithin berühmten Fürstenschulen. Ganz in der Nähe, beim Gutsbesitzer Hülsen in Groß Arnsdorf, hat Immanuel Kant als Hauslehrer gearbeitet. Von der alten Bedeutung ist freilich kaum etwas geblieben, nicht einmal ein geöffnetes Restaurant. Aber nach den Erfahrungen in Karwen sind wir diesmal mit einer Thermosflasche und mit Broten ausgerüstet, die wir am Ufer des Ewingsees genießen.

Hinter Gerswalde/Jerzwald umschließt uns der Alt-Christburger Forst, eines der schönsten und abwechslungsreichsten Waldgebiete Ostpreußens. Gäbe es voraus keine Reifenspur, so könnte man meinen, daß wir seit langem die ersten sind, die es durchfahren. Die Einsamkeit schafft Phantasien: »*Ein Wolf, ein Wolf!*« ruft plötzlich Alexander und tritt so hart auf die Bremse, daß wir fast in den Graben geraten. Regungslos starrt das Tier uns an, und wir starren zurück. Leider handelt es sich bloß um einen Schäferhund, offenbar verwildert – jedenfalls läßt sich der zugehörige Mensch nirgendwo blicken. Im Abspringen wird indessen ein Halsband erkennbar. Bald darauf überquert eine Rotte Sauen die Straße und weckt das großstädtische Staunen.

Über Christburg/Dzierzgoń auf Marienburg/Malbork zu treten wir schließlich die Heimfahrt an. Zu spät beinahe: Der Himmel überzieht sich, Wind kommt auf, ein neues Schneetreiben setzt ein, und sehr schnell wird es dunkel. Die zwei Gesichter des Winters: Im Handumdrehen schrumpfen die bisher weiten Horizonte aufs Nächstliegende zusammen, und was eben noch freundlich erschien, wirkt nun finster und gefährlich. Als wir neben der alten Ordensburg die Nogatbrücke erreichen, blendet der Wirbel des Schnees im Scheinwerferlicht so stark, daß wir fast im Schrittempo fahren müssen und uns schließlich an die Rücklichter eines Lastzuges als die Wegweiser klammern.

»Bittet aber, daß eure Flucht nicht geschehe im Winter oder am Sabbat. Denn es wird alsdann eine große Trübsal sein, wie sie nicht gewesen ist von Anfang der Welt bisher und auch nicht wieder werden wird.«

Warum nur fallen mir diese Verse aus dem Matthäusevangelium gerade hier auf der Nogatbrücke von Marienburg wieder ein? Bilder des Schreckens und des Elends, lange vergessen oder verdrängt, steigen unversehens empor: die endlosen Kolonnen der Trecks, die vor 49 Jahren alle Straßen überfüllten. Mühselig und quälend langsam zogen sie dahin und gerieten oft ganz ins Stocken, hungernd, verfroren und todmüde die Menschen, ihre Heimat hinter sich und nichts als eine bleierne Ungewißheit vor sich, einzig von der Angst noch getrieben, daß die Ungetüme der Rache, die klirrenden Panzerkolosse, sie einholen würden. Zerbrochene Wagen, eine alte Standuhr am Wegesrand, krepiertes Vieh: Ich kann diese Bilder bezeugen; inmitten der Trecks bin ich als siebzehnjähriger Soldat nach Westen geritten, in den verlorenen Krieg hinein und beim pommerschen Pyritz aus dem Einsatz wieder fort, den die meisten von uns mit dem Leben bezahlten.

Sehr spät, aber wohlbehalten erreichen wir das kaschubische Schloß, von unserer Hausherrin besorgt und freudig empfangen. Kurz vor dem Ziel verzeichnet Alexander noch einen Triumph, denn am Wegesrand taucht ein verlassenes Auto auf, ein zweites, ein drittes.

»Die Oma Wendrigkeit hatte doch recht! Autos taugen nicht für den Winter – jedenfalls nicht mit polnisch abgefahrenen Sommerreifen und ohne den richtigen Antrieb.«

Leider bleibt das Wetter bei seinen Kapriolen. Bereits in der Nacht ist aus dem Schneetreiben ein Schneeregen geworden, der mehr und mehr seine wäßrige Seite hervorkehrt. Wir packen daher, sagen Frau Put Lebewohl und treten die Heimreise an. Zuerst türmen uns der Schnee und die Eisglätte noch reichlich Hindernisse entgegen; für die 94 Kilometer bis nach Stolp brauchen wir beinahe drei Stunden. Dann aber nimmt das Tempo zu; der Winter bleibt hinter uns zurück, und an der Oder empfängt uns trübseliger Nieselregen, wie vor Tagen auf der Hinfahrt.

Zu Hause fällt mir endlich ein, was auf der Nogatbrücke in Marienburg die Erinnerung weckte. Es ist eine Geschichte, die Marion Gräfin Dönhoff als Zeugin des Schreckens aufgeschrieben hat, und ich lese sie Alexander vor:

»Es war 3 Uhr morgens. Den genauen Tag weiß ich nicht mehr, denn jene Tage waren ein einziges großes Chaos, das sich der kalendarischen Ordnung entzog. Aber daß es 3 Uhr morgens war, weiß ich, weil ich aus irgendeinem, vielleicht einem dokumentarischen Bedürfnis oder auch nur aus Ratlosigkeit nach der Uhr sah.

Seit Tagen war ich in der großen Kolonne der Flüchtlinge, die sich von Ost nach West wälzte, mitgeritten. Hier in der Stadt Marienburg war der Strom offenbar umgeleitet worden, jedenfalls befand ich mich plötzlich vollkommen allein vor der großen Brücke. War dieser gigantische Auszug von Schlitten, Pferdewagen, Treckern, Fußgängern und Menschen mit Handwagen, der die ganze Breite der endlosen Chausseen Ostpreußens einnahm und der langsam, aber unaufhaltsam dahinquoll wie Lava im Tal, schon gespenstisch genug, so war die plötzliche Verlassenheit fast noch erschreckender.

Vor mir lag die lange Eisenbahnbrücke über die Nogat. Altmodische hohe Eisenverstrebungen, von einer einzigen im Winde schwankenden Hängelampe schwach erleuchtet und zu grotesken Schatten verzerrt. Einen Moment parierte ich mein Pferd, und ehe dessen Schritt auf dem klappernden Bretterbelag alle anderen Geräusche übertönte, hörte ich ein merkwürdig rhythmisches, kurzes Klopfen, so als ginge ein dreibeiniges Wesen schwer auf einen Stock gestützt ganz langsam über den hallenden Bretterboden. Zunächst konnte ich nicht recht ausmachen, um was es sich handelte, aber sehr bald sah ich drei Gestalten in Uniform vor mir, die sich langsam und schweigend über die Brücke schleppten: Einer ging an Krücken, einer am Stock, der dritte hatte einen großen Verband um den Kopf, und der linke Ärmel seines Mantels hing schlaff herunter.

Man habe es allen Insassen des Lazaretts freigestellt, sich aus eigener Kraft zu retten, sagten sie, aber von etwa tausend Verwundeten hätten nur sie drei diese ›Kraft‹ aufgebracht, alle anderen seien nach tagelangen Transporten in ungeheizten Zügen ohne Essen und ärztliche Versorgung viel zu kaputt und apathisch, um diesem verzweifelten Rat zu folgen. Rat? Eigene Kraft? Die russischen Panzer waren höchstens noch 30 Kilometer . . . von uns entfernt; diese Drei aber waren nicht imstande, mehr als zwei Kilometer in der Stunde zurückzulegen. Überdies herrschten 20 bis 25 Grad Kälte – wie lange also würde es dauern, bis der Frost sich in die frischen Wunden hineinfraß?

Für mich war dies das Ende Ostpreußens: drei todkranke Soldaten, die sich über die Nogat-Brücke nach Westpreußen hineinschleppten. Und eine Reiterin, deren Vorfahren vor 700 Jahren von West nach Ost in die große Wildnis jenseits dieses Flusses gezogen waren und die nun wieder nach Westen zurückritt – 700 Jahre Geschichte ausgelöscht.«*

»Nein, nein!« sagt der Neunzehnjährige, beinahe aufgebracht. »Natürlich, ich kann verstehen, daß es für euch damals so aussah. Aber die Geschichte hört nicht auf, es gibt Ostpreußen noch, das können wir jetzt bezeugen. Wir sind ihm begegnet.«

Nach einer Pause des Nachdenkens fügt er hinzu: »Und wir werden wieder hinfahren, nicht wahr?«

Die verzauberte Zeit

Ein Nachwort

1985 erschien mein Buch »Die Reise nach Pommern«. Die »Fahrten durch die Mark Brandenburg« folgten 1991. Und jetzt die Begegnung mit Ostpreußen: Warum immer wieder diese Beschäftigung mit Landschaften und Menschen, mit Geschichten und der Geschichte im Osten? werde ich gefragt. Darauf gibt es mehrere, womöglich viele Antworten, und mindestens vier fallen mir sogleich ein.

Die erste heißt schlicht, daß ich jenseits der Oder in Hinterpommern geboren wurde. Südlich des Lebasees bin ich aufgewachsen; in Rumbske, Rowen und Zedlin, in Klenzin und in Glowitz kenne ich mich aus, wie in Stolp und Stolpmünde. Da ist Heimat; die Gerüche und Geräusche, die Bilder der Kindheit, das frühe Glück und die ersten Schrecken prägten sich tiefer ein als fast alles, was später kam. Sie bleiben bis ins Alter oder kehren stärker denn je mit ihm wieder zurück. Davon kann ich erzählen, und ich tue es, weil mein Herz daran hängt.

Aber auf einmal, 1945, war das alles weit fort und der Zerstörung preisgegeben. Ich habe nicht zugeschaut, als man das Haus anzündete, in dem ich meine Kindheit verbrachte, aber noch heute schlagen die Flammen in meinen Traum. Wie mir erging es Millionen von Menschen. Sie flohen vor der Rache der Roten Armee, oder sie wurden vertrieben; eine Welt versank, die es gestern und ganz selbstverständlich noch gab. Kann man sie retten? Ja, doch nur auf eine einzige Weise: Das Erinnern muß sie beschwören. Es trägt allerdings nicht weiter als das eigene Leben; zur Dauer kann es nur mit seiner Verdichtung beitragen, im geschriebenen Wort. So komme ich zu meiner zweiten Antwort. Ich gönne der Zerstörung ihren Triumph nicht; ich möchte dazu beitragen, daß bewahrt wird, was einmal war.

Die dritte Antwort führt in die Geschichte und wendet sich von ihr in die Zukunft. Entsetzliches haben die Völker einander angetan, erst die Deutschen den Polen und Russen und dann diese den Deutschen. Die Frage ist, wie eine Wiederkehr des Unheils verhindert und Versöhnung gestiftet werden kann. Meine Erfahrung sagt, daß einzig die Wahrheit uns hilft, selbst wenn sie schmerzt. Um nur zwei Beispiele anzudeuten: Wir müssen wissen, daß Auschwitz gegründet wurde, um die polnische Oberschicht auszurotten; die Vernichtung der Juden kam erst später hinzu. Und wir dürfen nicht verschweigen, was in Balga geschah. Doch die Wahrheit befreit aus der Erstarrung zur Zukunft. Auch dies habe ich erfahren, denn so ist mein Buch »Die Stunde der Frauen« (1988), das von den Greueln der Sieger und von der Vertreibung berichtet, verstanden worden, hüben wie drüben; die erste Übersetzung ist in Polen erschienen. Und vielleicht hilft uns die Geschichte noch in einem weiteren Sinne zu einer besseren Zukunft, vielleicht sogar dazu, dem Wahn zu entkommen. Sie erzählt ja nicht nur vom Schrecken, sondern ebenso davon, daß die Menschen und die Völker Jahrhunderte hindurch ohne die Angst und den Haß miteinander gelebt haben. Nicht zuletzt erinnert sie uns an das Friedensvermächtnis der großen Ostpreußen Immanuel Kant und Johann Gottfried Herder.

Manche befremdet es freilich, daß ich mich im Osten weit stärker engagiere als in Vietnam, Nicaragua, in Bosnien oder bei Arabern, Israelis und Türken. Aber von meinem Verdacht einmal abgesehen, daß das Eintreten für alles womöglich auf ein Nichts hinausläuft, kann ich nur wiederholen: Im Osten war ich zu Hause, wie meine Familie, soweit die Überlieferung reicht. Dort kenne ich mich aus, da bin ich sehr persönlich beteiligt und fühle mich mehr als anderswo verantwortlich für das, was geschieht oder unterbleibt.

Meine vierte Antwort redet von der *verzauberten Zeit.* Was damit gemeint ist, wird hoffentlich verstehen, wer dieses Buch gelesen hat, wenn ich eine etwas ausholende Erklärung noch hinzufüge.

Wir leben in einer zur Zukunft gerichteten, aber alles Vergangene zerstörenden und bereits die Gegenwart angreifenden Zeit – wie der große Franzose Alexis de Tocqueville schon vor anderthalb Jahrhunderten gesagt hat: »Mitten in einem reißenden Strom stehend, heften wir die Augen hartnäckig auf ein paar Trümmer, die man noch am Ufer wahrnimmt, während die Strömung uns mit sich führt und rücklings in den Abgrund treibt.«* Es liegt nahe, von der *technischen* Zeit zu reden, denn Technik im weitesten Sinne ist das Mittel einer Weltbemächtigung, zu der die Zerstörung gehört. Man muß gar nicht erst vor Atombomben schaudern; man denke daran, wie unabsehbar und unwiderruflich Eisenbahn und Auto, Telefon und Computer, Fernsehen und Waschautomat unser Leben verändert haben. Und jedes neue Werkzeug, jede verbesserte Maschine macht zu Schrott, was wir gerade noch benutzten. Die Müllberge sind ein Symbol der technischen Zeit – wie die Museen, deren Epoche nicht zufällig im 19. Jahrhundert beginnt: Weil alles entschwindet, müssen wir künstlich bewahren, was unseren Großeltern vertraut war. Längst hat im übrigen das technische Zeitalter die Natur einbezogen; neben Müllbergen und Museen gehören zu seinen Zeichen die zoologischen Gärten, die Tierreservate und Naturschutzparks, die wir mit Eifer einrichten und besuchen.

Es gab einmal eine andere, die *kreatürliche* Zeit. Von ihr spricht die Bibel: »Solange die Erde steht, soll nicht aufhören Saat und Ernte, Frost und Hitze, Sommer und Winter, Tag und Nacht.« Die Verheißung galt der Dauer und der Wiederkehr. Das wußten die Menschen, darauf durften sie vertrauen, so arm und bedroht sie sonst waren. Die Grundbedingungen ihres Lebens änderten sich nicht oder nur unmerkbar langsam. Darum war die Erfahrung wichtig und mit ihr das Alter, wie heute die Jugend, der die Zukunft gehört.

Bis tief in die Neuzeit hinein war diese kreatürliche Zeit für die große Mehrheit der Menschen die allein und selbstverständlich gültige. Alles wies auf sie hin, die Arbeit im Rhythmus der Tages- und Jahreszeiten ebenso wie die Dinge, mit denen man umging. Weil sie nicht veralteten, waren sie für die Dauer gemacht. Aber auch eine neue Sense glich der alten, und der Enkel führte sie mit keinem anderen Schwung als der Großvater. Erst recht sprachen vom immerwährenden Kreislauf des Lebens die Feste, ob nun Kindstaufen, Hochzeiten, Begräbnisfeiern oder die Erntefeste.*

Doch was hat das mit dem Osten zu tun? Sehr viel, meine ich. Je weiter wir dorthin fahren, über Brandenburg oder Mecklenburg und Vorpommern bis nach Hinterpommern und Ostpreußen, desto deutlicher begegnen wir einem anderen Rhythmus des Lebens, als wir ihn im Westen gewohnt sind. Am Beispiel Masurens war von der »Erfindung der Langsamkeit« die Rede; *Verteidigung* der Langsamkeit wäre allerdings der genauere Ausdruck, denn »Erfindung« ist schon wieder ein Begriff des technischen Zeitalters.

Oder sollte man von einer Charakterprägung reden, der sich niemand entziehen kann, der im Osten zu Hause ist, gleich welcher Konfession oder Nation er zugehört? Wovon sprechen denn die weiten Landschaften und die großen Himmelsgewölbe über ihnen, wovon die Seen und die Wälder, wenn nicht von der Dauer und der Wiederkehr? Wozu sind die kernfesten Winter gemacht, wenn nicht dazu, das Stillhalten zu lernen? Selbst die Flüsse, ob nun Oder, Weichsel, Pregel oder Krutinna, haben es weit weniger eilig als der geschäftige Rhein. Sie laden zur geruhsamen Fahrt oder zum Verträumen der Zeit an ihren Ufern ein; ihre Melancholie stellt sich schweigsamer dar als das Versinken im wilden Weh vor den Klippen der Lorelei, das zum Chorgesang fordert. So könnte man vieles noch nennen; wir freuen uns an den alten Alleen, weil sie zum gemächlich genießenden Dahinrollen, zum Schauen und Anhalten statt zum Rasen verführen; die Wiederkehr der Störche entzückt uns; sogar aus den Ruinen der Dome und Schlösser weht dunkel das Erinnern, nicht die zur Eile mahnende Zukunft uns an.

Um es in einem Satz zu sagen: Die Faszination des Ostens gründet in der zur Ruhe und Stille verzauberten Zeit, die uns nicht mehr eigen ist und die uns eben darum in der Tiefe berührt.

Denn insgeheim wissen wir gut oder verdrossen genug, daß die technische Zeit uns ärmer gemacht hat, auch wenn sie den Wohlstand vermehrte. Warum sonst wären wir zu Weltmeistern des Verreisens geworden? Bloß raus hier! scheint alljährlich bei Ferienbeginn die Parole zu sein, koste es was es wolle im Pferch der Flugzeuge oder in endlosen Autobahnstaus. Der Drang in den Süden wird vorbewußt bestimmt durch den Traum vom Glück in einer anders bestimmten Zeit. Doch die Ferienziele sind längst zum schnellen Gebrauch vermarktet, und was wir erleben, bleibt im Banne einer knapp bemessenen, also der technischen Zeit. Bestenfalls können wir nach der Heimkehr sagen, daß der Urlaub sich mit »Erlebnissen« und mit gebräunter Haut bezahlt gemacht hat.

Die Reise in den Osten kann da wenig bieten, nur die Herausforderung zum Verweilen. Wer allerdings die Herausforderung annähme – übrigens weit entfernt von Romantik oder Nostalgie, weil es sich um eine Formation der Wirklichkeit handelt –, wer darauf im Ernst sich einließe, der könnte eine andere Art von Reichtum als die gewohnte gewinnen. Denn er würde empfinden, was es mit der verzauberten Zeit auf sich hat. Und womöglich würde er lieben lernen, was ihm begegnet.

Anmerkungen

Annäherung an Ostpreußen – Zwei Geschichten vorweg

15 Dr. F. Lorentz, Geschichte der Kaschuben, Berlin 1926, S. 131.

Gott in Masuren

18 Arno Surminski, Die Reise nach Nikolaiken und andere Erzählungen, Hamburg 1991, S. 35 f.
18 Die Seen in Masuren – Ein Reiseführer von Dr. Max Simoneit, 2. Auflage Lötzen 1927, Nachdruck in der 2. Auflage Leer 1989, S. 9.
19 Treuburg hieß früher Marggrabowa und wurde 1928 umbenannt – »zum Dank für die Deutschland erwiesene Treue«. Denn bei der Volksabstimmung von 1920 gab es in der Stadt keine einzige, im Kreisgebiet nur zwei Stimmen für Polen. Hier keimte bereits jene Seuche des Umtaufens, der dann in den dreißiger Jahren schöne alte Namen massenhaft zum Opfer fielen.
19 Hans Graf von der Groeben, in: Adelheid Gräfin Eulenburg/ Hans Engels, Ostpreußische Gutshäuser in Polen – Gegenwart und Erinnerung, München 1992, S. 122.
20 Karl Marx, Die Deutsche Ideologie, in: Die Frühschriften, herausgegeben von Siegfried Landshut, Stuttgart 1953, S. 361.
20 Ritt durch Masuren, in: Namen die keiner mehr nennt. Ostpreußen – Menschen und Geschichte, Taschenbuchausgabe 15. Auflage München 1984, S. 47.
20 A. a. O., S. 39.
21 Hermann Schmidt unter Mitarbeit von Georg Blohm, Die Landwirtschaft von Ostpreußen und Pommern 1914/18 bis 1939, Marburg/Lahn 1978, S. 106.
22 Dönhoff, a. a. O., S. 39.
28 Die tatsächlichen Bevölkerungsverluste lagen also noch beträchtlich über der Zahl der Pestopfer.

28 Hier ist nicht das eigentliche Litauen jenseits der Memel gemeint, sondern das östliche Ostpreußen, für das sich lange die Bezeichnung »Preußisch Litauen« eingebürgert hatte.

28 Wolfgang Ignée, Masurische Momente – Reiseskizzen aus Ostpreußen. Ein Tagebuch, Frankfurt am Main 1986, S. 117 f.

30 Die Seen in Masuren, a. a. O., S. 40 f.

31 A. a. O., S. 30 f.

32 A. a. O., S. 31.

33 Ritt durch Masuren, a. a. O., S. 44 f.

34 Jerzy Szynkowski, Das Land der Großen Masurischen Seen, herausgegeben von Mariola Malerek, Dülmen 1992, S. 28.

36 Zu unterscheiden sind die Kleine Maräne, Coregonus albula, um die es hier geht und die nord- und osteuropäische Seen bewohnt, aber auch die Ostsee durchwandert, und die Große Maräne, Coregonus πnasus, die als Tiefenfisch in großen und kalten Seen von den Alpen bis Sibirien anzutreffen ist. Die Kleine Maräne wird bis 35, die Große Maräne bis 80 Zentimeter lang.

37 Gerd Hardenberg, Reiseführer Ostpreußen, Westpreußen und Danzig, 8. Auflage Leer 1992, S. 205.

37 Jerzy Szynkowski, a. a. O., S. 80 ff.

37 Die Seen in Masuren, a. a. O., S. 35.

39 Dietrich Weldt, Ostpreußen, Leer 1990, S. 35.

43 Zitiert nach Gerd Hardenberg, a. a. O., S. 196.

45 Ortsnamenverzeichnis der Ortschaften jenseits von Oder und Neiße, bearbeitet von M. Kaemmerer, 3. erweiterte Auflage Leer 1988. – Zur Reise sei jedem, der neben der polnischen keine gleichwertige deutsche Straßenkarte zur Hand hat, dieses Ortsnamenverzeichnis dringend empfohlen.

51 Szynkowski, a. a. O., S. 109 f.; sprachlich überarbeitete Fassung.

53 Ritt durch Masuren, a. a. O., S. 45 ff.

54 Es gibt außerdem Pensionen unterschiedlichen, zunehmend auch gehobenen Standards; junge Leute mit schmalem Geldbeutel seien auf das Gästehaus der evangelischen Kirche (Telefon 16-293) hingewiesen. Hier kosten Übernachtung und Frühstück je nach Ausstattung der Räume 25 bis 35 DM; ein warmes Abendessen wird für 10 DM serviert (Stand 1993).

65 Erinnerungen eines alten Ostpreußen, Berlin 1989, S. 152 ff.

66 Namen die keiner mehr nennt. Ostpreußen – Menschen und Geschichte, Taschenbuchausgabe, 15. Auflage München 1984, S. 66.

67 A. a. O., S. 64 f.

67 A. a. O., S. 70.

75 Dietrich Weldt, Ostpreußen, Leer 1990, S. 47.
75 Sebastian Haffner, Preußen ohne Legende, Hamburg 1978, S. 44.
75 Zitiert nach Wolfgang Ignée, Masurische Momente – Reiseskizzen aus West- und Ostpreußen. Ein Tagebuch, Frankfurt am Main 1986, S. 35. – Eine knappe, aber eindringliche Darstellung der mit den Zeitaltern wechselnden Perspektiven aus deutscher und aus polnischer Sicht findet man bei Hartmut Boockmann: Die Quellen und die Geschichte ihrer Erforschung – die Historie von Geschichtswissenschaft und die Geschichte historischer Vorstellungen, in: Deutsche Geschichte im Osten Europas – Ostpreußen und Westpreußen, Berlin 1992, S. 21–74. – Aus den Arbeiten Boockmanns sei noch besonders genannt: Der Deutsche Orden – Zwölf Kapitel aus seiner Geschichte, 4. Auflage München 1994.
76 Geschichte Preussens von den ältesten Zeiten bis zum Untergange der Herrschaft des deutschen Ordens, 9 Bände, Königsberg 1827–1839. Hier: Band 5, 1832, S. 394.
78 »Burg des Deutschen Ordens« heißt die Bildunterschrift in der Brockhaus Enzyklopädie von 1969.
80 Siehe dazu Fritz Gause, Königsberg in Preußen – Die Geschichte einer europäischen Stadt, Leer 1987, S. 31 f.
80 Fritz Gause, a. a. O., S. 23. – Der Ausdruck »Firmarie« ist uns nicht mehr geläufig. In negativer Wendung findet man den Begriff noch im Französischen: Die »infirmerie« ist ein Krankensaal oder das Siechenhaus. »Firmarie« wendet den Sachverhalt ins Positive: Die alten Menschen sollen fest – firm – *bewahrt* werden.
81 Die Einwanderung der Schweizer schildert als ein Nachkomme anschaulich Wolfgang Ignée, a. a. O.
86 Agnes Miegel, Deutsche Balladen, Jena 1935, 61.–70. Tausend 1941, S. 53 ff.
86 »Das graue Heer«, in: Die Volkssagen Ostpreußens, herausgegeben von Erich Pohl, Königsberg 1943.
87 Zitiert nach: Adelheid Gräfin Eulenburg/Hans Engels, Ostpreußische Gutshäuser in Polen – Gegenwart und Erinnerung, München 1992, S. 101.
89 Michael Welder/Rudolf Meitsch, Reise nach Masuren – Spurensuche in Ostpreußen, Westpreußen und Danzig, Leer 1987, S. 12.
91 Erich Ludendorff, Meine Kriegserinnerungen 1914–1918, Berlin 1919, S. 44. – Um die Urheberschaft der Namensgebung für die Schlacht hat es einen regelrechten Wettstreit gegeben. Auch Luden-

dorffs Erster Generalstabsoffizier, Max Hoffmann, hat sie später für sich in Anspruch genommen.

92 Gegen die früher oft geäußerte Meinung, daß der Orden durch diese Kriegsentschädigung ruiniert worden sei, wendet sich Hartmut Boockmann, a. a. O., S. 185.

93 Boockmann, a. a. O., S. 213.

93 Siehe dazu am Beispiel der in Deutschland meistgebauten Denkmäler: Dirk Reinartz/Christian Graf von Krockow, Bismarck – Vom Verrat der Denkmäler, Göttingen 1991.

95 Boockmann, a. a. O., S. 204.

97 Vorlesungen über die Philosophie der Geschichte, Vierter Teil, Dritter Abschnitt, Drittes Kapitel: Die Aufklärung und die Revolution.

97 Die Leser meiner »Reise nach Pommern« bitte ich um Nachsicht, wenn ich hier wiederhole, was ich dort schon skizziert habe. Aber es handelt sich um eine exemplarische Geschichte, und genau- genommen gehört sie ohnehin nicht nach Pommern, sondern mit ihrer Schilderung intensiver Beziehungen zur polnischen Krone nach (West)-Preußen. – Die folgenden Zitate nach der »Geschichte der gräflich Krockow'schen Familie«, 1912 von Prof. Schulz in Danzig herausgegeben. Zu den Dokumenten, die sich heute im Danziger Staatsarchiv befinden, gehört die Begräbnisrede von 1599. Sie muß den Zuhörern eine ungeheure Geduld abverlangt haben, denn sie umfaßt 68 Seiten.

102 Das Diensttagebuch des deutschen Generalgouverneurs in Polen 1939–1945, herausgegeben von Werner Präg und Wolfgang Jacobsen; Veröffentlichungen des Instituts für Zeitgeschichte, Quellen und Darlegungen zur Zeitgeschichte Band 20, Stuttgart 1975, S. 212; Eintragung vom 30. Mai 1940.

102 A. a. O., S. 338 f.; Eintragung vom 26. März 1941.

103 Gerd Hardenberg, Reiseführer Ostpreußen, Westpreußen und Danzig, 8. Auflage Leer 1992, S. 172.

105 Jerzy Szynkowski, Reiseführer Wolfsschanze, Leer 1990, S. 59. – Als weitere Literatur sei vor allem genannt: Peter Hoffmann, Die Sicherheit des Diktators – Hitlers Leibwachen, Schutzmaßnahmen, Residenzen, Hauptquartiere, München 1975. Siehe ferner: Das Führerhauptquartier 1939–1945, herausgegeben von Gerhard Buck, 3. Auflage Berg bei Starnberg 1973; Nikolaus von Below, Als Hitlers Adjutant 1937–1945, Mainz 1980; Walter Warlimont, Im Hauptquartier der deutschen Wehrmacht 1939–1945. Grundlagen, Formen, Gestalten, Frankfurt am Main 1962.

107 Zitiert nach Wolfgang Ignée, a. a. O., S. 101 f.

107 Peter Hoffmann, Die Sicherheit des Diktators, a. a. O., S. 228.
108 Albert Speer, Erinnerungen, Berlin 1970, S. 400.
108 A. a. O., S. 313.

Die Reise nach Königsberg

119 Autor des Reiseführers von 1910 war W. Sahm, Herausgeber der Verein zur Hebung des Fremdenverkehrs in Ostpreußen. Nachdruck Leer 1988, S. 11. – Der »Führer durch Königsberg und Umgebung«, im Auftrage des Städtischen Verkehrsamtes bearbeitet von Ed. Anderson, erschien 1938 in der 8., erweiterten und ergänzten Auflage. Nachdruck in: Königsberg, Reprint von 1927, 1938 und 1942, Leer 1990; Zitat S. 110.
120 Fritz Gause, Königsberg in Preußen – Die Geschichte einer europäischen Stadt, Leer 1987, S. 9 f. – Zur weiteren Literatur seien genannt: Richard Armstedt, Geschichte der Königlichen Haupt- und Residenzstadt Königsberg in Preußen, Stuttgart 1899; Adolf Boetticher, Die Bau- und Kunstdenkmäler in Königsberg, Königsberg 1897; Traugott Ehrhardt: Die Geschichte der Festung Königsberg/Pr. 1257–1945, Würzburg und Frankfurt am Main 1960; Karl Faber, Die Haupt- und Residenz-Stadt Königsberg in Preußen – Das Merkwürdigste aus der Geschichte, Königsberg 1840; A. R. Gebser und E. A. Hagen, Der Dom zu Königsberg in Preußen – Eine kirchen- und kunstgeschichtliche Schilderung, Königsberg 1835; Gerhard von Glinski und Peter Wörster, Königsberg – Die ostpreußische Hauptstadt in Geschichte und Gegenwart, Berlin und Bonn 1990; Brigitta Kluge, Königsberg in alten und neuen Reisebeschreibungen, Düsseldorf 1989; Herbert Meinhard Mühlpfordt, Königsberger Skulpturen und ihre Meister 1255–1945, Würzburg 1970; Rudolf Sieber und Peter Wörster, Die Entwicklung der Stadt Königsberg/Pr. nach 1945 – Deutsch-russisches und russisch-deutsches Straßenverzeichnis, 2. Auflage Marburg an der Lahn 1991; Hans-Georg Tautorat, Königsberg in Preußen, Hamburg 1987.
120 Irvingianer: eine (falsche) Bezeichnung für katholisch-apostolische Gemeinden.
120 Vom Alltagsleben der Juden vor ihrer Vertreibung oder Vernichtung erzählt anschaulich: Max Fürst, Gefilte Fisch – Eine Jugend in Königsberg, Taschenbuchausgabe München 1993.
120 Zum Kantzitat siehe im Zusammenhang unten, S. 165.
121 A. a. O., S. 101 f.
122 Gause, a. a. O., S. 129.
122 Gause, S. 130.

123 A. a. O., S. 24. – Natürlich gab es bei einer Aktiengesellschaft nicht »Beamte«, sondern Angestellte. Es charakterisiert aber die Zeit, daß man wie ein Beamter *gelten* wollte. Daher sprach man in der Wirtschaft von »Privatbeamten«; ebenso wurden in landwirtschaftlichen Großbetrieben die Inspektoren, Förster und Rentmeister meist unter dem Begriff »Beamte« zusammengefaßt; oft geschah das bis 1945.

125 Fremdenführer durch Königsberg in Preußen, von Regimontanus, Königsberg i. Pr. 1927; Neuabdruck: Königsberg, Reprint von 1927, 1938 und 1942, Leer 1990, S. 28 ff.

126 Gause, S. 159.

127 Iwanow wurde hier zitiert nach: Henning Sietz, Königsberg Kaliningrad – Ein illustriertes Reisehandbuch, Bremen 1992, S. 91. – Ursprünglich stand Friedrich Schiller vor dem Stadttheater und ist dann (noch in der deutschen Zeit) zum Neuen Schauspielhaus versetzt worden.

127 A. a. O., S. 92.

127 Cauer, 1867–1943, entstammte einer Kreuznacher Bildhauerfamilie und war seit 1907 Professor der Königsberger Kunstakademie.

127 Außerhalb Preußens blieb der Deutsche Orden als katholische Institution erhalten. Die Residenz der Hochmeister befand sich für fast drei Jahrhunderte in Mergentheim; 1809 wurde sie nach Wien verlegt.

128 Hoffmann wurde 1776 in Königsberg geboren und studierte dort; Eichendorff hat als preußischer Regierungsrat von Königsberg aus sieben Jahre lang die katholischen Schulen Ostpreußens beaufsichtigt.

131 Mit Empörung zählt ein Reiseführer aus Litauen die Fehler auf, die gemacht wurden: Mikkel Klosse (Klussis)/Brudergemeinschaft »Prusa«, Königsberg heute – Straßennamen im Wandel, Sehenswürdigkeiten, Daten, Vilnius 1991, S. 33.

132 Mikkel Klosse, a. a. O., S. 34 ff.

135 August Gaul, 1869–1921, war der bekannteste Tierplastiker seiner Zeit.

135 Fremdenführer durch Königsberg in Preußen, von Regimontanus, Nachdruck in: Königsberg, Reprint von 1927, 1938 und 1942, Leer 1990; Zitat S. 48.

136 Fritz Gause, a. a. O., S. 221.

142 Als Darstellung des militärischen Ablaufs 1945 sei genannt: Kurt Dieckert und Horst Grossmann, Der Kampf um Ostpreußen – Ein authentischer Dokumentarbericht, München 1960.

143 Von Kaliningrad nach Königsberg – Auf der Suche nach verschollenen Schätzen, Leer 1991, S. 319.

143 Georg Weber, Lehrbuch der Weltgeschichte, Band II, 14. Auflage Leipzig 1870, S. 476.

143 Pjotr Iwanowitsch Bagration, 1765 geboren, kämpfte schon 1799 unter Suworow gegen Napoleon. 1809/10 war er Befehlshaber im Türkenkrieg; 1812 führte er die 2. russische Westarmee. Er starb am 12. 9. 1812 an den Folgen seiner Verwundung bei Borodino – wie in Tolstois »Krieg und Frieden« Fürst André Bolkonski.

145 Samland – Ein Führer für Wanderer, 9. Auflage von Dr. R. Brückmann, Königsberg 1926, Nachdruck Leer 1989, S. 13.

145 A. a. O., S. 14.

146 A. a. O., S. 58 ff.

147 Max Fürst, a. a. O., S. 138 f.

147 Fürst, S. 138.

147 Reiseführer Samland, a. a. O., S. 32 ff.

148 Für manche Angaben zu Rominten bin ich Herrn Pfeiffer verpflichtet; siehe zu ihm oben, S. 113.

149 Das Kaliningrader Gebiet – Topographische Karte für Touristen, Fischer und Jäger (1 Übersichtskarte, 27 Detailkarten), Baltica Verlag, Marxen-Auetal 1993.

151 Arndt-Buchdienst/Europa-Buchhandlung, Kiel. Munier preist dann sein gerade geschriebenes Buch »Das letzte Dorf – Bei den Rußlanddeutschen in Ostpreußen« an: »Bitte lesen Sie dieses Buch und helfen Sie es zu verbreiten, damit viele deutsche Menschen die Wahrheit erfahren und an diesem gewaltigen Werk mitarbeiten.«

151 Schon das Rundschreiben selbst wirkt sehr widersprüchlich. Unbestritten ist bisher Trakehnen das Zentrum der Zuwanderung, und es wird zentral genannt. Die Zahl der deutschen Familien, heißt es, sei dort von zwölf auf über vierzig gestiegen. Außerdem wird noch eine Ansiedlung von sieben Familien auf der Halbinsel Gilge am Kurischen Haff erwähnt. Wo aber sind die Zehntausende abgeblieben?

152 Der »Weikersheimer Kreis« des ehemaligen Ministerpräsidenten Hans Filbinger hat auf seinem Kongreß vom Mai 1992 eine Resolution für das nördliche Ostpreußen »Königsberg 2000« verabschiedet, die praktisch zunächst auf ein deutsch-russisches Kondominium hinausläuft. »Deutsche und Russen müssen sich jetzt die Verantwortung teilen«, heißt auch die Schlagzeile des beigefügten Pressegesprächs (aus »Junge Freiheit«, Juni 1992). – Im Chor des Ärgers über eine Bundesregierung, die untätig bleibt, statt eine offenbar vorhandene Chance zu ergreifen, gehört »Das Ostpreußenblatt« zu den wichtigsten Stimmen.

152 Das Ostpreußenblatt vom 28. August 1993, S. 1.

153 Siehe Henning Sietz, a. a. O., S. 93.

154 Sietz, S. 42.
154 Der Schriftsteller G. V. Metelski, zitiert nach Sietz, S. 38.
155 Sietz, S. 78 f., als Nachdruck aus »Kontinent« (Bonn) Nr. 50.
155 Sietz, S. 93.
155 Siehe dazu: Wilfried Böhm/Ansgar Graw, Königsberg morgen – Luxemburg an der Ostsee, Asendorf 1993.

Aufklärung aus Königsberg

161 Christian Daniel Rauch, 1777–1857, rückte, vom Königspaar gefördert, vom Kammerdiener zum bedeutendsten Bildhauer des deutschen Klassizismus nach Schadow auf. Das Kantdenkmal war sein letztes Werk. Es wurde 1857 gegossen, aber erst 1864 aufgestellt, weil niemand das Geld für den Sockel aufbringen mochte. Von seinem ursprünglichen Platz hinter Kants ehemaligem Wohnhaus wurde das Denkmal zwanzig Jahre später an den Paradeplatz verlegt. Auf dem leeren Sockel befand sich bis vor kurzem eine Thälmann-Büste.
161 Fremdenführer durch Königsberg in Preußen, von Regimontanus, Königsberg 1927; Nachdruck Leer 1990, S. 53.
162 Wegweiser durch Königsberg i. Pr. und Umgebung, von W. Sahm, herausgegeben vom Verein zur Hebung des Fremdenverkehrs in Ostpreußen, 2. verbesserte Auflage Königsberg 1910; Nachdruck Leer 1988, S. 113.
164 General Otto Lasch hat später selbst einen Bericht geschrieben: So fiel Königsberg – Kampf und Untergang von Ostpreußens Hauptstadt, 2. Auflage München 1959.
165 Reinhold Bernhard Jachmann, Immanuel Kant geschildert in Briefen an einen Freund, zuerst 1804, in: Immanuel Kant, sein Leben in Darstellungen von Zeitgenossen – Die Biographien von L. E. Borowski, R. B. Jachmann und E. A. Ch. Wasianski, herausgegeben von Felix Gross, Ausgabe Darmstadt 1993, S. 113.
165 Anthropologie, in pragmatischer Hinsicht abgefaßt (1798). – Hier eine Übersicht über Kants bedeutendste Schriften:
Gedanken von der wahren Schätzung der lebendigen Kräfte und Beurteilung der Beweise, deren sich Herr von Leibniz und andere Mechaniker in dieser Streitsache bedient haben, nebst einigen vorhergehenden Betrachtungen, welche die Kraft der Körper überhaupt betreffen (1746);
Allgemeine Naturgeschichte und Theorie des Himmels (1755);
Der einzig mögliche Beweisgrund zu einer Demonstration des Daseins Gottes (1763);
Beobachtungen über das Gefühl des Schönen und Erhabenen (1764);

Träume eines Geistersehers, erläutert durch Träume der Metaphysik (1766);
Kritik der reinen Vernunft (1781);
Prolegomena zu einer jeden künftigen Metaphysik, die als Wissenschaft wird auftreten können (1783);
Idee zu einer allgemeinen Geschichte in weltbürgerlicher Absicht (1784);
Beantwortung der Frage: Was ist Aufklärung? (1784);
Grundlegung zur Metaphysik der Sitten (1785);
Metaphysische Anfangsgründe der Naturwissenschaft (1786);
Kritik der praktischen Vernunft (1788);
Kritik der Urteilskraft (1790);
Über den Gemeinspruch: Das mag in der Theorie richtig sein, taugt aber nicht für die Praxis (1793);
Das Ende aller Dinge (1794);
Zum ewigen Frieden (1795);
Die Metaphysik der Sitten (1797);
Der Streit der Fakultäten (1798);
Anthropologie, in pragmatischer Hinsicht abgefaßt (1798).

166 Fritz Gause, Königsberg in Preußen – Die Geschichte einer europäischen Stadt, Leer 1987, S. 127 f.

168 Es gibt die Aufklärungsschrift in verschiedenen Ausgaben. Als Beispiel sei hier genannt: Immanuel Kant, Politische Schriften, herausgegeben von Otto Heinrich von der Gablentz, Köln und Opladen 1965, S. 1 ff.

171 Jachmann, a. a. O., S. 126.

172 Jachmann, S. 125.

172 Idee zu einer allgemeinen Geschichte in weltbürgerlicher Absicht, Sechster Satz.

173 Siehe Anmerkung zu Seite 165. – Die Biographien wurden auf Anregung des Königsberger Verlegers Friedrich Nicolovius geschrieben. Die drei ehemaligen Schüler Kants waren: Ludwig Ernst Borowski, 1740–1831, Theologe und seit 1815 Bischof, seit 1829 der in Preußen einzige evangelische Erzbischof; Reinhold Bernhard Jachmann, 1767–1843, Theologe und Lehrer, seit 1814 Regierungs- und Schulrat in Gumbinnen, seit 1832 Geheimrat und Provinzialschulrat in Königsberg und Thorn; Ehregott Andreas Christoph Wasianski, 1755–1831, Theologe und seit 1808 Pfarrer der Tragheimer Kirche zu Königsberg. An Borowski erinnerte bis zur Zerstörung Königsbergs ein Denkmal neben der Neu-Roßgärter Kirche, an Wasianski ein Bild in der Tragheimer Kirche. – Die Biographien ergänzen sich insofern, als Borowski den jüngeren Kant und Jachmann den Professor erlebt hat, den Wasianski dann im Alter betreute. Besonders Wasianskis Schilderung der letzten Lebensjahre wurde literarisch bekannt, sogar international; auf sie stützen sich alle Untersuchungen und Spekulationen über Kants Senilität.

Aus den späteren Darstellungen seien die von Karl Vorländer hervorgehoben: »Kants Leben« (1911) und »Immanuel Kant, der Mann und sein Werk« (1924). Eine Einführung bietet: Immanuel Kant, mit Selbstzeugnissen und Bilddokumenten dargestellt von Uwe Schultz, 20. Auflage Reinbek 1992.

174 Jachmann, S. 162 f.

175 Jachmann, S. 171.

176 Wasianski, a. a. O., S. 203 f.

176 Der Kriminalrat und Bürgermeister von Hippel, 1741–1796, schrieb zugleich Romane, Satiren und Theaterstücke. Sein Buch »Über die bürgerliche Verbesserung der Weiber« erweist ihn als einen frühen Vorkämpfer der Frauenemanzipation – im deutlichen Unterschied zu Kant, der sich hierfür nie interessiert hat.

177 Jachmann, S. 136.

178 Borowski, a. a. O., S. 57.

179 Wasianski, S. 194.

179 Johann Gottfried Hasse, hier zitiert nach: Norbert Weis, Königsberg – Immanuel Kant und seine Stadt, Braunschweig 1993, S. 170. – Hasse war ein Universitätskollege Kants und hat nach dessen Tod ein Buch veröffentlicht: »Merkwürdige Äußerungen Kants«, 1804.

180 Jachmann, S. 128.

180 Zitiert nach Weis, a. a. O., S. 87. – Näheres zu Herder siehe unten, S. 271 ff.

181 Jachmann, S. 119.

182 Jachmann, S. 135 ff.

183 Abgedruckt zum Beispiel bei Weis, a. a. O., S. 110 f. – »Kants Tafelrunde« war im Jahre 1893 im Auftrage des Bankiers und Kommerzienrats Walter Simon von dem Königsberger Kunstmaler und Gymnasialzeichenlehrer Emil Dörstling gemalt worden. Das Bild befand sich zuletzt im Stadtgeschichtlichen Museum und ist seit 1944 verschollen. – Irreführend ist das Bild auch darum, weil alle Gäste sich dem Philosophen so bewundernd zuwenden, als rede er gerade in Zungen der Offenbarung. Kant aber mochte die Anbeter nicht; er wollte sich als Gleicher unter Gleichen unterhalten. – Von dem Zeichenlehrer Dörstling hat sein einstiger Schüler Max Fürst berichtet: »Freies Zeichnen gab es in der Schule nicht . . . Von Dörstling habe ich auch das erste über moderne Kunst gehört. Er erzählte, daß ›es einen Maler gab, der, ohne zeichnen zu können, alles mit Farbpunkten und Strichen malte; später hat es sich dann herausgestellt, daß er wirklich verrückt war‹.« Gemeint war van Gogh. (Gefilte Fisch – Eine Jugend in Königsberg, Taschenbuchausgabe München 1993, S. 107.)

183 Jachmann, S. 160.

184 A. a. O., S. 197 f.

184 Der Anlaß war ein Fernsehgespräch am 17. August 1991, dem Tag, als Friedrich Wilhelm I. und Friedrich der Große nach Potsdam heimkehrten.

186 Zur Geschichte der Religion und Philosophie in Deutschland, 1835, Drittes Buch.

186 Preußen ohne Legende, Hamburg 1978, S.84.

188 Wasianski, a. a. O., S. 269.

191 Gerhard Ritter, Stein – Eine politische Biographie, neugestaltete Auflage Stuttgart 1958, S. 135 und 267.

191 Rudolf Ibbeken, Preußen 1807–1813. Staat und Volk als Idee und in Wirklichkeit, Köln und Berlin 1970, S. 319.

192 Adam Smith, 1723–1790, veröffentlichte 1776 sein berühmtes Werk »An inquiry into the nature and causes of the wealth of the nations«. Die erste deutsche Übersetzung erschien 1794–96 in drei Bänden: »Untersuchung über die Natur und die Ursachen des Nationalreichthums«.

192 Wilhelm Treue, Wirtschafts- und Sozialgeschichte Deutschlands im 19. Jahrhundert, in: B. Gebhardt (Herausgeber): Handbuch der deutschen Geschichte, Band 3, 8. Auflage Stuttgart 1960, S. 317.

192 Preussen zwischen Reform und Revolution – Allgemeines Landrecht, Verwaltung und soziale Bewegung von 1791 bis 1848, Stuttgart 1967, S. 14.

194 Vorrede zu »Französische Zustände«, 1832.

194 Heute ist meist von Theodor *von* Schön die Rede. Aber er wurde erst 1840 geadelt, nicht mehr weitab von seiner Entlassung. Im Hauptteil seiner Dienstzeit war er unter den leitenden preußischen Beamten einer der ganz wenigen ohne Adelsprädikat. Ähnliches gilt für Eduard Simson, den Präsidenten des Paulskirchenparlaments von 1848. Seine Nobilitierung erfolgte 1888.

194 Seit 1829 standen West- und Ostpreußen dann nicht nur unter einer Leitung, sondern sie wurden auch zu einer einheitlichen Provinz Preußen vereinigt, bis zur erneuten Trennung 1878.

196 Die Erstveröffentlichung erfolgte 1841, zunächst anonym. Hier wurde nach einer Neuausgabe München 1910 zitiert, herausgegeben vom Akademischen Freibund in der Reihe »Vorkämpfer deutscher Freiheit«.

196 A. a. O., S. 9.
197 Fritz Gause, Königsberg in Preußen – Die Geschichte einer europäischen Stadt, Leer 1987, S. 171.
198 Gause, a. a. O., S. 220.
199 Politische Ethik und Christentum, Göttingen 1904, S. 6.
200 Troeltsch, a. a. O.
200 A. a. O., S. 5.
201 Briefe an Georg Friedländer, herausgegeben von Kurt Schreinert, Heidelberg 1954, S. 309 f.
201 Berlin 1989, S. 163.
202 Siehe Wolfgang Ignée, Masurische Momente – Reiseskizzen aus West- und Ostpreußen, Frankfurt am Main 1986, S. 10. – Ignée gehört zu den Nachkommen der Einwanderer, die sich noch immer an den »guten Dohna« erinnern.
202 Erinnerungen eines alten Ostpreußen, Berlin 1989, S. 163.
203 Preußische Jahrbücher 10. Dann in: Treitschke, Historische und politische Aufsätze, Band II, Leipzig 1870. Die folgenden Zitate dort S. 70 und 71. – Hartmut Boockmann sagt von Treitschkes Aufsatz: »Ginge es um den sachlichen Ertrag dessen, was man hier lesen kann, so brauchte von diesem Text nicht die Rede zu sein. Er ist nicht erst aus heutiger Sicht außerordentlich fehlerhaft. Schon aus der Perspektive des Jahres 1862 findet man in ihm nicht selten Unsinniges . . . Man hat in dem Essay Treitschkes ein drastisches Beispiel dafür, daß zwischen Qualität und der Wirksamkeit eines Historikertextes eine beträchtliche Diskrepanz bestehen kann. Kein anderer Text hat die Vorstellungen von der mittelalterlichen Geschichte Preußens ein Jahrhundert lang so geprägt wie diese Arbeit.« (Deutsche Geschichte im Osten Europas – Ostpreußen und Westpreußen, Berlin 1992, S. 41.)
203 Treitschke, Briefe Band 2, herausgegeben von Max Cornicelius, Leipzig 1913, S. 230.
203 Johannes Penzler (Herausgeber), Die Reden Kaiser Wilhelms II., 4 Bände Leipzig 1897–1913 (Band IV herausgegeben von Bogdan Krieger). Hier: Band III, S. 86. – Wahrscheinlich hat der Kaiser noch viel schärfer gesprochen, denn bitter beklagte er sich beim Reichskanzler, dem Fürsten Bülow, der den Text vor der Freigabe für die Presse überarbeitete: »Meine Rede war der alten Hochmeister würdig . . . Sie aber lassen mich reden, als ob ich der Lehrer der Geschichte an einer höheren Töchterschule wäre.« Wie er selbst sich sah, wollte Wilhelm II. von der Nachwelt gesehen werden: »Meine Nachfolger sollen einmal wissen, daß ich forsch war.« Siehe dazu: Alfred Graf von Waldersee, Denkwürdigkeiten, herausgegeben von H. O. Meisner, Band I, Stuttgart 1922, S. 570.

206 A. a. O., S. 172.
206 Dohna-Schlobitten, a. a. O., S. 179.
207 A. a. O., S. 179. – Es kennzeichnet die »Erinnerungen« des Fürsten Dohna, daß die eigenen Verirrungen weder verschwiegen noch beschönigt werden. Freilich werden sie auch kaum auf ihre Ursachen hin befragt.

Ostpreußische Wirtschaft

209 Guéridons: Leuchterträger, Leuchter- oder Kerzentischchen.
211 Alexander Fürst zu Dohna-Schlobitten, Erinnerungen eines alten Ostpreußen, Berlin 1989, S. 292 ff.
211 Kindheit in Ostpreußen, Berlin 1988, S. 28 f.
212 Marie-Eleonore von Chappuis, in: Adelheid Gräfin Eulenburg und Hans Engels, Ostpreußische Gutshäuser in Polen – Gegenwart und Erinnerung, München 1992, S. 108. – Dieses Buch gibt in Bildern und Texten den wohl besten heute verfügbaren Überblick über ostpreußische Gutshäuser und Schlösser im polnischen Teil Ostpreußens.
212 Dönhoff, a. a. O., S. 23 f.
213 Besuche vor dem Untergang – Aus Tagebuchaufzeichnungen von Udo von Alvensleben, herausgegeben von Harald von Koenigswald, Frankfurt am Main, Berlin, Wien 1978, S. 42.
216 Wirtschaftswunder vor zweihundert Jahren, in: Namen die keiner mehr nennt. Ostpreußen – Menschen und Geschichte, Taschenbuchausgabe 15. Auflage München 1984, S. 73 f.
216 Alvensleben, a. a. O., S. 34.
216 Dönhoff, Kindheit in Ostpreußen, a. a. O., S. 127.
218 Erinnerungen eines alten Ostpreußen, a. a. O., S. 142 f.
220 A. a. O., S. 136 ff.
220 S. 139.
221 Marion Gräfin Dönhoff, Namen die keiner mehr nennt, a. a. O., S. 116.
221 Dönhoff, a. a. O. und in: Kindheit in Ostpreußen, S. 167. Im ersten Falle wird als Jahreszahl 1820, im zweiten 1830 angegeben, so daß hier oder dort ein Irrtum vorliegt. Aber am Sachverhalt, um den es geht, ändert sich nichts.
222 Kindheit in Ostpreußen, S. 207 ff.
223 Siehe Theodor Häbich, Deutsche Latifundien – Bericht und Mahnung, 3. Auflage Stuttgart 1947 (zuerst 1929), S. 139 ff.
224 Die Bauernbefreiung und der Ursprung der Landarbeiter in den älteren Teilen Preußens, 2 Bände, Leipzig 1887. Hier: Band I, S. 38. – Knapp, 1842–1926, Professor der Volkswirtschaft in Leipzig und

Straßburg, war der Vater von Elly Heuss-Knapp, der Frau des ersten Bundespräsidenten. – Zu den bedeutendsten Kritikern des Großgrundbesitzes gehörten weiterhin der Führer der Bodenreformbewegung Adolf Damaschke (1865–1935) und Max Sering (1857–1939), der das Reichssiedlungsgesetz von 1919 entscheidend beeinflußt hat. – Als Untersuchungen zum Thema seien genannt: G. Aubin, Zur Geschichte der gutsherrlich-bäuerlichen Verhältnisse in Ostpreußen, Leipzig 1910; W. v. Brünneck, Zur Geschichte des Grundeigentums in Ost- und Westpreußen, 2 Bände, Berlin 1891; H. Plehn, Zur Geschichte der Agrarverfassung von Ost- und Westpreußen, Forschungen zur Brandenburgisch-Preußischen Geschichte 1904/05, Bände 17 und 18.

224 Große Gelehrte wie Werner Sombart und besonders Max Weber haben diese These vertreten. Siehe von Weber vor allem: Der Nationalstaat und die Volkswirtschaftspolitik, in: Gesammelte Politische Schriften, Ausgabe Tübingen 1958, S. 1 ff.

224 Marion Gräfin Dönhoff, Entstehung und Bewirtschaftung eines ostdeutschen Großbetriebes – Die Friedrichsteiner Güter von der Ordenszeit bis zur Bauernbefreiung, Dissertation, Basel 1935, S. 10. – Diese Arbeit wird im folgenden kurz als »Dissertation« zitiert.

224 Siehe oben, S. 94 f.

225 Dönhoff, Kindheit in Ostpreußen, S. 163.

226 A. a. O., S. 162. Siehe auch: Namen die keiner mehr nennt, S. 104 ff.

226 Dissertation, S. 31.

228 Dissertation, S. 102.

228 Dissertation, S. 97.

229 Dissertation, S. 52.

230 Dissertation, S. 73.

230 Fritz Reuter, Ut mine Stromtid, Kapitel 38. Wörtlich lautet das geflügelte Wort: »Die große Armut in der Stadt kommt von der großen Powerteh her!«

231 Hermann Schmidt unter Mitarbeit von Georg Blohm, Die Landwirtschaft von Pommern und Ostpreußen, Marburg/Lahn 1978, S. 13 f.

231 Dissertation, S. 98, Anmerkung.

232 Dissertation, a. a. O.

233 Dissertation, S. 36.

234 Dissertation, S. 37.

235 Dönhoff, Kindheit in Ostpreußen, a. a. O., S. 8.

235 Siehe Hermann Schmidt, a. a. O., S. 61, 62 und 106.

235 Hermann Schmidt, S. 19.

236 Hermann Schmidt, S. 105.
236 Landhunger, Bodenverbesserung und Siedlung, in: Die Gesellschaft, 1. Jahrgang Nr. 1, April 1924, S. 75.
237 Hermann Schmidt, S. 19. – Zur Lage nach dem Ersten Weltkrieg und zum umstrittenen Siedlungsthema sei noch Literatur genannt: F. Baade, Schicksalsjahre der deutschen Landwirtschaft, Berlin 1933; K. Barabas, Untersuchungen über die Organisation landwirtschaftlicher Betriebe in Ostpreußen in der Vor- und Nachkriegszeit, Dissertation Königsberg 1928; U. Bowien, Die Durchführung der Ostpreußenhilfe und der Osthilfe in Ostpreußen, Dissertation Bonn 1933; C. v. Dietze, Die ostdeutschen Landarbeiterverhältnisse seit der Revolution, Berlin 1922; E. Feyerherd, Folgen und Rückwirkungen der Isolierung Ostpreußens auf die Organisation der landwirtschaftlichen Betriebe, Dissertation Jena 1929; M. Hainisch, Die Landflucht, ihr Wesen und ihre Bekämpfung im Rahmen einer Agrarreform, Jena 1924; D. Hertz-Eichenrode, Politik und Landwirtschaft in Ostpreußen 1919–1930, Untersuchung eines Strukturproblems in der Weimarer Republik, Köln und Opladen 1969; W. Klatt, Geschichtliche Entwicklung der Landarbeiterverhältnisse in Ostpreußen, Dissertation Frankfurt am Main 1928; A. Mühlenfels, Ostpreußen, Danzig und der polnische Korridor als Verkehrsproblem, Berlin 1930; Ostpreußen – Lage Landwirtschaft, Band 8 des Enquête-Untersuchungsausschusses, Berlin 1929; H. Schmidt, Die Grundlagen, die Aufgaben und der gegenwärtige Stand der inneren Kolonisation in der Provinz Ostpreußen, Halle/Saale 1925; Zwanzig Jahre deutsche Siedlungsarbeit in Ostpreußen (1906–1926), Ostpreußische Landgesellschaft, Königsberg 1926.
238 Von Kaliningrad nach Königsberg – Auf der Suche nach verlorenen Schätzen, Leer 1991, S. 137 ff.
241 Adelheid Gräfin Eulenburg und Hans Engels, Ostpreußische Gutshäuser in Polen – Gegenwart und Erinnerung, München 1992, S. 12.

Von Störchen, Pferden und einer Friedensfrau

251 Kritik der reinen Vernunft, Vorrede zur zweiten Auflage, B XVI. Etwas weiter heißt es in einer Anmerkung: »So verschafften die Zentralgesetze der Bewegung der Himmelskörper dem, was Kopernikus, anfänglich nur als Hypothese annahm, ausgemachte Gewißheit und bewiesen zugleich die unsichtbare, den Weltbau verbindende Kraft (der Newtonischen Anziehung), welche auf immer unentdeckt geblieben wäre, wenn der erstere es nicht gewagt hätte, auf eine widersinnische, aber doch wahre Art, die beobachteten Bewegungen nicht in den

Gegenständen des Himmels, sondern in ihrem Zuschauer zu suchen. Ich stelle in dieser Vorrede die in der Kritik vorgetragene, jener Hypothese analogische, Umänderung der Denkart auch nur als Hypothese auf, ob sie gleich in der Abhandlung selbst aus der Beschaffenheit unserer Vorstellungen von Raum und Zeit und den Elementarbegriffen des Verstandes, nicht hypothetisch, sondern apodiktisch bewiesen wird, um nur die ersten Versuche einer Umänderung, welche allemal hypothetisch sind, bemerkbar zu machen.« (B XXII)

252 Nachlese historischer Schriften, herausgegeben von Johann von Müller, in: Johann Gottfried von Herder's sämtliche Werke – Zur Philosophie und Geschichte, Fünfzehnter Theil, Stuttgart und Tübingen 1829, S. 72 f.

253 Worum es geht, hat Arnold Gehlen beschrieben, wenn er sagt: »Das handgreifliche Sichverkleiden oder anschauliche Sichgleichsetzen mit einem Tier . . . war im prähistorischen Stadium des sich erst entwickelnden Selbstbewußtseins die einzige Möglichkeit, das Bewußtsein einer scharf definierten, vereinseitigten Gruppenzugehörigkeit zu erzeugen – und festzuhalten.« (Urmensch und Spätkultur, Bonn 1956, S. 229.)

253 Das offizielle Wappentier Ostpreußens war bis 1945 der königlich preußische Adler. Nach 1918 wurden ihm die Königssymbole – Krone, Namenszug, Zepter und Reichsapfel – fortgenommen; 1941, im Zeichen des Aufbruchs gen Osten und des erwarteten Sieges über die Russen, hat man ihm das Ordenskreuz auf die Brust gelegt, von der Silhouette des Tannenbergdenkmals gekrönt.

254 Siehe dazu Hartmut Boockmann, Deutsche Geschichte im Osten Europas – Ostpreußen und Westpreußen, Berlin 1992, S. 127.

254 Siehe Marion Gräfin Dönhoff, Nach Osten fuhr keiner mehr, in: Namen die keiner mehr nennt. Ostpreußen – Menschen und Geschichte, Taschenbuchausgabe, 15. Auflage München 1984, S. 7 ff. – Von einem gelungenen Treck berichtet Alexander Fürst zu Dohna-Schlobitten: Erinnerungen eines alten Ostpreußen, Berlin 1989, S. 260 ff.

257 Siehe oben, S. 40 f.

257 Siehe Jerzy Szynkowski, Das Land der Großen Masurischen Seen, Dülmen 1992, S. 19.

261 Brief an Witold Hulewicz, 13. 11. 1925.

263 In einem von Mikkel Klosse (Klussis) für die »Bruderschaft ›Prusa‹« herausgegebenen Heft »Königsberg heute – Handreiseführer zur individuellen Stadtbesichtigung« (Vilnius 1991, S. 43) heißt es: »1928: Seit 1920 121 litauische Ortsnamen durch deutsche ersetzt. – 1938: Die Nazis ersetzen die erhalten gebliebenen 1183 litauischen

Ortsnamen durch künstliche deutsche.« Hier wird freilich der preußische Anteil kurzweg mit dem litauischen gleichgesetzt und der masowische ganz ausgeblendet. Im übrigen verfuhr man sogar im Dritten Reich nie ganz konsequent: Viele der in ihrer Wurzel nichtdeutschen Ortsnamen blieben erhalten.

263 Berlin 1989, S. 173 f.

264 Gefilte Fisch – Eine Jugend in Königsberg, Taschenbuchausgabe München 1993, S. 129.

264 Dichtung und Wahrheit, Zweiter Teil, Zehntes Buch.

264 Zumindest einen prophetischen Text hat es gegeben. Gegen Ende seiner Abhandlung »Zur Geschichte der Religion und Philosophie in Deutschland« (1835) sprach Heinrich Heine vom »Naturphilosophen«. Er wird »dadurch furchtbar sein, daß er mit den ursprünglichen Gewalten der Natur in Verbindung tritt, daß er die dämonischen Kräfte des altgermanischen Pantheismus beschwören kann und daß in ihm die Kampflust erwacht, die wir bei den alten Deutschen finden und die nicht kämpft, um zu zerstören noch um zu siegen, sondern bloß, um zu kämpfen. Das Christentum – und das ist sein schönstes Verdienst – hat jene brutale germanische Kampflust einigermaßen besänftigt, konnte sie jedoch nicht zerstören, und wenn einst der zähmende Talisman, das Kreuz, zerbricht, dann rasselt wieder empor die Wildheit der alten Kämpfer, die unsinnige Berserkerwut, wovon die nordischen Dichter soviel singen und sagen. Jener Talisman ist morsch, und kommen wird der Tag, wo er kläglich zusammenbricht. Die alten steinernen Götter erheben sich dann aus dem verschollenen Schutt und reiben sich den tausendjährigen Staub aus den Augen, und Thor mit dem Riesenhammer springt endlich empor und zerschlägt die gotischen Dome.« – Aber wer wollte im Dritten Reich von dem Juden Heine schon etwas wissen? »Volkslied – Unbekannter Dichter«, stand unter dem Gesang von der Lorelei, der zu bekannt und beliebt war, um ihm den Abschied zu geben.

264 Eine rühmliche Ausnahme macht hier die Brockhaus Enzyklopädie von 1973: »Schloßberg, 1938–1945 Name der Stadt Pillkallen, Ostpreußen«, heißt es, und dann wird auf Pillkallen verwiesen. Leider fehlt es an Konsequenz, denn zum Beispiel unter »Marggrabowa« findet man genau umgekehrt nur den Hinweis auf »Treuburg«.

268 Durch Oberländische Seen, von B. Eckart – Ein Begleitwort zu den Motorbootfahrten der Reederei O. Munter-Saalfeld Ostpr., abgedruckt in: Die Seen in Masuren und im Oberland, Reprint von 1927, 2. Auflage Leer 1989, S. 3.

272 Johann Gottfried von Herder's sämtliche Werke, Supplement-Band: Herder's Leben, von Dr. Heinrich Döring, Weimar 1829, S. 7 f.

272 A. a. O., S. 20 f.
274 Dichtung und Wahrheit, Zweiter Teil, Zehntes Buch.
274 Vorschule der Ästhetik, Dritter Teil, zuerst 1804.
276 Erster Teil, Viertes Buch, IV.
278 Es gibt verschiedene Einteilungen; nach einer älteren spricht die »Große Friedensfrau« im 63., nach der neueren in dem 119. Brief.

Eine Winterreise

283 Das Winterlied stammt von Heinrich Puchta, der von 1808 bis 1858 lebte. Ich finde es im Evangelischen Gesangbuch für die Provinz Pommern, Stettin 1897, das mir meine Mutter als ihr Konfirmationsexemplar hinterließ. In neuen und natürlich westlicheren Gesangbüchern ist es getilgt, wie so vieles, was mit Land- und Seereisen, dem Wetter und den Jahreszeiten zu tun hatte.
284 Angaben von Dr. Wolfgang Terpitz; Das Ostpreußenblatt vom 25. Dezember 1993/1. Januar 1994, S. 23.
285 Wie schön ist die Nordkaschubei, Text von Mirosław Piepka, Danzig ohne Jahr, S. 25.
290 Wie schön ist die Nordkaschubei, S. 56.
295 Namen die keiner mehr nennt. Ostpreußen – Menschen und Geschichte, Taschenbuchausgabe, 15. Auflage München 1984, S. 9 f.

Die verzauberte Zeit – Ein Nachwort

298 Über die Demokratie in Amerika, Erster Band, Einleitung, zuerst 1835.
299 Die Bedeutung der Feste habe ich geschildert in: Die Reise nach Pommern, 10. Auflage Stuttgart 1991, S. 81 ff.

Bildnachweis

ADAC e.V. München: Kartenausschnitt für die hinteren Vorsatzblätter
Archiv des Verfassers: Seite 286
Bildarchiv Preußischer Kulturbesitz, Berlin: Seiten 83, 176, 251, 273
Kallabis, Klaus: Seite 240
Verlag Gerhard Rautenberg, Leer:
Kartenausschnitt für die vorderen Vorsatzblätter aus: »Reise nach Ostpreußen« von Michael Welder (Leer 1992);
Seiten 210, 213, 225

Alle übrigen Aufnahmen:
Alexander-Pascal Graf von Bellenhaus

43

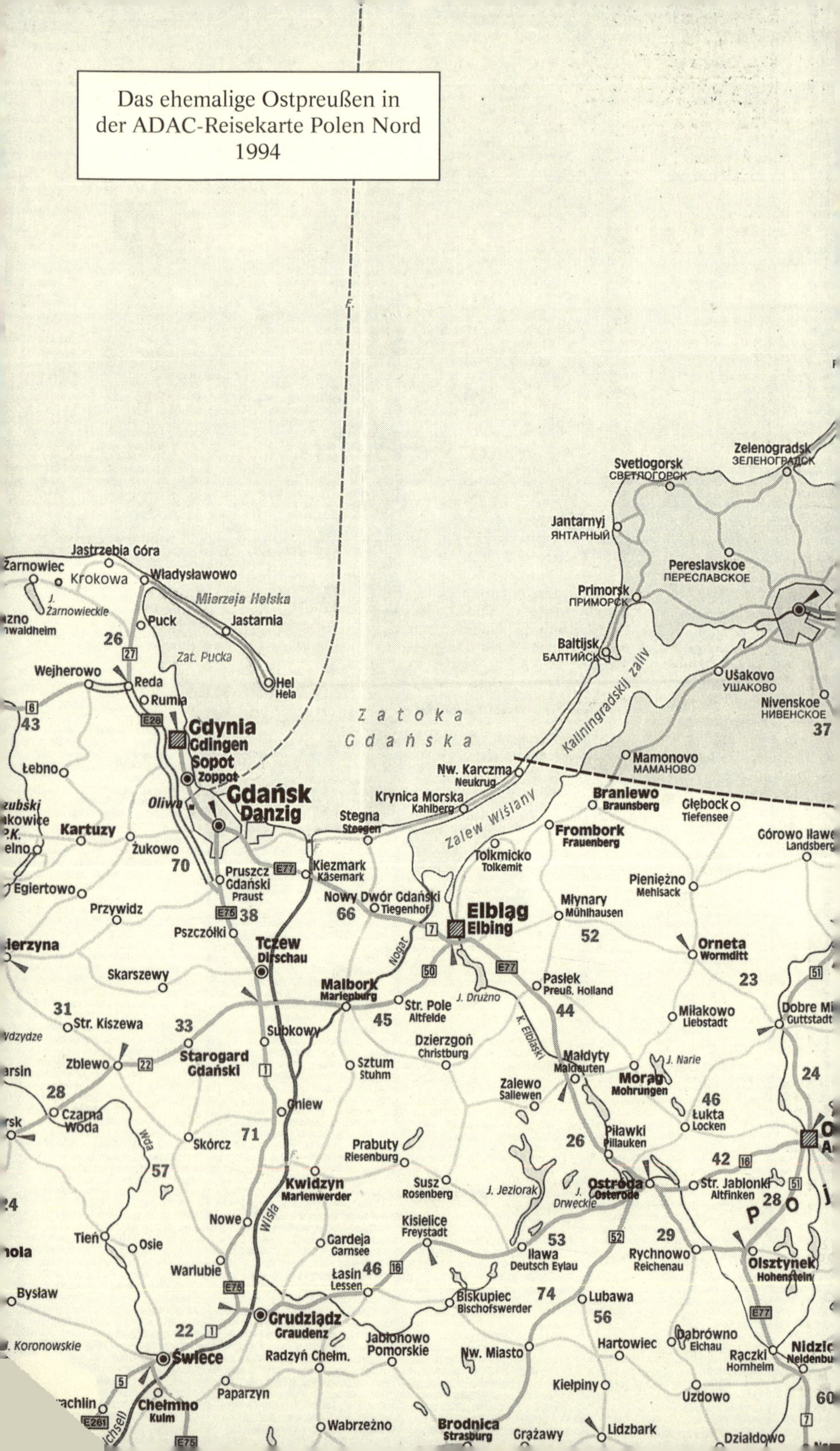

Das ehemalige Ostpreußen in der ADAC-Reisekarte Polen Nord 1994